河北省社会科学院城乡发展研究中心智库成果

中小微企业发展的金融支持对策研究

彭剑君◎编著

Research on

Finance Support

to Development of

Middle-Small-Micro

Enterprises

经济管理出版社
ECONOMY & MANAGEMENT PUBLISHING HOUSE

图书在版编目（CIP）数据

中小微企业发展的金融支持对策研究/彭剑君编著.—北京：经济管理出版社，2017.8

ISBN 978-7-5096-5206-0

Ⅰ.①中… Ⅱ.①彭… Ⅲ.①中小企业—企业发展—金融支持—研究—中国 Ⅳ.①F279.243

中国版本图书馆CIP数据核字(2017)第148568号

组稿编辑：宋　娜
责任编辑：赵喜勤
责任印制：黄章平
责任校对：王淑卿

出版发行：经济管理出版社
（北京市海淀区北蜂窝8号中雅大厦A座11层　100038）
网　　址：www.E-mp.com.cn
电　　话：（010）51915602
印　　刷：玉田县昊达印刷有限公司
经　　销：新华书店
开　　本：720mm×1000mm/16
印　　张：18
字　　数：260千字
版　　次：2017年8月第1版　　2017年8月第1次印刷
书　　号：ISBN 978-7-5096-5206-0
定　　价：88.00元

序

纵观世界经济的发展，中小微企业的繁荣对各国经济发展起着普遍的支柱作用，而成功的融资无疑是中小微企业得以成长并壮大的重要前提条件之一。在经济新常态下，中小微企业的发展一直受到政府的重视和关注，并实施了一系列的优惠政策和措施，对中小微企业给予一定的支持和帮助，促进其发展。2014 年，小微企业提供了 3.27 亿个就业岗位，中小微企业在现代经济发展中具有大企业不可替代的作用，但总体来说，规模小、筹资难、竞争力弱、人才与信息匮乏等，阻碍了中小企业的健康发展。资金是企业的血液，是企业发展的命脉，然而，中小企业融资难问题，已经不是一个国家一段时期内的个别问题，而成为长时间内困扰世界各国的通病，只是在不同的国家表现出的轻重程度不同而已。世界各国正在努力探索适宜中小微企业发展的各种制度、政策，力争为中小微企业的发展提供良好的、健康的环境。

企业是现代社会的细胞，更是市场经济的主体；而占企业绝大多数的中小企业则是这一主体中最活跃、最富有活力的组成部分。本书以我国金融市场对中小微企业的金融支持为出发点分析了银行和非银行金融机构对中小微企业的金融支持，分析了间接融资无法有效解决中小微企业融资难的原因及其存在的不足，提出了通过直接融资扩大对中小微企业的金融支持，加大股票市场和债券市场在解决企业，特别是发展中的中小企业资金需求方面的功能和作用。同时，针对当前互联网金融和“互联网＋”的发展，特别是支付宝和微信等第三方支付业务的兴起和繁荣，介绍了互联网金融对中小微企业金融支持的特点和效果。政府对中小微企业的支持一直是学者们研究的重要领域，本书也研究了我国政府通过直接或间接的融资优惠政策支持中小微企业，政府的金融支持政策不仅能够有效引导社会资金参与对中小企业的援助、消除中小企业融资障碍，而且还能起到优化产业结构和产品结构、提高中小企业竞争力的目的。民间金融也是实现中小微企业融资的一个重要渠道，当中小微企业的资金需求无法得到满足时，只好转向非正规的渠道；然后对中小微企业的在融资中涉及的信用、担保、法律和风险管理也进行了研究探索。最后提出了不断完善金融生态，建设健康的金融生态环境，健全金融体系对于解决中小微企业的金融支持问题，建设具有中国特色的中小微企业金融支持的长效机制，实现金融服务实体经济，防控金融风险，深化金融改革，促进经济和金融良性循环健康发展的重要意义。

目录

第一章　金融支持中小微企业：理论与实践的缘起

第一节　前言

一、研究背景

中小微企业是一个相对的概念，在不同国家有不同的判定标准，我国发布的《中小企业标准暂行规定》（国经贸中小企［2003］143号）在数量上对中小微企业进行了划分：2000人以下的被划分为中小型企业，300人以下的为小型企业；我国2011年发布的《关于印发中小企业划型标准规定的通知》中对中小微企业进行了更为细致的划分。无论在发达国家还是发展中国家，中小微企业都被视为社会经济发展中的重要支柱。中小微企业也是我国经济发展的重要力量，经济新形势下的新兴经济发展主力军，是我国经济中最基层、相当活跃的群体；同时小微企业还可以促进就业、促进技术创新和促进社会和谐等。小微企业的主要特点如下：

（1）小微企业的数量十分庞大，截至2014年，全国共有小微企业约7000万家，其中个体工商户约5600万家，法人小微企业约1400

万家[①]，为社会提供了较大数量的就业机会。

（2）小微企业类型在不断拓展，行业分布日趋广泛。随着民间资本的壮大，小微企业从过去的以制造加工、矿产餐饮为主逐渐向文化、影视、服务中介、互联网等新兴产业发展，在社会经济中占据重要地位。

（3）目前我国小微企业有集群发展的趋势，例如金华地区的小商品市场。依附当地的某种优势集群发展，集中行业资源，提升生产效率和专业性，使小微企业的成活率上升。

良好的金融支持是中小微企业发展的基础，然而这也是困扰世界各国中小微企业发展的难题，我国的中小微企业也面临着这样的问题。

（一）中小微企业发展亟待良好的金融支持

在新时期经济建设中，中小微企业发展成为十分重要的一环，根据统计数据，2014 年小微企业提供了 2.37 亿个就业岗位[②]。在新常态经济形势持续之下，小微企业受到政府和相关部门的关注和重视，并给出了一些优惠政策倾斜，从政策方面给予小微企业很大的帮助。但目前的支持力度仍旧明显无法满足小微企业的发展需求，在经济危机后，我国宏观经济不景气，生产成本增高，市场竞争也激烈，小微企业的经营发展受到了很大的冲击。

1. 我国中小微企业金融支持政策体系有待完善

金融支持政策体系在逐步完善。政府对小微企业的政策倾斜从 2010 年逐渐开始，近两年来的确在推动扶持小微企业发展，针对小微企业出台相关政策缓解融资难题，提供专项资金，管理中小企业担保机构并设立再担保基金，国务院综合保监会、发展和改革委员会、税务总局等多部委共同落实小微企业的扶持政策，发展势头良好。

正在逐步完善信用体系。我国的信用体系在计划经济时代建立，远远没有跟上我国社会经济的发展，许多中小微企业的信用制度尚未

①② 数据来源于西南财经大学中国家庭金融调查与研究中心发布的《小微企业税收政策研究报告》。

建立，信用意识差，存在诸多问题。近几年国家先后颁布了相关的政策：《工业和信息化部　国家税务总局关于中小企业信用担保机构免征营业税审批事项取消后有关问题的通知》、《工业和信息化部关于进一步促进中小企业信用担保机构健康发展的意见》、《中国人民银行关于全面推进中小企业和农村信用体系建设的意见》、《中国保监会　工业和信息化部　商务部　人民银行　银监会关于大力发展信用保证保险　服务和支持小微企业的指导意见》等，对中小微企业的融资信用担保困境以及信息不对称问题提供了极大的帮助：一方面建立中小微企业与金融机构的信息平台，另一方面扶持中小微企业信用担保机构发展，缓解了中小微企业贷款的问题。

政策落实力度仍然不到位。《国务院关于扶持小型微型企业健康发展的意见》中列出了多方面的优惠政策意见，要求地方将小微企业划入扶持资金范围、落实税收优惠政策、完善融资担保政策、扶持担保机构、建设小微企业金融服务专营机构、建立信息互通平台等，但是政策落实的力度仍然不够。以税收优惠政策①为例，目前主要是金融机构与小微企业签订的借款合同免征印花税和营业收入2万元以下的小微企业免收营业税，与发达国家相比这样的政策支持力度太小，小微企业的税收负担仍然严重。

2. 我国中小微企业金融支持市场不成熟

银行业金融机构限制。中小微企业经济实力薄弱，负债率偏高且大多数小微企业的内部制度不完善、财务不规范这是众所周知的问题，即便在政策推行下，银行等金融机构仍然不愿意贷款给小微企业，小微企业违约成本很低，稍有不慎就会面临大量不良贷款，尽管小微企业会提供抵押，但银行向法院申请的程序过程中银行仍然在蒙受损失②。因此银行业金融机构对中小微企业的贷款申请往往采取严苛的条件。另外，实力雄厚的银行机构存在忽视小微企业的现象，针

---

①《关于金融机构与小型微型企业签订借款合同免征印花税的通知》（财税［2014］78号）。

② 据招商证券统计，截至2015年2月，整个私募债领域的违约率已经超过3%。

对小微企业的信贷产品较少，无法根据小微企业的经营方式和资金运作满足其资金需求。小微企业的经营利润往往偏低，资本较少，难以应对宏观经济环境的变化，因而在金融市场上融资困难的情况下很容易发生资金链断裂之类的情况。随着政策的落实，各银行为小微企业提供的融资资金总量在不断提高。以农业银行为例，2015 年农业银行为优质的中小微企业提供有针对性的金融服务，信贷支持的“新三板”企业数量和贷款总额比上一年增长了 1 倍多。

融资渠道单一。当小微企业不能获得主流银行业金融机构的贷款时，为了企业生存发展，小微企业不得不选择其他的融资渠道。我国资本市场发展时间较短，因此融资渠道相对而言比较单一，很大一部分中小微企业无法达到进入股票市场融资的条件，于是只能选择成本高、风险大的融资方式，例如民间集资借贷。一方面，民间贷款利率很高，小微企业需要付出高昂的融资成本；另一方面，甚至会产生非法集资、高利贷之类的经济纠纷等不良事件。所以小微企业在融资竞争中往往处于弱势。特别是当国家采取货币紧缩政策时，小微企业更是难以维持，于是小微企业的经济实力更加薄弱，管理更加混乱甚至会倒闭。在恶性循环下，融资难成为小微企业难以解决的一个难题。

信息不对称，融资担保体系不健全。银行与企业之间的信息不对称是目前的主要问题之一，小微企业数量多、行业分布广泛而且经营信息分布在不同的政府部门，银行难以获得准确的企业经营状况和财务数据，目前我国缺乏一个稳定、统一、全面的小微企业信息共享平台。我国的担保市场上，担保机构鱼龙混杂，普遍规模较小，在担保主动性上不明显，因此担保机构的作用不能充分发挥出来。

税务负担重。由于小微企业在社会经济中的重要支柱作用，政府往往会给予税收优惠、简化审批程序等优惠措施。然而在我国，税收、政策、土地优惠往往提供给实力雄厚、能够给政府带来高额财政收入的大中型企业。小微企业却面临着较烦琐的认证、设立、变更以及注销程序和不够规范的各类收费，在税收上的优惠力度也较小。有学者研究指出，小微企业的实际税负超过其收入的 30%，规模效益低，这使得小微企业难以在有限的利润空间中获得规模扩张和技术革新，从而更加缺乏市场竞争力①。

（二）我国中小微企业金融支持面临的主要问题

1. 中小微企业自身问题

信用意识淡薄。小微企业出现在不够完善的市场经济环境中，在曾经的计划经济时代，中国的担保制度依照国企而设定，由国家政府为其提供信用担保，而在现今的社会主义市场经济下，原本的信用制度却没有得到及时更新完善，市场上冒出大量的小微企业，并由此诞生了一批信用评估机构，但是这些机构的公允性和独立性却并不能得到完全的保障。在缺乏有力的信用担保机制的大环境中，小微企业一方面自身没有对建立良好信用关系重要性的认知，另一方面小微企业违约成本太低，银行贷款后出现大量的不良贷款，这会导致银行业金融机构对小微企业的风险程度认定偏高②。

内部管理落后。现代企业管理中，管理权与所有权分离是大型企业的普遍特征，然而通常情况下，小微企业的出资者既是所有者又是管理经营者，企业决策权力过于集中，经营者的能力也得不到保证。在创业初期和经营面较为单一的情况下，这样的经营方式尚可以带来高效决策的好处，但随着企业规模的扩大和市场竞争的加剧，必然会带来决策风险。大部分小微企业没有健全的财务制度，只是具备了简单基础的财务核算能力，财务数据无法透明化，虚假财务数据的可能性大，信用保障水平很低，给融资带来困难。

缺乏抵押担保物。想要获得资金，担保和抵押是十分重要的环节。但是在我国，能够独立提供有效担保物的小微企业并不多，小微企业资产的特点是固定资产少，无形资产和固定资产这类难以估值的资产较多，不便于抵押。门面房、商业用房等银行容易接受的抵押物又往往由于没有所有权或证照不全而无法抵押。再加上小微企业自身的缺陷，在担保机构市场上难以找到正规的担保机构做担保。

---

①《小微企业税收政策研究报告》中指出，小微企业的纳税负担确实高于上市公司。

② 按照监管规定，商业银行应按照风险程度将贷款划分为正常、关注、次级、可疑和损失五类，前两类为正常贷款，后三类合称为不良贷款。

吸收人才能力差。小微企业大多缺乏人才培养的意识和能力，而且经营规模一般较小，企业随时面临资金问题，很难在这样的情况下为人才培养做好规划，同时专业性的人才在就业时，小微企业无法为他们提供良好的技术创新环境、充足的资金支持和明确的职业发展，因此专业人才不愿意在小微企业就业或长时间留在小微企业。小微企业在行业中想要突出自己的核心竞争力需要有强于竞争对手的技术创新能力，从而扩大规模，在市场中站稳脚跟。在缺乏专业人才的情况下，小微企业的持续发展会受到明显的影响。

创新能力差。除了缺乏专业人才的技术支持之外，和大中型企业相比，缺乏资金支持、技术创新风险高、可获得的有益信息少都是小微企业难以克服的难题。除此之外，小微企业还面临着技术溢出的风险，在人力、物力、财力等多方面都弱于大型企业时，很多小微企业的研究与开发投入严重不足。国际上的企业研究认为只有企业研究与开发费用达到销售收入的5%以上时，企业才具有创新研发的竞争力，企业研究与开发费用达到销售收入的2%以上时，企业才可以维持，占比不到1%时企业难以生存。根据数据调查，我国小微企业的研究与开发费用和销售收入的占比平均不到0.4%。缺乏创新能力严重制约着小微企业的发展。

2. 金融支持市场存在的问题

市场金融支持体制不够完善。虽然我国政府设有中小企业服务机构，但是这些机构能够提供的服务很有限，并且存在很多问题。我国缺乏一个高度透明的社会信用体系，金融机构与企业之间的信息严重不对称，金融机构了解小微企业的成本高昂，小微企业违约成本低，从而造成了小微企业难以获得金融机构融资的普遍情况。

银行偏好于贷款给大中型企业。小微企业的数量在不断地增加，涉及的行业范围也在不断延伸，小微企业对金融行业资金的支持需求量在不断增大，然而贷款的高门槛和不断增长的利息使很多小微企业无法充分利用融资手段发展壮大甚至无法正常经营或面临破产。而我国的主要放贷机构——银行在计划经济时代就开始放贷给国有企业，国有企业在政府的扶持之下即使出现了经营问题，政府也会通过各种手段帮助其重组或整合，同时可变现抵押的资产也比较多（房产、地产等），因此商业银行承受的风险很小。反观小微企业缺少可抵押的资产[①]，不良贷款又偏高，银行承受的风险很高。另外，大型企业的贷款规模较大，可以给商业银行带来派生存款、承兑保证金之类的派生业务。对比可见，小微企业的信贷服务存在着高风险、低收益的问题，因此商业银行往往更愿意给大中型企业贷款。

贷款的条件苛刻，不能满足分布于多种行业的小微企业。目前金融机构针对小微企业的信贷产品很单一，而且小微企业大多难以达到要求的条件，而且这些信贷产品的期限普遍较短，这使小微企业很难得益于金融机构的融资。

银行与小微企业之间信息不对称。小微企业数量众多，行业分布广泛，银行很难掌握这些小微企业的经营状况、风险评估和未来发展前景，当银行面临财务不够规范、经营数据不透明的小微企业时，了解小微企业真实的经营状况需要付出高昂的成本，而银行的投资利润却是不变的，但如果不能清楚地了解该小微企业的真实经营状况，欺诈事件就有可能发生。因此银行为了防范可能出现的风险，往往会对小微企业的贷款项目要求更低的项目风险以及足够的贷款担保，提高贷款申请条件甚至提高贷款利率。这无形中使小微企业增加了融资成本和风险，提高了企业经营发展的难度。风险小、经营状况良好的小微企业可能因为高利率而退出金融市场，最后市场中只留下高风险的企业，金融机构更加会提高融资门槛和利率，从而出现融资困境。

缺乏完整的金融支持体系，融资渠道单一。当前我国的融资渠道还比较单一，金融机构融资是最常见的方式。除此之外，上市融资也逐渐成为被市场接受的新方式，且在推出中小板和创业板之后意味着小微企业多了一条新的融资渠道。但是中小板和创业板的上市条件比较苛刻，对技术创新性的要求较高，小微企业很难满足上市要求，因此只能处在股市资本市场的边缘[②]。风险投资市场中，由于小微企业

① 房屋、土地、其他地方定着物、机器、交通运输工具等。

② 目前我国资本市场体系主要包括主板、中小板、创业板和场外市场。场外市场又可分为"新三板"、区域性股权市场（Q板）和券商自办的柜台市场。

的信用度低，投资人更偏向于投资财务数据清晰、经营规模大的公司。小额贷款担保公司的高利率也让大多数小微企业望而却步。

二、研究意义

研究中小微企业的金融支持问题具有较强的理论意义与现实价值。

中小微企业是国家市场经济中不可或缺的一部分，根据2013年国家工商总局最新发布的《全国小型微型企业发展情况报告（摘要）》，可以对我国小微企业现状做出较为全面的汇总分析。从数量来看，截至2013年底，全国各类企业总数为1527.84万户。其中小型微型企业1169.87万户，占到企业总数的76.57%。将4436.29万户个体工商户纳入统计后，小型微型企业所占比重达到94.15%。可见中小微企业数量庞大，已经成为我国经济发展的重要支柱。从GDP的贡献率来看，我国中小企业创造的最终产品和服务价值相当于国内生产总值（GDP）的60%，纳税占国家税收总额的50%，完成了65%的发明专利和80%以上的新产品开发①。所以中小微企业虽然规模较小，但作为一个整体却起到了不容忽视的作用，可以看出小型微型企业在促进GDP增长、扩大就业以及推动科技创新方面有着突出的贡献。但另一方面，中小微企业的发展条件却与其发挥的作用不匹配。根据《全国小型微型企业发展情况报告（摘要）》显示，仅有12%的小型微型企业表示在近几年营业额快速或高速增长（增长率30%以上），其余大多数企业经营发展缓慢。首先，近年来我国经济增速放缓、结构调整和国际经济下行，小型微型企业的发展受到很大影响；此外，小型微型企业各个单位规模较小，在发展过程中容易受大企业挤出效应的影响，尤其是在宏观经济环境不景气的背景下，各种社会资源向大中型企业倾斜的倾向更加明显。调查显示，46.84%的小型微型企业反映市场需求不足、产品销售困难，58.08%反映市场竞争压力加大，23.74%反映订单不足。

① 数据来源：国家工商总局《全国小型微型企业发展情况报告（摘要）》（2013）。

从实践层面看，建立适合中小微企业发展的金融支持体系是一个亟待解决的现实问题，这对于扶持中小微企业健康发展意义重大，有利于增强整个经济社会的活力。资金在任何企业的生产经营活动中都发挥着不可替代的作用，就像人体需要血液一样，资金对于企业就像血液之于人体。当下我国许多中小微企业利用内部融资显然无法满足自给自足，所以外部融资对于它们的金融支持尤其重要。梳理我国中小微企业的金融支持体系，找出其存在的问题并提出解决问题的方案，能够为政策决策提供重要的参考。

从理论层面看，提出有价值的问题并给予解决是学术研究的基本使命，中小微企业的金融支持问题这一课题本身就源于中国经济社会发展过程，问题本身具有很强的现实意义，亟须学术界做出回应。研究中国问题、回归社会现实是学术理论的终极关怀，中小微企业金融支持问题的研究对于现实情况的描述、政策体系的梳理等，实际上都是一种建构中国经济学理论的尝试。

第二节 研究现状

一、国外关于中小微企业的金融支持

最早是 Malnell 和 Hodgman 在 1961 年指出，由于成立时间的限制，中小企业普遍在成长初期缺乏详细的信贷记录，银行在考察企业信用状况时往往参考资料较少，因此中小企业的贷款成功率较低，商业银行提供的贷款数量较少。

1981 年，Stiglitz 和 Weiss 对这种信息缺失情况进行了分析，认为信贷市场存在的信息不对称情况是导致中小企业融资难的一个重要原因。信息不对称所造成的道德风险和逆向选择问题是银行在考虑给中小企业贷款时需要考虑的重要问题。他们的文章中引入不对称性信息

状况分析法，并提出信贷配给的概念。信贷配给是指商业银行在进行贷款时根据企业风险与收益情况，会选择风险小而收益稳定的企业，避免引入风险不确定性较大的企业造成资产损失。因此，大型企业往往由于财务制度规范、盈利能力较强、市场占有率较高而获得较为稳定的现金流博得银行的贷款偏好。这一情况也被 Peel 和 Wilson 在 1996 年的文章中证实，由于中小企业天然地与银行之间存在着信息不对称的情况，其生产规模小，财务制度不规范，经营方式灵活，生产情况随行业周期波动较大，在风险不确定性加大的情况下，银行更愿意将贷款提供给信用状况良好的大型企业。

1993 年，Gaston 运用实证分析法进行中小企业的资产来源论证时证明，中小企业的资金来源更多来自自身资产积累以及企业主个人亲戚之间的借款或者投资，这一部分所占比重较大。虽然数据选取了多个行业的中小企业，但是其股权构成来源的资本都具有相似性。

1994 年，Banerjee 提出中小企业与中小金融机构之间具有相互促进的关系，中小金融机构的存在能够为中小企业的发展提供支持。这一关系被概括成两种假说：关于两者之间的“长期互动”和“共同监督”关系假说。长期互动假说是指中小金融机构在成立之初就针对中小企业服务，往往是地方性金融机构，由于深耕于此，对于本地中小企业的实际经营状况、企业主个人的信用状况和品德能力、本地市场状况有着较深的了解，在双方的长期合作中能够形成数据的积累与判断能力的提升，能够较为有效地解决中小企业之间的信息不对称问题。共同监督假说针对于中小企业与金融机构进行合作的状况，即使中小金融机构并不能完全了解上述具体信息，但由于中小企业与其具有合作关系，为了能够较好地实现盈利关系，中小企业自身会形成监督机制来进行自我约束。

1995 年，Berger 和 Udell 对银行进行贷款时所考虑的关系借贷情况进行实证分析。通过采用的大量数据表明，银行规模的大小对企业进行中小企业贷款决策具有重要影响。一般来说，规模大的银行倾向于选择财务信息良好、经营情况较为透明的企业进行贷款融资，而规模较小的银行往往更为了解中小企业的软性信息，在进行关系型借贷时更加有利，因此，银行规模的大小对关系型借贷具有重要影响。

Berger 和 Udell 随后在 1998 年分析了中小企业获得贷款难的自身原因，指出中小企业由于规模较小，财务管理制度不甚完善，信息真实性难以统计，外部在进行贷款分析时较难获得详尽的信息，这一内在制度原因加剧了中小企业贷款难的问题。另外，由于中小企业多是家庭合作经营，管理者会考虑经营权是否被外部融资稀释，因此在企业出现经营困难时，资金往往会从企业内部获得。

Maskimovic 和 Asli Demirguc - kunt 在 1998 年的文章中指出，一个国家具有较为完善的金融制度和健全的金融体系的标志是企业在进行融资时所选择的外部融资规模的大小。1998 年，Strahan 和 Weston 研究证实了银行规模的大小与获得贷款企业规模的大小存在着正相关关系。通过大量的实证数据证明，大银行往往更愿意为大型企业提供贷款，而中小银行则更多地依赖于中小企业的发展，不同的企业规模造成了其不同的银行贷款来源。Paola Sapienza 在 2002 年指出，大银行由于其借贷成本较高，往往对中小企业提供的信贷支持力度不够，正因为如此大银行往往与中小银行在信贷规模标准、组织结构规范以及经营战略上存在着较大差异。

Vietoria Williams 和 Charle Sou 在 2003 年通过数据统计分析了小企业的融资方式，结果显示大约有一半的中小企业通过传统的银行贷款进行外部融资，而其中 90% 的中小企业贷款则通过信用额度贷款和资产抵押贷款进行融资。

Charle Sou 在 2005 年发表的文章中指出，银行的合并扩张会导致其对中小企业的贷款支持力度下降，这也对前面指出的银行规模与中小企业贷款难易程度的关系进行了侧面证实。随后，F. Allen 对中国经济进行分析，指出民营经济对于中国经济的发展做出了重大贡献，而支持民营经济发展更多的是非正规的金融机构所提供的贷款。

对于证明麦克米伦缺口理论相关的实证研究，W. Bolt 和 D. Humphrey 在 2010 年论述了中小企业存在的资金缺口问题，Shun - Jen Hsueh 和 Yu - Hau Hu 在 2013 年论证了新英格兰银行的合并成立对中小企业贷款的获得具有不利影响，贷款规模显著下降。同年，Robert Cull 和

L. Colin Xu 提出了另一论证，美国的中小银行进行合并后，对于中小企业的贷款比例会出现增加的情况。

二、国内关于中小微企业的金融支持

（一）中小企业融资难问题成因研究

1. 中小企业自身发展不规范

中小微企业由于其经营时间短，缺乏有效可靠的信用记录，同时经营管理过程中存在不规范的情况，由于资产规模小、缺乏有效价值的抵押物，并且其财务真实性受到质疑，因此加剧了中小微企业融资难问题。

1999 年，何德旭认为中小微企业自身存在的各种问题决定了其在融资过程中较难取得贷款。由于其缺乏规范的财务制度，导致其财务报表的真实性和可靠性受到银行的质疑，银行往往难以通过财务数据来有效评价企业信用状况，从而影响其贷款的发放。另外，银行对中小微企业发放贷款更加要求其具有一定可靠的担保物，中小微企业普遍缺乏资产价值较高的担保物，尤其是科技型中小企业，更是缺乏必要的固定资产以充当担保，这无疑给企业抵押担保贷款的发放带来困难。

2003 年，林慧玲认为企业产权制度是否规范与中小微企业能否获得银行贷款具有重要关系。产权制度越清晰的企业，其资产规模越大，而多数中小微企业的产权制度不甚清晰，这也是阻碍中小微企业进行有效融资的一个重要方面。

2004 年，时旭辉对我国民营企业进行分析发现，由于民营企业组织管理不甚规范，信用制度不甚健全，资产规模普遍偏小以及与银行之间存在着较大的信息不对称问题，民营企业获得资金支持的难度加大。

2005 年，郭镰从中小微企业管理的角度出发，认为其存在的经营管理不甚规范、信息不对称问题导致银行对中小微企业进行分析时难度加大，企业经营前景不明，信用评价水平不高，公司的融资系统不甚完善，财务税收负担较重，银行在获得中小微企业经营信息时需要花费的成本较高。

2007 年，许传华通过分析湖北省中小微企业的经营信息发现，企业自身的各项数据不符合银行的标准是中小微企业普遍难以获得贷款的重要原因。在资金来源以及融资渠道方面，较高比例是由于盈利能力不足以及担保物价值水平不够所导致的贷款难问题。

2008 年，肖红新和徐秀红认为，中小微企业的信息不对称情况严峻，企业出于生存压力和竞争优势往往愿意隐瞒或者提供不真实的企业经营数据，担保机构在获得信息时难度较大，同时由于外部环境的不断变化，企业规模较小，负债能力不足，所需的资金往往是短期贷款，这就造成了企业融资成本加大。

2009 年，刘明娟从经营者个人自身素质和信誉状况的比较出发，认为中小微企业的管理者水平不足、财务管理经验缺乏、信用状况不好导致中小微企业在进行融资时具有先天性的不足之处。

2016 年，印蓉从担保角度阐释了中小微企业的经营负担，由于中小微企业的贷款金额往往较小，这就造成了其单笔担保金额费用高，同时由于产品或者技术的限制，企业在初期发展阶段经营状况不明朗、发展情况不确定，银行对于其发展前景往往难以做出具体评估，这给双方都造成了不确定的影响，加剧了贷款难问题。

总的来说，制约中小微企业发展的不利内部因素主要有管理制度不健全、信用状况不明朗以及财务信息真实性等问题，这些问题从中小微企业诞生之初就存在，并且随着其在初级阶段的发展也并没有消除其不利影响。因此，银行在进行贷款时所需的信息成本非常高，这是中小微企业自身存在问题所导致贷款难的重要原因。

2. 中小微企业融资渠道不足

1996 年，张维迎从信息不对称问题的角度出发，认为银行在进行贷款选择时，往往倾向于采取保守态度，在贷款利率低水平下谨慎发放贷款所带来的风险损失要远远低于在高利率贷款水平下进行大规模贷款所造成的风险损失。

1997 年，任崇海从产权制度角度出发，认为中小微企业普遍比公有制企业更加容易受到银行贷款的歧视；而这一观点遭到了罗正英于2005年所做实证研究的质疑，其认为，在经济发展较为发达的地区，有效良好的银企关系可以大大促进中小微企业的信贷发展，而与其所具有的所有制关系并没有太深的关系。

2000年，樊纲从民间金融的角度分析了中小微企业贷款的有效融资渠道，他认为，在当前我国市场经济背景下，民间金融的有效发展能够大大促进民营经济的发展，与传统金融市场形成有效补充，有利于我国多层次金融市场的构建，并且能够丰富资本市场的层次，提高银行与企业双方的实际竞争力。这也从侧面说明了构建多层次金融市场体系的重要性，对于解决中小微企业融资难问题具有重要影响。民间金融的发展能够有效促进中小微企业的发展。

2003年，殷孟波从“羊群效应”和前景理论两个角度阐述了银行贷款难易程度与企业规模之间负相关关系的原因，银行更愿意贷款给大型企业，形成集群效应，这是由于大型企业普遍具有有价值的担保物，能够降低银行的贷款成本与不确定性，而中小微企业由于担保物的匮乏，并不能够从银行获取有价值的担保贷款。

2007年，许传华对湖北省中小微企业进行分析时，指出了中小微企业融资难的原因，主要是由于其从银行获得贷款较难，而直接融资市场不发达，支持中小微企业融资的多方面社会服务体系不甚健全，社会对于中小微企业的认可不强，政府缺乏有效的金融支持。

2008年，张洪峰总结了中小微企业融资的特点：内源融资为主，外源融资为辅；间接融资为主，直接融资为辅，而其中主要是债券市场进行融资。这就造成了我国中小微企业股权融资比例不足，融资渠道较少，企业更倾向于向非正规金融机构进行融资。

总的来说，银行在进行贷款融资时会考虑到中小微企业具有的高风险和不确定性特征，而其规避风险过程中所采用的方法往往与中小微企业自身所具有的经营缺陷产生矛盾，这无疑增加了中小微企业获得外部融资的难度。

3. 有效的政策支持不足

张杰在1998年和2000年的文章中两次指出，现行金融体制对于国有企业的倚重以及依赖是造成中小微企业融资难的重要制度性因素。而在具体融资过程中，则体现为所有制的歧视。银行从规避风险与营利性角度出发，倾向于贷款给有制度保障的国有企业，而对于中小微企业的政府扶持政策则比较缺乏。

2012 年，赵亚明从宏观经济波动的角度阐述了中小微企业融资难问题。由于国家政策随着经济环境调整的加快，各项汇率政策、货币政策、参与国际事务所造成的国际监管的加大都使得中小微企业融资所面临的不确定性持续加大，在融资政策不明朗和变化较大的情况下，中小微企业获得贷款的难度加大。

（二）中小企业融资难问题的解决方法

1. 加强金融创新，规范民间金融发展

2000 年，樊纲对民间金融对实体经济的支持作用进行了详细阐述。民间金融对于市场有效发挥运行、强化管理作用都具有积极的影响。多层次的金融市场结构的建立对于发展我国经济的好处非常多，民间金融的发展能够丰富资本市场层次，而规范的民间金融的发展是今后我国金融市场发展的重要渠道。

2001 年，林毅夫和李永军认为，大银行具有较雄厚的资本优势，但是对于中小微企业的资金支持却不足，中小银行对于中小微企业的金融支持具有信息优势，通过形成紧密联系的关系性贷款，能够有效降低信息成本，这是大银行无法做到的。因此，民间金融和中小金融机构的发展，能够从根本上解决中小微企业融资难的问题。

2002 年，郭斌和刘曼璐通过对浙江省温州地区的民营企业进行分析发现，中小微企业与民间金融发展关系密切，中小微企业普遍求助于民间金融来获得资金支持。

2003 年，史晋川和黄燕君通过对经济发达地区的数据进行研究，认为中小金融机构的存在能够大大支持中小微企业的发展，两者之间存在着良好的长期互动关系，大力发展中小金融机构势在必行。

2006 年，徐国荣和钱建豪指出，我国存在的二元经济结构，民间存在着大量的游资找不到可靠的投资渠道，而中小微企业却普遍存在着融资难问题，这是由于我国的金融机制不甚合理所造成的，因此，完善我国的金融市场机制非常重要，也为民间金融的合法化提出了制度要求。

2012 年，孙亮和李延军对民间金融在我国的重要性进行了分析，主要从经济体制、法律制度以及银行补充等方面进行了研究，他们指出，民间金融是我国重要的金融支持力量，对于我国经济的发展做出了重要贡献。但是由于近年来经济形势的变化，民间金融的规范性受到了普遍质疑，尤其是其在资金链上对实体经济的支撑作用强烈要求我国必须出台适应国情的具体的民间金融发展规范。

2. 加强政策指导，促进政策落地

2002 年，张捷从中小微企业自身发展的特点入手分析了中小微企业融资难的原因。由于中小微企业的规模限制，这是其自身具有的融资劣势，无法消除。在这个前提下，通过外部市场的发展来支持中小微企业的发展便成为有效的渠道。在这个过程中，政府的支持引导至关重要。政府在支持过程中，首先要在产权制度上做到消除歧视，坚持效率优先的发展准则；其次要加快出台专门针对中小微企业发展的法律法规，同时，不断调整政府支持的方式方法，用市场激励中小微企业发展，减少行政干预，激励中小微企业的生产积极性，从完善行业发展环境的角度间接支持，不断提升企业的市场竞争力。

2003 年，刘颖认为中小微企业融资难的原因在于政府缺乏必要的支持以及银行行业的准入限制，这些造成了民间金融的不发达，也就给中小微企业的融资支持带来了不利影响。

2009 年，廖荣碧强调民营金融的法制化和规范化发展能够为其走向阳光健康发展轨道提供重要的制度保障。另外，黄瑞光通过对厦门市的融资环境进行分析，认为必要的融资担保机制十分重要，而我国的融资担保机制仍存在不足。刘晶则认为中小微企业相关法律法规的缺失造成了中小微企业融资困难，由于国家政策支持力度不够、直接融资市场不发达、金融机构的融资工具较少，导致中小微企业融资困难。

2013 年，华黎和姚四清从财税金融改革角度提出支持中小微企业发展的措施。政府应该根据中小微企业发展的不同阶段进行不同的政策支持，在企业发展之初，适当减免企业所得税；在发展阶段鼓励引入技术创新手段；在成熟发展时期对企业的有效投资进行所得税减免等财政手段支持，更好地为中小微企业的发展服务。

2014 年，刘琳和谭静认为，政府应该从自身角度做到针对中小微企业的实际问题下达正确的支持措施，促进银行与中小微企业之间的合作。政府可以从融资咨询、行业协会以及各项融资担保和税收减免政策、发展环境优化等角度加强支持。首先，设立专门为中小微企业提供决策咨询与融资支持政策解读的针对中小微企业政策的机构，可以考虑在中小企业局下设。其次，可以组织中小微企业自发成立专门的行业协会，促进银行与行业协会之间的联系沟通，出台专门的政策支持行业协会的发展。

三、我国中小微企业的界定

各国在不同时期不同地域都会对中小微企业给出各自不同的界定，并以此制定相应的激励政策。然而，无论标准如何，总体上看，区分中小微企业的核心元素主要包括“质”、“量”两方面，前者主要包括“企业的组织形式”、“融资方式”及“所处行业地位”等，后者包括“实收资本”、“一定时期销售额”、“雇员人数”。我国基本上也采纳了此种划分模式。

（一）国外对中小企业的划分标准

美国将企业划分为大企业和小企业两种类型，以从业人员和销售额两个指标来界定企业的类型。而在小企业内部，又进行了细化。根据美国小企业管理局 2004 年 4 月出台的小企业鉴定标准，年销售额 1000 万～2500 万美元、从业人数在 100～500 人的企业为大型小企业；年销售额 250 万～1000 万美元、雇员 20～100 人的企业为中等小企业；年销售额 50 万～250 万美元、雇员 5～19 人的企业为小型小企业；年销售额 50 万美元以下、雇员 5 人以下的企业为个体企业。

日本则主要根据雇员数量和资本金额度两个标准对中小企业进行划分，德国波恩的中小企业研究所根据企业营业额、企业规模和雇员数量来划分。欧盟将年营业额在5000万欧元以下、雇员500人以下的企业归入小企业。中国台湾则根据行业特点来界定小企业，如服务业领域的小企业的标准就是雇员100人以下等。

（二）我国对中小企业的划分标准

中国的中小企业划分标准经历了长期变革，自计划经济体制建立时开始，就不断发展变化。1962年，国家以职工人数为划分标准，将3000人、500人确立为划分大、中、小企业的标准，即职工3000人以上者为大企业，职工500~2999人的为中型企业，职工499人及以下者为小企业。

1978年，国家计委下发《关于基本建设项目的大中型企业划分标准的规定》，改变了上述划分标准，将“年综合生产能力”作为企业划分的核心依据。1988年重新修订颁布的《大中小型企业划分标准》按照行业分类制定了企业生产规模的划分标准，将企业分为特大型企业、大型企业、中型企业和小型企业四类。

1992年，国家经贸委新修订发布的《大中小型企业划分标准》设立了全国统一的工业企业规模划分标准。1999年《大中小型工业企业划分标准》得以修订，保留了企业规模的四种类型，将年销售收入、资产总额和营业收入三个因素作为划分依据。据此规定，年销售收入和资产总额均在50亿元以上的为特大型企业，年销售收入和资产总额均在5亿元以上的为大型企业，年销售收入和资产总额在5000万元以上的为中型企业，其余均归属于小企业。

2003年2月19日，国家经贸委、国家计委、财政部、国家统计局等联合出台了《中小企业标准暂行规定》（国经贸中小企［2003］143号），该规定确立了以从业人数、销售额和资产总额三项指标作为划分企业规模的依据。规定了工业（采矿业，制造业，电力、燃气及水的生产和供应业）、建筑业、交通运输、仓储和邮政业、批发和零售业、住宿和餐饮业的企业规模划分，确定了从业人员2000人及以上，或年销售额3亿元及以上，资产总额4亿元及以上者为大型企业；从业人员300人以上2000人以下，年销售额3000万元以上3亿元以下，资产总额4000万元以上4亿元以下者为中型企业；其余均为小型企业。

2011年6月18日，国家工业和信息化部、国家统计局、发展和改革委、财政部等联合印发了《中小企业划型标准规定》，根据行业的不同，对中小企业的划分标准重新做了规定，见表1－1和表1－2。

表1－1　我国不同经济时期对中小企业的划分标准

时间	划分标准	相关法规
1962～1978年	企业职工人数	/
1978～1988年	年综合生产能力	《关于基本建设项目的大中型企业划分标准的规定》
1988～1999年	不同行业按企业规模	新发布《大中小型工业企业划分标准》
1999～2003年	销售收入和资产总额	再次修订《大中小型工业企业划分标准》
2003～2011年	综合划分（企业职工人数、销售额、资产总额等）	《中小企业标准暂行条例》
2011年6月	综合划分（营业收入、从业人员、资产总额等）	《中小企业划型标准规定》

表1－2　中小企业划型标准规定

行业分类	营业收入（万元）			从业人员（人）			资产总额（万元）		
	中型企业	小型企业	微型企业	中型企业	小型企业	微型企业	中型企业	小型企业	微型企业
农林牧渔	≥500	≥500	<50	—	—	—	—	—	—
工业	≥2000	≥300	<300	≥300	≥20	<20	—	—	—
建筑业	≥6000	≥1000	<1000	—	—	—	≥5000	≥300	<300
批发业	≥5000	≥100	<100	≥20	≥5	<5	—	—	—
零售业	≥500	≥100	<100	≥50	≥10	<10	—	—	—
交通运输业	≥3000	≥200	<100	≥300	≥20	<20	—	—	—

续表

行业分类	营业收入（万元）			从业人员（人）			资产总额（万元）		
	中型企业	小型企业	微型企业	中型企业	小型企业	微型企业	中型企业	小型企业	微型企业
仓储业	≥1000	≥100	<100	≥100	≥20	<20	—	—	—
邮政业	≥2000	≥100	<100	≥300	≥20	<20	—	—	—
住宿业	≥2000	≥100	<100	≥100	≥10	<10	—	—	—
餐饮业	≥2000	≥100	<100	≥100	≥10	<10	—	—	—
信息传输业	≥1000	≥100	<100	≥100	≥10	<10	—	—	—
软件与信息技术服务业	≥1000	≥50	<300	≥100	≥10	<10	—	—	—
房地产开发经营	≥1000	≥100	<100	—	—	—	≥5000	≥2000	<2000
物业管理	≥1000	≥500	<500	≥300	≥100	<100	—	—	—
租赁和商务服务业	—	—	—	≥100	≥10	<10	≥8000	≥100	<100
其他未列明行业	—	—	—	≥100	≥10	<10	—	—	—

综上可知，中国企业规模的划分标准随着经济社会的发展日益完善。划分标准从唯企业职工人数论，逐步向包括职工人数、销售额、资产总额等综合指标转型。1999 年以销售额和资产总额来取代生产能力标准是一项十分重要的创新，更加符合市场经济运行的规律。划分标准的完善对制定促进中小企业发展的政策措施及与国际标准接轨起到了十分重要的作用。2011 年，工信部、国家统计局、发展和改革委员会、财政部等联合制定了新的中小企业划型标准规定（《关于印发中小企业划型标准规定的通知》），分行业对中小企业的划分标准进行了规定。根据《关于印发中小企业划型标准规定的通知》，基于从业人员、营业收入和资产总额等多项标准衡量归类于中小型企业的企业，对于不同行业有不同的标准。上述标准的制定实施，对于国家推进中小企业发展的政策制定起到了十分重要的作用。

四、关于中小微企业金融支持理论

中小微企业的融资难问题是一个世界性的难题。中小微企业在经济发展中占据重要的地位，但是其自身在经济竞争中处于相对劣势地位。这就造成了无论在发达国家还是发展中国家，中小企业的融资缺口问题都是重要问题，不仅与促进就业、推动经济增长等宏观政策目标直接相关，而且也与金融结构的调整密切相连。而对这一问题的研究，国外开始得比国内早，且形成了完整的理论发展体系。

关于企业融资的相关理论①可以追溯到20世纪50年代初期，包括以D. Durand为主的早期企业融资理论学派和以Modigliani和Miller提出的MM定理为主的现代企业融资理论，尽管现代企业融资理论模型中不断加入诸如所得税、负债风险、信息等新的现实要素，但这些围绕企业资本结构所衍生出来的企业融资理论如：早期的净收益理论、折中理论，现代的MM理论、权衡理论、代理理论、信号理论、融资次序理论等都未能很好地解释和帮助中小企业融资。这些理论的相似之处在于支撑这些理论论证的是一系列假设条件下的完全竞争，是以有效率的、发育完全的资本市场为前提，并且将大企业作为主要研究对象，得出的结论就是：企业最佳的融资方式是债务融资，显然这些理论对研究中小企业融资具有相当程度的局限性。因此一些经济学家将中小企业融资单独拿出来作为研究主题，形成了别具特色的中小企业融资理论。下面我们主要介绍几种主流的中小企业融资理论。

（一）信贷缺口理论

1931年，为了摆脱当时经济危机的困扰，英国议员MacMillan在其《麦克米伦报告》中首次提出“麦克米伦缺口”（MacMillan Gap）这一概念，即市场上资金供求存在差额导致中小微企业融资困难，指出了中小企业经营过程中存在的融资壁垒的问题，认为中小企业融资缺口是由较小规模贷款的较高成本和较高风险造成的。麦克米伦缺口

① 李森．日本中小企业金融支持体系研究［D］．山东师范大学硕士学位论文，2013．

有两个观点：首先，中小企业由于其经营特点和规模特点等，边际收益大于边际成本，但是外源融资供给的不足会导致企业继续投资受阻；其次，中小企业获得资金的成本过高，使得企业难以通过正常的直接融资获得资金。具体而言，中小企业的融资缺口又分为“资本性融资缺口”和“债务性融资缺口”两类。前者指中小企业规模小，难以通过股权融资；后者则指出了中小微企业通过银行或债券等方式进行融资时的困难。万伦来、丁涛（2011）在研究中构建出LM扩展规模，对麦克米伦缺口演变规律进行了分析，认为银行利率和居民通货膨胀率预期是影响中小微企业融资量的重要因素，并指出了中小微企业资金缺口随着时间和居民货币实际收益率的变化呈现“U”形演变。黄震、李英祥（2015）在研究中提出了用“互联网+”金融创新治理中小微企业融资缺口的理念。

（二）资本结构理论

1952年，美国经济学家David Durand总结了前人对资本结构的建立方法，认为企业资本结构是按净收入法、净营运收入法、传统法三种方式建立起来的。净收入法认为企业最优资本结构是100%的债务融资；净营运收入法认为债务融资成本率较低，但是高杠杆率不可避免地会带来财务风险，节约的成本被风险抵消掉以后，企业并不存在最优融资结构；而综合了前两者观点的传统法则认为在债务边际成本与权益边际成本相等的电商行业，企业整体资本加权成本最低。David Durand认为企业利用债务资金可以提高自身的市场价值。虽然没有数理模型推导仅依靠经验判断，但是对企业最优资本结构方式的关注，形成了最早的资本结构理论。

在David Durand的基础上，1958年，美国经济学家Modigliani和Miller提出了融资结构理论的雏形——MM定理，讨论了在没有税收等条件的完美市场中，资本结构对企业价值的影响。该理论认为，任何企业的市场价值与企业本身的资本结构无关，但是由企业的预期回报率和风险程度的资本化的预期回报水平决定。换句话说，融资方式的选择不会影响公司的市场价值。该理论通过将企业资本结构研究纳入一般均衡分析框架，分析了资本结构与市场价值之间的内在关系。1963年，充分考虑公司税在企业最优资本结构中的作用后，Modigliani 和 Miller 形成了修订的 MM 理论，考虑到债务融资利息可以扣税，从而使债务融资比例增加的企业的加权融资成本增加，公司价值随着债务融资比例的增加而增加。因此，企业的最优资本结构是 100% 的债务融资。在 MM 理论基础上，美国经济学家 Mayers 于 1984 年进一步提出融资次序理论。他认为，公司倾向于根据内部现金流和投资支出，调整企业投资组合，选择适当的融资形式。在正常情况下，企业更喜欢内部融资；但当需要外部融资时，企业首先选择干预较小的融资方式，即优先债务融资，其次是可转换债券和股权融资。采取这种选择顺序是因为信息不对称性导致采用外源融资策略会使投资者认为公司缺乏流动性，引起股价下跌。此外，外部融资成本较高也是企业使用此融资方式的原因。但这个理论建立在一个静态的基础上，即企业的总资本不变、已经实现的资本结构优化保持不变，对企业自身的经济状况和外部经济环境等因素考虑不足。

在 20 世纪 90 年代后期，资本结构风险管理开始从风险管理等多个角度研究资本管理。Leland（1998）提出，为了使企业拥有强有力的财务杠杆，套期保值是一个有效的手段。Haan 和 Hinloopen 在 2003 年对企业资本结构进行了研究，在研究中指出上市公司融资的偏好顺序：内部融资 > 债务融资 > 股权融资。上官绪明（2016）通过 725 家"新三板"企业数据对中小微企业的资本结构和生命周期进行了研究，中小微企业的资本结构随着企业经营时间而呈现出明显的周期性，且不同阶段影响企业资本结构的因素不同。

（三）信息不对称理论

斯蒂格利茨（1972）首次用信息不对称理论模拟企业金融结构，假设企业管理者和投资者对企业破产概率有不同的预测。但是直到 Ross（1977）才真正系统地将信息不对称理论引入现代企业融资理论中，用新视角分析中小微企业融资问题。Ross 从信号传递的角度研究了企业资本结构问题。他认为公司经营者相对于投资者对公司的经营状况享有信息优势，投资者无法完全了解企业经营状况，他们将通过经营者的融资决策判断公司经营状况及前景，企业的债权融资（债务比例上升）增加了还本付息的压力，表明管理者对未来发展充满信心，而企业股权融资（债务比例下降）则被他们视为企业经营状况差的信号，因而企业债务比例的变化及融资行为，成为传递企业信息的渠道。我国尹锐在2002年应用动态博弈模型对信息不对称条件下的中小企业信贷进行了研究，根据博弈的结果，银行面临着企业逃废债务的情况，并且追讨成本会很高，双方博弈的均衡结果为银行不给小微企业贷款。这给出了小微企业融资难的模型解释。李华民、唐松（2010）结合实际数据研究得出结论：银行业金融机构与企业之间的信息不对称在中小微企业融资问题中是最基本和深层次的影响因素。

（四）企业金融成长周期理论

企业的成长可以根据企业生命周期理论分为四个阶段，标准的生命周期分析认为市场经历创立、成长、成熟、衰退几个阶段。20世纪70年代，Weston（1970）和Brigham（1978）提出了企业金融生命周期的假说，划分的主要依据是企业的融资来源[①]。早期的金融生命周期理论从长期和动态的角度揭示了中小企业融资结构的变化规律，但其缺点在于较少考虑到企业信息等隐性特征的影响，如表1-3所示。

表1-3　企业生命周期融资特点

企业生命周期	主要融资渠道
创立期	自有资金
成长阶段Ⅰ	自有资金、留存利润、银行短期信贷、租赁
成长阶段Ⅱ	银行业金融机构
成长阶段Ⅲ	证券市场
成熟期	以上所有的融资渠道
衰退期	金融资本逐渐退出、企业并购、股票回购以及清盘

美国经济学家Berger和Udell（1982）[②]修正了两者的假说，假设信息约束、企业规模和资金需求等随着企业的增长周期变化，是企业

① 赵旭．基于生命周期理论的上市公司融资结构研究[J]．财经论丛，2012（3）．

② 潘进．我国中小企业债务融资工具的选择[J]．企业导报，2013（14）．

融资结构变化的基本因素，其中信息是融资来源的一个重要解释变量，它在企业生命周期的不同阶段安排不同的融资结构。他们认为，更多新成立的企业或透明度较低的公司更多地依赖内部融资、贸易融资等。当企业规模逐步扩大时，企业逐渐成熟，他们可以间接增加融资渠道，最终将利用公共股权或债务市场融资。还指出，每家公司的规模和持续时间及其信息的透明度并不完全相关，因此这种融资的趋势适用于所有小型企业。

（五）信贷配给理论

Baltensperger（1978）提出信贷配给这一概念，信贷配给是指贷款人的资金需求无法满足企业金融成长周期理论，即使他愿意支付合同中的所有条件。Stiglitz 和 Weiss（1981）提出信贷配给理论，通过建立信贷配给基本模型——S－W 模型，证明了信贷配给是银行在信息不对称情况下的理性选择，该模型证明信息不对称导致的逆向选择是产生均衡信贷配给的基本原因。信息不对称带来的逆向选择与道德风险使得中小企业无法获得资金，因此民间金融为中小企业提供了渠道。他们认为“银行会综合考虑贷款利率和风险情况来判断是否给予贷款”。Whette（1983）的信贷配给模型改变了约瑟夫·斯蒂格利茨关于借款人为风险厌恶者的假设条件，指出在借款人风险中性的条件下，银行抵押品要求同利率一样可以成为信贷配给的内生机制。因为对于风险中性的借款人而言，抵押品要求的增加同样可能引起逆向选择，进而减少银行的期望收益。他们尝试运用信贷配给理论来阐述和说明中小企业的融资问题。张捷、王霄（2002）在理论模型中加入了企业规模因素，并得出了资产规模小于抵押品价值临界量的企业是在信贷配给中被剔除的主要企业的结论。

（六）其他理论

Mekinnon 和 Shaw（1973）[①] 基于对发展中国家的金融发展和经济关系的研究，提出了金融深化和金融抑制的理论，表明发展中国家的中小型企业很难从正规金融机构获得融资。金融抑制是发展中国家的

① 赵勇．金融深化与经济发展：基于中国产业视角的实证研究［J］．浙江金融，2007（10）．

一个共同特征。金融抑制是指在国家金融体制不健全的情况下，金融市场机制难以发挥作用，国家过多的金融管制措施容易反过来阻碍经济的发展。一方面，政府将大部分资金用于大型项目和国有部门，但对中小型企业和非国有部门的支持不足；另一方面，发展中国家的政府降低利率，从而降低了人们的储蓄意愿，资本需求过度扩张，私人融资可以提供更高的利率同时避免政府监管，使二元结构普遍存在于发展中国家的金融市场。他们认为，金融抑制使许多需要钱的人只能依靠非正规金融融资。在短期内，非正规金融对经济有积极影响，但从长远来看，其作用不大，还会阻碍经济成长和经济发展，限制市场机制作用的发挥，造成中小企业融资困境。王雪萌（2016）① 认为金融抑制现象在我国很明显，我国利率、汇率等在很大程度上受到了政府的限制，金融市场活跃度不够，金融市场制度也不够完善，在一定程度上阻碍了我国金融行业的发展完善。

Strahan 和 Weston（1998）② 提出的规模匹配理论，阐述了银行规模与其对中小企业贷款之间的负相关性。即大金融机构更倾向于为大企业提供贷款融资，而消极于为资金需求规模小的中小企业提供贷款融资。而随着更多变量的引入，如银行并购类型等，银行规模对中小企业融资的影响将更趋于多样化。

---

① 王雪萌．浅析我国中小企业融资难的原因——基于金融抑制与金融深化的理论[J]．河北企业，2016（1）．

② 伍剑．美国中小企业融资的理论和经验分析[J]．特区经济，2005（10）．

第二章　中小微企业融资难问题分析

在世界经济发展史中，中小微企业融资难问题让很多发展中国家甚为头疼。20 世纪 30 年代，正值世界经济危机最深重的时刻，为摆脱经济危机的影响，英国政府指派原“金融产业委员会”对英国的金融体系和企业情况进行了调查分析，并出具了调查报告，报告以委员会主席麦克米伦爵士命名，这就是《麦克米伦报告》。报告认为英国存在资金供给方不愿意以中小企业提出的条件来提供资金的问题，也就是中小企业在发展过程中始终存在资金缺口，这个缺口被称为“麦克米伦缺口”（MacMillan Gap）①。麦克米伦缺口是中小微企业融资时面临的根本性问题，然而导致这个问题的原因却是多元的、复杂的。根据不同国家的不同经济、制度情况，也有所差别。结合我国的实际情况，笔者将从中小微企业自身、金融机构以及外部政策制度环境三个方面来进行论述。

第一节　中小企业自身发展的障碍

中小微企业有自身的特点、特性，而这些特点往往成为其融资的阻碍因素，而且这些因素常常难以在短时期内有所改善。下文将会从

① 吕劲松．关于中小企业融资难、融资贵问题的思考［J］．金融研究，2015（11）：115－123.

中小微企业自身的管理水平、中小微企业的投机行为以及中小微企业社会诚信问题等方面进行分析。以期从中小微企业内部到中小微企业的市场行为（特别是投机行为）再到更宽泛的社会环境因素这一条线索，分析并阐发中小微企业融资难的问题。

一、中小微企业管理水平

由于一系列制度原因，我国中小微企业历史发展时间较短，发展水平较为落后。劳动密集型、家族制、手工作坊制等是我国中小微企业的主要模式，管理和决策权高度集中在企业主手中，企业主与雇工的关系多是血缘、地缘、业缘关系。这样的管理特征与现代企业治理结构相去甚远。陈晓红、刘尔思、俞建国等学者研究表明，设备落后陈旧、中小企业信用素质差、财力物力有限，主要原因是中小企业自身存在问题。杨播源等认为，企业财务不规范、抵押担保困难、产业属性以及所有制观念等问题是制约中小企业融资的主要因素。陈东升认为，存在观念、信誉、保证、信息、成本等需要中小企业自身解决的问题，导致中小企业融资难。李扬、杨思群对六个城市商业银行及其分支机构进行的抽样调查表明，中小企业存在融资缺口、贷款申请被拒绝比率高于大企业，其原因主要是中小企业自身存在信用不足的问题。杨丰来、黄永航则在詹森和麦克林有关企业治理结构和企业融资代理成本关系问题的分析框架基础上，认为中小企业融资难的深层次原因在于中小企业股东与经理合二为一的治理结构，缺乏职业经理人对股东的约束，道德风险问题较大企业更为严重，银行对此做出理性的预期，并选择在信贷资金的配给上倾向于大企业而非中小企业。还有一些观点也认为其财务不规范，达不到商业银行的贷款要求。

中小微企业由于处于企业生命成长周期的最早期，管理及运营皆在探索阶段，所以其管理水平相较于大型企业而言十分不成熟。虽然任何管理上的不成熟都会导致企业经营风险增加，但是从融资角度来看，关键问题还是来自企业的经营模式、财务管理、风险管理等层面。这些问题直接影响企业信用风险，从而在中小微企业融资的过程中，给银行或投资人评估企业信用风险带来很大障碍，制约中小企业的融资。下面，笔者也将从这些角度来分析中小微企业管理水平局限的问题。

（一）企业管理与经营风险①

经营风险指的是企业由于战略选择、产品价格、销售手段等经营决策引起的未来收益的不确定性。在市场经济环境下，企业面临的外部环境瞬息万变。信息时代带来的不确定性加剧，使得现代中小微企业的经营风险逐渐增加。即便中小微企业的管理者是经验丰富的职业管理人，对于企业经营模式和运营层面的风险尚有力所不逮之处。

对于经营风险，企业的管理层或管理者责任重大。一个优秀的企业家会在很大程度上减小企业的经营风险。对于中小微企业而言，管理者的管理水平往往十分有限，因此经营模式则成为影响经营风险的关键因素。所谓经营模式，实际上是围绕着企业设立的宗旨而采取的一系列经营方式和方法。而经营模式也是银行和投资人考察企业的最基本要素。

中小微企业由于体量小，所以在面对经营模式出现的问题时，往往可以及时纠错避免破产，而且中小微企业也经常会选择多种经营方式并存。也正因为如此，许多中小微企业的经营模式呈现出混乱局面，从管理者角度来看，这对于企业经营风险的防范是件好事。但从金融机构角度来看，企业经营模式混乱、主营业务不突出等因素很可能会影响对企业信用风险的正向评估。

（二）财务管理

财务管理是企业中十分专业的管理活动，也是企业的核心活动。无论是大企业还是中小微企业，财务管理不仅不可或缺，而且相当关键。对于中小微企业而言，财务管理不仅涉及投融资，而且从最小的层面讲，成本控制对于企业后续成长是一个不得不养成的良好习惯。

财务管理涉及的专业知识十分广泛，不仅如此，对于中小微企业

---

① 汉斯－克里斯蒂安·波弗尔．中小企业管理[M]．沈欣，武亚平译．北京：北京出版社，2009：61－84.

而言，财务专业知识如何嵌入中小微企业的管理活动中，是一件非常讲究经验和技巧的艺术。正如西方有名的一句话：小企业并不是小的大企业。中小微企业的财务管理虽然也秉持财务管理的基本原则，但有其独特性，这对中小微企业的财务管理活动带来了挑战。目前，中小微企业的财务管理出现的问题有：①管理观念陈旧，没能合理利用现代财务管理技术进行管理，这一般是受企业成本的限制；②财务控制基础薄弱，这容易造成企业资金资源的浪费；③盲目投资，缺乏科学评估手段等。

中小微企业在财务管理方面面临巨大的挑战，财务管理能力偏弱，而财务管理涉及企业的方方面面，从信用风险到破产风险，都与财务管理息息相关。总之，财务管理水平问题事关企业的生死，而更遑论融资了。

（三）所有制与治理结构

杨丰来和黄永航两位学者，在詹森和麦克林有关企业治理结构和企业融资代理成本关系问题的分析框架基础上，进一步分析了股东与经理风险偏好的差异对股东道德风险行为，进而对融资代理成本的影响[①]。从所有制和治理结构的层次来看，中小微企业融资难问题的原因在于中小微企业的股东和管理者往往是合二为一的。由于缺乏职业经理人对股东的约束，因此衍生出来的道德风险问题就变得很严重了。

我国缺乏完善的企业破产制度，而且税收管理体制的透明度较低，导致我国的中小微企业治理结构存在问题，致使中小微企业的融资成本上升。同时，股东和债权人的关系实质上是一种委托—代理关系[②]，管理者与股东的关系也是一种委托—代理关系。管理者基于股东的控制就会利用债权人的资金来为股东谋利益，同时管理者出于对自身职业生命的考虑，也要维持企业作为债务人的信誉。而在股东与公司管

① 杨丰来，黄永航．企业治理结构，信息不对称与中小企业融资[J]．金融研究，2006(5)：159-166.

② 张维迎．理解公司[M]．上海：上海人民出版社，2014：160-179.

理者合二为一的中小企业中，债权人与股东之间的利益冲突更为严重。中小企业擅自改变借入资金用途而将资金投入高风险项目，一旦成功，中小企业主占有超额收益；一旦失败，损失要由银行承担。中小企业的治理结构不健全使企业决策层级减少，便利企业的管理。但对于外部金融机构来说，则意味着企业缺乏监督机制、债权人利益保障缺乏制度基础，一方面在客观上给中小企业的逆向选择和道德风险提供便利，另一方面也削弱了银行对企业的信用评级。更有甚者，一些中小企业由于缺乏职业经理人的监督，出现故意逃废债务的现象。

（四）风险管理

从中小微企业的管理层来看，由于管理者水平有限以及缺乏风险管理理念，所以对于风险管理活动没有足够的重视。从中小微企业的组织结构来看，由于中小微企业的组织结构比较单一，所以一般缺乏专业从事风险管理的部门予以管理，多由各部门进行各自管理，在公司层面，风险管理比较局部和零散，缺乏系统性。从中小微企业从事风险管理的硬件基础来看，由于电子化水平差，财务管理水平弱，风险管理依赖的基础差，研究能力弱。

中小微企业的风险管理水平差，虽然在表面上看不出有什么直接的恶劣结果（正因为如此管理者才缺乏风险管理意识），但其隐患却是非常大的。比如，由于缺乏整体的风险管理机制，一旦短期流动性出现问题，而没有合理的防范措施，会直接威胁到企业的生存。没有合理的风险管理措施，会使企业暴露在大的风险下，由于中小微企业资本金薄弱，仅靠资本去抵抗这些风险有时候无异于杯水车薪。

二、中小微企业的投机行为

中小微企业的投机行为会诱发其在融资中的道德风险。很大程度上，银行正是出于信息不对称的缘故才会漠视中小微企业的融资需求。所以，中小微企业的投机行为是其融资难的一项重要内在原因。俗话说“船小好调头”。对于中小微企业而言，这是其特质带来的一种优势，既是面对风险时的一种应对策略，又是面对转瞬即逝的市场时机时的一种快速反应。不过，事物都是矛盾的辩证统一。中小微企业的投机行为也恰恰根源于此，为了追求利润最大化，面对市场环境的瞬息万变，企业在经营中有意或无意地会有过度投机化的倾向。

总而言之，中小微企业的投机行为有内外部原因，内部原因是根本原因，我国经济市场化进程的历史背景以及政府深化改革的政策环境是其外部原因，有时候会加剧中小微企业的投机行为。

（一）庞氏骗局与中小微企业投机行为动机

庞氏骗局[①]通俗地说就是“拆东墙补西墙”，也可以将其视为一种典型的投机行为。庞氏骗局得名于查尔斯·庞齐（Charles Ponzi），此人是意大利移民到美国的投机商。1919 年他开始策划一个阴谋，他打着一个事实上子虚乌有的企业的幌子以高额回报骗取投资，当时他许诺很多投资者，其投资将会在三个月内获得 40% 的回报。然后，庞齐把新一批投资者的钱作为盈利付给最初投资的人，以诱使更多的人上当。由于投资回报如此丰厚，令许多人为之疯狂，庞齐成功地在七个月内吸引了三万名投资者，这场阴谋持续了一年之久，才让被利益冲昏头脑的人们清醒过来。差不多有 4 万名波士顿市民，变成庞齐赚钱计划的投资者，而且大部分是怀抱发财梦想的穷人，庞氏共收到约 1500 万美元的小额投资，平均每人“投资”几百美元。

虽然最初的庞氏骗局发生在近一个世纪前，但是随后此类事件却仍旧层出不穷。这难道仅因为人的贪欲吗？从近年发生的“e 租宝”[②]和“泛亚”[③]事件中也可以看出，中小微企业的投机行为最终也将导致类似庞氏骗局的发生。这在 P2P 泡沫破裂后显得更加明显。

由于占有“船小好调头”的优势，在新技术、新商业模式兴起之时，第一波冲上前线的往往是中小微企业，为的是攫取市场空白带来

---

① Hunter Monroe，Ana Carvajal，Catherine Paltillo. 何谓庞氏骗局？[J]. 金融与发展，2010（3）：37.

② 冯雨，王潜. 从“庞氏骗局”看 P2P 平台的法律风险及完善建议——以“e 租宝事件”为视角[J]. 金融法苑，2016（2）：73－81.

③ 郭芳，何方竹. 泛亚危机：400 亿的“庞氏骗局”？[J]. 中国经济周刊，2015（37）：18－25.

的超额收益。而这些中小微企业缺乏技术研发能力，甚至是市场敏感度。对于新技术和新商业模式的一知半解，会造成企业对市场未来及盈利预期的盲目乐观。而盲目投资上线，本身就是一种投机行为。这些投机行为导致中小微企业一哄而上，对于未来收益的过高估计，导致其对投资人做出过高的回报许诺。在不知不觉中，投机行为演化成一种庞氏骗局般的市场行为。而最后的结局也基本是两败俱伤，潮水退去，躺在沙滩上的都是曾经冲锋陷阵的中小微企业，而渴望迅速积累财富的人则近乎血本无归。可以说，一定程度上，最近的创业泡沫也是因为同样的原因。

不是所有企业成立的本来目的就是庞氏骗局，而有的时候，企业往往在不知不觉中就走上了这条路，这是由于中小微企业体量小等特点造成的。

（二）“摸着石头过河”政策与投机行为的外部环境

改革开放30多年来，我国经济取得了长足的进步。这很大程度上要归功于“摸着石头过河”的实用主义政策。“摸着石头过河”是一种渐进探索式的改革思路。经历了“文革”后，大家对于朝什么方向发展并未取得一致，但是有一点共识，就是不能再回到“文革”了。于是，“摸着石头过河”的思想应运而生。在这一思路的引领下，我国开始了轰轰烈烈的改革开放。产生了一部分人先富、价格双轨制、国有企业改革等诸多政策或实践。纵观改革开放的历程，我们取得了极大的进步，这是不容否认的。自2007年从美国开始蔓延全球的金融危机开始，我国的经济也受到了巨大冲击。虽然金融危机刚发生的几年中国经济一枝独秀，但是经济下行压力一直在持续加大，萧条也似乎在逼近。从“弯道超车”到“软着陆”再到“新常态”，从目标的调整来看，当年那种动辄两位数的GDP增速已然成为明日黄花。

“摸着石头过河”说是一种制度安排，其实等于没有制度安排。我国经济体制中，政府的作用远远大于西方市场经济国家。西方国家政府往往充当一种“市场经济守夜人”的角色，被认为是不受欢迎的。而在我国，自古以来就有“父母官”的称谓，政府更像一家之主。当市场经济改革中政府的角色十分重要时，对政府政策调控能力的要求，对形势判断能力的要求就非常高了。然而，政府的政策制定基本上都是滞后的，在互联网经济时代，新生事物层出不穷，经济形态日新月异，作为“一家之主”的政府往往显得力有不逮。“摸着石头过河”有其积极的一面，也就是弥补了政府政策时滞的缺点。但其副作用是很大的。涉及这里的影响，那就是因为政策不明确，政策信息缺乏，中小微企业的企业家往往很难安稳地在企业经营中创新探索，而往往是花费心思揣摩政策意图。因此，没有稳定的制度环境，也难以激发出经济活力。更可怕的是，整个经济体中弥漫着一种机会主义情绪。随着粗犷式发展的山穷水尽，中国经济的不稳定性成分也越来越多。中国的中小微企业与其踏踏实实做创新研究，不如依附国有企业坐吃山空；与其冒着市场风险做探索，不如打着产业政策的幌子骗吃骗喝；与其忍着低利润进行产业升级，不如寻找一个又一个风口狂赚一笔。房地产一路高歌，P2P如癌细胞般不受节制发展等现象都是真实的佐证。

也正是因为看到了“摸着石头过河”政策的缺陷，现在越来越多的学者和官方都在关注所谓的“顶层设计”了①。顶层设计实际上就是给经济一种稳定的预期，这样对于中小微企业而言，通过减少其投机行为的外部环境，从而抑制其投机行为。

三、中小微企业社会诚信

对于企业而言，社会诚信表现主要源于两方面因素的作用：“胡萝卜”和“大棒”。“胡萝卜”指的是企业因为社会诚信表现良好而获得的实际利益，而“大棒”指的是企业社会诚信表现不好时受到的惩罚，而这些惩罚可能是因为企业寻求某种利益不顾及社会效益而导致的。企业受这两种作用的影响，游离在诚信表现好与坏之间，寻求

① 葛洪义．顶层设计与摸着石头过河：当前中国的司法改革[J]．法制与社会发展（双月刊），2015（2）：7－14.

自身实际利益的最大化。对于中小微企业而言，这之间选择的余地比较大。

（一）中小微企业社会诚信与企业信誉

诚实守信是做人的重要原则，也是企业履行社会责任的重要环节。西方现代企业理论对于企业的基本设定是以追求股东权益最大化为目的的组织。然而，简单地追求股东权益最大化很难完全衡量企业活动的方方面面，也难免挂一漏万。市场经济是分工的经济，因此，社会是一个彼此联系的有机体，所有在这个体系中的组织都会对其产生影响。而追求利润最大化这个目标只是将企业的职能局限于企业内部。无论是大企业还是中小微企业，其生存于社会中，就会对社会的方方面面起到影响，只是影响力不同罢了。大企业之所以大，不仅因为其规模大、员工多、存续时间长。在社会意义上，大企业之所以大，也在于其社会责任大、社会影响大。因此，中小微企业在其发展过程中，社会诚信是绝对不容忽视的一个方面，随着企业声誉日隆，企业也才能慢慢做大做强。

社会诚信是企业社会声誉的基石。中小微企业受经济能力等因素限制，很难在追求企业利润最大化的同时兼顾企业社会责任的方方面面。但是企业的社会诚信是完全可以维护好的。

良好的社会诚信记录对企业的意义。良好的社会诚信记录不仅是企业建立声誉的重要基础，也是企业生产活动的重要生产要素。首先，企业融资活动中，如果既往的诚信记录良好，会增加企业的授信额度，降低企业的融资成本，这是非常直接的益处。其次，企业保持良好的诚信记录这一动机，会成为一道无形的约束，反过来倒逼企业采取财务优化、成本控制等措施降低企业经营风险。这有利于企业规范运营、合理化经营，对于企业而言，意义更加深远。再次，企业良好的诚信记录也是企业文化的一部分，它会增强员工对企业的认同感，提高员工的工作热情与积极性。最后，企业良好的诚信记录也有助于提高企业的竞争力。良好的诚信记录虽然看似无关于利润，但是，它在减少企业运营成本、提高企业经营效率等方面却发挥着重要的作用，是一种弥足珍贵的无形资产。

良好的社会诚信的社会影响。企业的良好社会诚信也会给企业的社会活动提供更多便利。在我国社会主义社会环境下，企业的良好诚信记录会给其与政府交往的时候带来很多积极影响，比如在获得优惠税率、政策补贴等政府扶植政策时，具有良好社会诚信的企业无疑具有更明显的优势。对于企业产品的消费者而言，企业诚信意味着价格公道、产品质优、无假冒伪劣，这对于促进企业社会声誉至关重要。“不积跬步，无以至千里；不积小流，无以成江海”。对于中小微企业而言，尤其如此，需要从保持良好的社会信用出发，一步步积累企业社会声誉。

（二）中小微企业社会诚信缺失分析

1. 信息不对称的影响

无论是在融资中还是在产品市场，企业往往具有信息优势。在面对不对称信息时，企业就有很强的动机去利用自身信息优势获取利益，这在很多情况下是企业社会诚信缺失的表现。融资活动中，企业利用信息优势，隐瞒企业行为或者财务数据，一般是出于减少融资成本的考虑。而这种情况容易导致实际失信行为的发生，一旦投资方确认企业事先有不诚信行为时，该结果的恶劣程度会被放大。在企业生产销售过程中，如果企业利用信息优势，以次充好，短期内可能会为企业获得好的经济效益，但是次品会使得企业在消费者中形成负面的口碑反馈，不利于企业的长期发展。短视的企业经营者往往容易忽视这一点。

2. 重复博弈理论与企业社会诚信缺失

重复博弈是指同样结构的博弈重复许多次，在重复博弈中，每次博弈的条件、规则和内容都是相同的，但由于有一个长期利益存在，因此各博弈方在当前阶段的博弈中要考虑到不能引起其他博弈方在后面阶段的对抗、报复或恶性竞争，即不能像在一次性静态博弈中那样毫不顾及其他博弈方的利益。有时，一方摆出一种合作的姿态，可能使其他博弈方在今后阶段采取合作的态度，从而实现共同的长期利益。随着经济全球化的加深和我国改革开放的进一步推进，市场规模在扩大，人们的经济活动范围今非昔比。企业要面临众多的交易对象。中小微企业正处于发展时期，社会关系和交易的对象在成长和变化中。这时，对于特定的交易主体，企业的重复博弈会退化为一次博弈。社会诚信体系不那么完善时，企业没有信守承诺的外在动机，出于利润最大化的目的，用失信去换取一次超额回报则成为相较而言的“明智之举”。

3. 成本收益考量与机会主义行为

成本收益核算是企业管理者根据失信和守信给企业带来的预期成本与收益的核算，如果在经济活动中，企业的守信行为带给它的预期收益大于成本，则企业选择守信；反之，如果企业守信行为带给它的预期收益小于成本，则企业会选择放弃守信，即失信。

企业决策时考虑的成本因素主要可分为直接成本和潜在成本。直接成本是企业出售假冒伪劣产品、违规采用劣质原料、以次充好等失信行为所带来的成本，该项成本也就是企业失信行为最主要的影响因素。企业可以通过这些行为降低其产品的生产成本，以期通过明显的成本优势在市场上获得超额利润。潜在成本是指企业失信触犯法律法规遭到的查处、罚款甚至判刑等惩罚的成本以及遭受舆论谴责、媒体曝光等带来的声誉损失。失信的直接成本一般较为固定，失信行为的成本在很大程度上取决于潜在成本。法律对于失信行为的惩戒越严厉时潜在成本就越高；社会舆论给企业造成的负面影响越大企业的潜在成本就越高，企业就越会选择守信。反之，当潜在成本越低时，企业就越可能选择失信。有时即使失信被关闭或查处，但是与已经获取的不当收益相比成本仍旧比较小，那么企业仍旧可以卷土重来，重新以这种行为方式获取超额利润。

4. 社会环境的影响

“羊群效应”是一种行为经济学上的一种术语①，是指个人的观念或行为由于真实的或想象的群体影响或压力，而向与多数人相一致的方向变化的现象。表现为对特定的或临时的情境中的优势观念和行为方式的采纳（随潮）或对长期性的占优势地位的观念和行为方式的接

① 威廉·福布斯. 行为金融[M]. 孔东民译. 北京：机械工业出版社，2011：199－214.

受（顺应风俗习惯）。人们会追随大众所同意的，将自己的意见默认否定，且不会主观上思考事件的意义。在企业的社会诚信范畴内是否具有"羊群效应"，答案是肯定的。不道德行为常常具有传染效应①，也就是说，在大范围内不道德行为大行其道会使得个别企业的行为趋向于不道德。由于企业的社会诚信缺失与整个市场的环境息息相关，所以从单个企业的角度进行社会诚信分析是不够的。如果市场上存在众多的失信企业，那么，仅对个别企业的欺诈行为进行披露，或者对个别企业的不法行为进行惩罚将其逐出市场，对于整个市场、整个行业的社会诚信改善是没有大的帮助的。

群体性失信，是指在行业内普遍地存在着企业利用质量等信息不对称优势，牺牲消费者或其他相关者的利益以追逐自身利润最大化的投机行为。由于中小微企业和银行间一直存在着信息不对称问题，所以在中小微企业中存在着群体性失信行为生长的土壤。群体性失信行为的形成主要受两方面的影响，一方面是信息不对称带来的逆向选择和道德风险以及"羊群效应"；另一方面是政府监管缺位以及法律法规惩罚不明或者法不责众而造成的管理缺失。反过来，这样的市场上，因为参与的企业众多，将造成两种结果：一是通过劣币驱逐良币将正当经营企业排挤出市场；二是使得监管部门事后的处罚因为"法不责众"而失效。当整个行业形成一种规则，都较为普遍地采用造假或劣质原料时，结果将使不造假者因为成本过高而面临破产的危险。并且监管和执法因此是失效的，即便抓住几个"重点"加以处罚（他们作为牺牲品），其他大量企业却因此而受到了"保护"。

① 谭亚莉，廖建桥，李骥．管理者非伦理行为到组织腐败的衍变过程、机制与干预：基于心理社会微观视角的分析[J]．管理世界，2011（12）：68－77.

第二节　市场化中金融机构服务的选择

中小企业自身的发展问题是中小微企业融资的根本问题，上文做了较为全面的分析。而金融机构的选择也是非常重要的因素，尤其是在市场化转型发展时期，并且，这一个层面的原因引起的问题比之中小微企业内部原因引起的问题相对更好解决。我国社会融资中，银行的间接融资为主要形式（如图 2－1 和图 2－2 所示）。因此，下文在论述市场化中金融机构服务的选择时，将以银行为代表对中小微企业融资中这一重要角色进行分析。

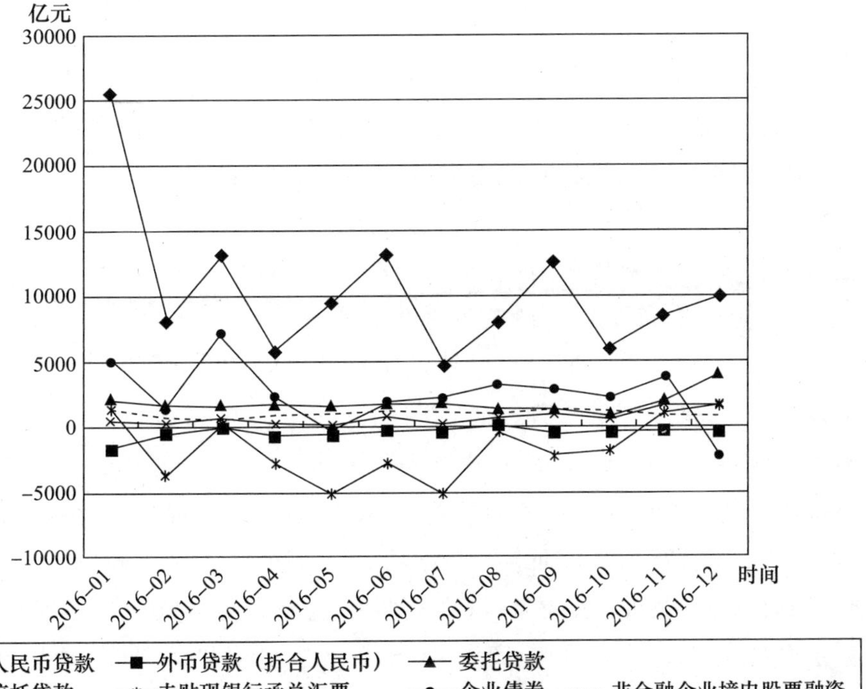

图 2－1　2016 年我国社会融资规模增量

数据来源：中国人民银行调查统计司

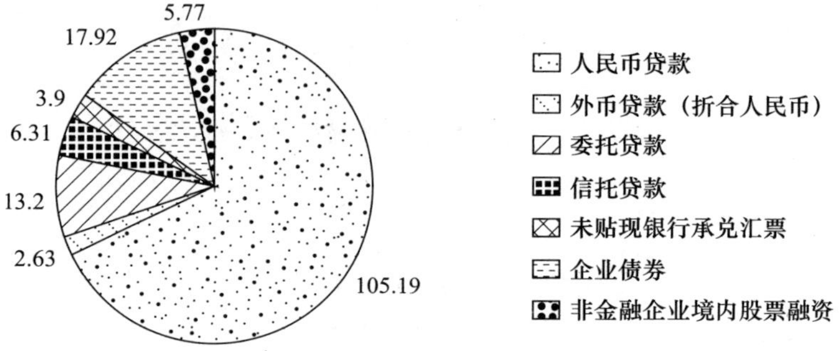

图 2－2　截至 2016 年 12 月底我国社会融资规模存量（单位：万亿元）

数据来源：中国人民银行调查统计司

一、金融机构的成本利益机制

金融机构也是企业，其存在的原动力也是为其股东创造更多的利润。只是在我国，以国有商业银行为主体的金融机构，本身就是政府政策的延伸，所以其目的就不单纯是利润最大化了。下文将会从金融机构的成本利益机制入手，分析金融机构在中小微企业融资问题中出现的机制障碍，以及在国民经济发展中该负起的责任。

（一）国有商业银行的服务选择

我国金融体系一直以来都是以银行为核心和主题的，社会总融资也以银行融资为主要渠道。而我国的间接融资体系是以国有商业银行和国有控股银行（以下简称“国有商业银行”）为主导的。国有商业银行和国有企业具有天然的联系，从而对中小微企业存在歧视和排斥。自从《巴塞尔协议Ⅲ》[①] 推出后，我国相继出台了新的资本协议。监管部门对金融机构的核心资本充足率也有了更高的要求，而且为了稳定金融体系，也对国有商业银行提出了更高的风险管理要求。因此，国有商业银行在进行资产管理和贷款选择时，将控制金融风险放

① 王林．巴塞尔协议Ⅲ新内容及对我国商业银行的影响[J]．西南金融，2011（1）：8－10.

在很重要的位置，这样一来，中小微企业贷款便作为一种高风险资产被国有商业银行边缘化。

大型国有商业银行的市场定位是大城市、大行业和大企业，其经营模式一般是授信制度，由于其组织结构，总行的权限通过授信权限的实现从而得到了增强，这就在客观层面上影响了基层机构的灵活性，总行对于基层信息的缺失，也极大地降低了中小微企业从国有商业银行得到贷款的可能性。因为国有商业银行的委托—代理链条过长，决策机制较为低效，营运效率较为低下，导致单笔贷款成本高，所以对于单笔贷款的期望收益也相应提高。国有商业银行所具有的内在机制问题一时半会难以解决，所以国有商业银行只能在增加收益上下功夫。在单笔贷款成本一定的情况下，大客户带来的收益更大，所以国有商业银行较为偏好大企业，尤其是大国企、央企。而中小微企业的贷款规模一般较小，所以单笔贷款的利润空间不大，国有商业银行就自然不青睐。由于国有银行委托—代理链条过长，为了规避信贷风险，“不求无功，但求无过”，基层机构会选择严格执行上级的贷款限制，放贷条件因此也相应提高，这种现象十分普遍，一般也被称为国有商业银行的“惜贷现象”。

（二）商业银行的风险管理能力限制

商业银行风险管理能力问题一方面是受中小微企业自身的特点影响。中小微企业规模较小，一般而言财务、经营模式等不规范，各项制度不健全，缺乏现代管理意义上的科学治理机制，并且资本规模小，可供担保的合格抵押物少，往往由于资质不合格被商业银行排除。

然而另一方面，从银行的角度讲，作为专业处理风险的金融机构，其真正要解决的问题是如何应用新技术、新方法提高自身的风险管理能力，用创新的思维解决信贷风险才是这一问题的关键。银行可以借鉴国外发达国家的经验。在国外，银行业发达的背后有着发达的信用服务机构，诸如信用评级、增信、担保等机构的存在，一方面，利用分工优势收集信息，可以将信息反馈给银行。这样不仅提高了银行的经营效率，还降低了银行的信息成本。另一方面，专业的信用服务机构也提高了信息的可靠性。目前，我国的信用服务机构发展严重滞后，因此信用服务功能一般由银行自己承担。这样做不仅成本高昂，而且效率低下。并且各个银行各自为政，整个社会信息利用效率极为低下。这些都严重限制了商业银行的风险管理能力。

二、金融机构信息不对称

信息不对称指的是，在交易中交易双方拥有的有关交易信息多寡不一的这种情况。信息不对称有两种典型的类型：一种称为逆向选择，另一种称为道德风险①。逆向选择是交易一方隐藏关于某种特性信息的行为。比如，购买医疗保险的人更倾向于隐藏被保险人的疾病状况，这时，关于被保险人的知识，保险公司与购买保险的人就具有不对称信息。当发生逆向选择的问题时，市场可能会失灵。比如在二手车交易市场中，次品二手车车主容易隐藏其汽车的缺陷，这样会导致整体交易价格高于次品二手车实际价值，从而低于优质二手车实际价值，这种情况下，优质二手车会退出市场。这也就是经常说的“劣币驱逐良币”的效应。道德风险则是关于交易一方隐藏其本身行为信息的行为，或者交易另一方难以察觉对方某种行为信息的情况。比如，当消费者给汽车买了保险，那么他驾驶汽车的时候比起没有买保险时就不那么小心翼翼，而这一点，增加了发生碰撞的可能性。

Stiglitz 和 Weiss 于 1981 年提出的“信贷配给”理论正是基于对银行和贷款企业之间的信息不对称的研究而得出的，在信贷市场上，之所以会存在逆向选择和道德风险问题，主要是因为中小微企业与金融机构之间存在信息不对称的问题。在这种情况下，出于对风险的考虑，银行对中小微企业的贷款出现“惜贷”的现象。Banerjee 认为中小微企业可以通过与银行建立长期合作，借以通过增加彼此之间信任度的方式模式来消除信息不对称，从而达到增加中小微企业贷款的目

① 弗雷德里克·S. 米什金. 货币金融学[M]. 郑艳文，荆国勇译. 北京：中国人民大学出版社，2011：165－170.

的。Berger 认为，信息不对称对中小微企业融资产生的影响最为直接，但根源还在于金融市场的失灵。增强银企之间的合作关系，能够提升彼此的信息透明度，从而缓解市场失灵。林毅夫和李永军认为在信息不对称条件下，中小微企业拥有的信息优于银行，因此更具有信息优势。由于中小微企业更加了解自身的经营状况和未来的发展前景，从而有机会产生不一致行为，导致逆向选择和道德风险的发生。徐洪水表示信息不对称使得银行较为不愿意向中小微企业提供贷款，从而造成中小微企业的资金不足。陈全功和程蹊从信息经济学的角度进行了分析，他们也认为，造成中小微企业融资难问题的根源就在于银企之间的信息不对称。杨丰来和黄永航的研究表明，信息不对称虽然存在于任何企业和银行之间，但是由于中小微企业的所有者和经营者往往是统一的，所以股东的行为缺乏有效约束，相比大企业而言，更容易产生道德风险。因此，出于风险管理的考量，一般而言，银行都会选择对中小微企业“惜贷”。

在金融市场中，信息不对称的这两种情形十分普遍。下文将分别进行论述。

（一）逆向选择问题

银行等金融机构的存在，很重要的一个原因就是存在信息不对称带来的市场失灵。银行一般对借款人的还款能力、履约能力等信息的了解没有借款人自身清楚，这就给借款人造成了逆向选择的空间。一定程度上来说，银行可以看成是专门从事不对称信息处理问题的机构，银行通过建模对于系统性风险和企业本身的信用风险给予评估，根据授信进行贷款。银行建模一般会使用企业财务数据、经营数据以及相关行业的资料，这也是一种对于逆向选择的识别机制。而这就在很大程度上减少了借款人的逆向选择行为。然而，对于中小微企业而言，它们的历史信息资料缺少、财务不规范、商业模式较为新颖或不成熟，这对于银行建模评估带来了很大的困难。于是，对于中小微企业的逆向选择行为，银行很难进行识别。

另外在经营中，银行为了控制信贷风险，实现利润最大化，对于高风险的借款企业会提高贷款利率。由于存在信息不对称，优质的中小微企业会因为融资成本高而退出贷款市场，使得高风险的中小微企业充斥市场，这样反而容易使其信贷风险增大。这是银行面临的两难选择。

融资的企业总是比金融机构拥有更多关于自己企业的信息。例如，对于其生产产品的市场反应，对于其生产产品的发展前景，或者对于企业自身发展策略等。所有这些信息无疑都是关乎企业信用风险的。对于中小微企业，即便是专业的金融机构也往往很难识别出相应的风险。创业公司的“泡沫”之所以屡屡出现，很大程度上也是因为逆向选择。作为非专业投资机构的个人或小贷公司，他们对于创业公司的评估非常不专业，所以极其容易遭受“欺骗”。

（二）道德风险问题①

当企业融资成功后，资金供给方很难监督资金的使用情况。这时，企业的道德风险问题就出现了。谁也不清楚企业融来的资金是用在承诺的用途之上，还是用来坐吃山空。面对这类问题，金融机构一般会在借款（或者投资）合同中进行约束。可以根据融资企业项目进度分批次放款，可以约定借款（投资）企业定期进行财务等数据信息披露。这些措施在一定程度上也能避免道德风险问题的发生。但对于中小微企业而言，同样地，这些监管或者约束措施很难达到理想的效果。

对于股权融资而言，中小微企业股权基本比较集中，而且对于小微企业，往往所有者和经营者是合一的。在股权激励层面上，很少会出现道德风险的问题。不过，并不能排除经营者“空手套白狼”的行为。为了促进创业，注册资本认缴制的实施给创业的企业提供了很大方便，但同时，也让一些打着开办公司名义进行骗取投资的行为有了可乘之机。

对于债权融资而言，道德风险的问题可能比逆向选择更加难以避免。不过好的一点在于，企业破产时，债权有优先偿付权。对于中小

---

① 弗雷德里克·S. 米什金. 货币金融学［M］. 郑艳文，荆国勇译. 北京：中国人民大学出版社，2011：171－178.

微企业，这也只能算得上聊胜于无了。

三、金融机构政策博弈机制

面对中小微企业的融资需求，处于市场环境的金融机构往往并不愿意为其提供资金。这时，政府的政策调整就起到关键作用，对于政府政策，金融机构往往会采取相应的“对策”。下文将从金融机构与政府政策博弈角度进行分析，在金融机构这个层面上对中小微企业融资难问题做进一步阐述。

（一）产业政策与金融机构的选择

政府为了扶植新兴行业的中小企业，往往会出台很多优惠政策，也会进行窗口指导，引导金融机构给予中小微企业更多优惠，但这些政策在实际中的效果并不理想。我国利率市场化改革仍在进一步推进当中，政府规定的优惠利率在金融市场中是低于市场利率水平的①。这就导致资金的需求大于供给。金融机构在面临这种情况时，会采取配给的方式进行资金供给。既然是非市场行为的配给制，就很难达到最优化的资源配置，很难保证将资金配置给最能产生价值的企业。而且还容易滋生腐败问题。

（二）信贷政策的影响

在我国，国有商业银行的行为以及股份制商业银行的行为都受到中国人民银行（银行业监督管理委员会设立之后，银行由其负责管理，但金融市场仍旧属于中国人民银行管理范畴）的监管。所以，银行的信贷政策一般以中国人民银行的政策规范为标准。1999 年，中国人民银行制定并公布了《商业银行实施统一授信制度指引》，开始建立统一的授信管理制度。该制度虽然统一了授信标准以便于监管，但是这种对于不同企业不加区分的“一刀切”制度，缺乏灵活性和科学性，影响信贷产品创新。而且，间接地让许多中小微企业因为自身的

---

① 中国人民银行赣州市中心支行课题组．市场分割与信贷配给：利率市场化的体制及经济效应[J]．金融研究，2006（1）：127－138.

固有弱势，与银行失之交臂。为了控制信贷风险，满足监管要求，我国银行组织结构设计基本为总分行结构。这样，总行可以上收信贷的审批权限，从而达到控制信贷风险的目的。银行分支机构对于贷款申请，需要层层申报，这本身会导致信贷效率低下，对于用款急的中小微企业贷款需求，经常无法满足。虽然，企业经营风险跟其组织规模之间并无必然关联，但是，总体而言，中小微企业的经营风险还是相较于资本大、规模大、组织结构完整的大企业更高一些。国有商业银行能够从大国企、央企的业务中获得利润，所以其一般情况下不愿意提高利率对中小微企业放款。

我国的信贷政策往往还与政府指定的产业政策相一致。银行的贷款政策向来紧跟政府部门制定的产业发展政策，并根据产业政策调整而有所调整。由于中小微企业的经营范围一般比较不确定，容易受产业政策的影响，这也容易导致中小微企业被银行拒之门外。

（三）银企互动中的信贷配给问题

美国著名学者斯蒂格利茨和魏斯的“信贷配给”理论说明，由于逆向选择和道德风险问题的存在，商业银行往往并不是根据金融领域通行的“高风险高收益”原则来进行经营，而是采用信贷配给的方法来相应地规避信贷风险。在微观经济学上，信贷配给的定义为：在信贷市场上，由于企业存在违约风险（信用风险），银行会在某一既定的利率下，拒绝一部分借款者的借款申请，而不是提高利率（达到市场利率）以使得出清市场。

信贷配给在我国还表现为规模配给和所有制歧视下的配给。经历了改革开放30多年的发展，我国改革已经进入深化阶段。由于既有发展惯性大，一些影响经济增长、不利于经济结构调整的“硬骨头”依然存在，有待于攻坚。由于要素禀赋和发展阶段的属性，我国整体上还面临着资金短缺的约束，信贷配给机制的形成既受到市场行为的约束，又受到旧思维中计划行为的约束[①]。由于资金的供不应求以及

① 于学花，栾谨崇．基于信贷配给理论的中小企业融资方略[J]．企业经济，2005（9）：144－146.

利率市场化改革尚未完成的情况下存在的利率刚性，导致资金缺口持续存在，市场机制使得信贷配给机制得以形成。而在“计划行为”的影响下，银行偏爱以大国企、央企为代表的大企业，因而其信贷政策以及各项制度和审批流程均为大企业量身打造，中小微企业作为风险高的企业，就被视为不那么重要的角色被边缘化，属于被配给的对象。

第三节　外部环境对中小微企业的影响

中小微企业处在社会、经济、制度、政策、文化等种种环境影响下，其行为也会受到很大的影响。中小微企业融资活动更是与外部环境脱不开关系，下文仅从社会环境、制度等主要方面进行分析论述。

一、社会环境形成的观点

（一）中小微企业融资的制度变迁

我国中小微企业融资相关制度的历史变迁，大致可分为三个阶段。第一个阶段是社会主义改造结束至改革开放前，第二个阶段是改革开放到加入世界贸易组织，第三个阶段是加入世界贸易组织之后。

第一个阶段也就是计划经济时代，在这一阶段，银行作为一个政府部门，其存在的目的就是扭曲市场利率以配给的方式满足计划经济中国有企业的资金需要①。计划经济时代优先发展重工业的思路，不符合我国要素禀赋结构，所以资金成本本来是很高的，但在国家计划面前，还是将仅有的资本用于国有企业发展重工业。中小微企业本身占国民经济的比重就很小，且长期存在缺少资金的情况，发展极其困

① 蔡昉，李周，林毅夫．中国的奇迹：发展战略与经济改革（增订版）［M］．上海：格致出版社，2014.

难。而现在意义上讲的中小微企业，在计划经济时代属于“资本主义的尾巴”，在这种情况下，也只能靠自有资金自给自足，其规模、影响等都非常小。这一阶段的中小微企业融资难，基本属于制度问题。

第二个阶段也就是经济转轨时期。这个阶段，商业银行改革陆续完成，以四大国有银行为主导的金融体系初具雏形。商业银行开始市场化运作，但中央银行设定了利率上限，以利润为目的的商业银行此时在市场上面临的是资金供不应求的局面。因为国有企业信用风险比中小微企业要小，所以，中小微企业的融资需求被忽视。

虽然商业银行在改革后，具有了较为独立的经营决策能力。但是，此时的国有企业在很大程度上仍旧行使政府的社会职能，也就是所谓的“企业办社会”现象仍很普遍。作为政府稳定社会、促进就业的载体，国有企业也受到了政府的格外重视。政府不仅对国有企业融资提供补贴和优惠，甚至有时会为国有企业做担保，即便这些国有企业可能已经资不抵债，但为了维持其社会功能，政府也会介入到国有企业的融资活动中。在这种情况下，银行的选择仍旧是漠视中小微企业的资金需求。

第三个阶段也就是现阶段。我国加入世界贸易组织后，开放程度进一步加大，为了提高企业竞争力，金融制度开始慢慢成熟。在这一阶段，除了以银行为主导的金融体系外，还出现了众多的民间金融服务机构。主流的金融体系层面，首先，由于国有企业改革进一步深化，去社会化改革逐渐完成，银行的经营效益也随之提升。但是利率尚未市场化，资金配给的现象仍旧存在。其次，金融市场逐渐放宽，地方金融机构蓬勃发展。地方金融机构，即除了五大行（加上交通银行）的其他商业银行，如城市商业银行、信用社等。这些金融机构本身与地方经济和中小微企业具有天然联系，所以，其对促进中小微企业融资产生极大的助益。但是，由于我国的地方金融机构风险管理水平落后，为了防范金融风险，其活动经常被上级部门进行严格限制。最后，证券市场等资本市场的兴起与发展。随着证券交易所的设立，证券市场给资本市场带来了很大的活力与动力。遗憾的是，我国证券市场门槛过高，中小微企业可望而不可即。

民间金融的迅速发展与我国加入世界贸易组织密不可分。也因此，民间金融最为发达的地方也就是我国改革开放的前沿阵地：温州和东莞。这两个城市是我国改革开放的缩影，借助于加工贸易，其经济规模增长迅速，财富积累速度令人惊叹。然而，与快速增长的经济不符的是其落后的主流金融体系。所以，在此基础上，民间金融迅速发展壮大。不论如何，民间金融对于经济增长的促进作用值得肯定。但民间金融就是依赖于对未来的乐观预期，当金融危机来临的时候，民间金融就显得十分脆弱。民间金融因为不规范、缺乏合理的风险防范机制以及无节制，导致其本身存在脆弱性。金融危机也成为民间金融垮塌的导火索。但是，民间金融的存在是有其土壤的，也因为其高效率，所以并不是完全不可取。如果政府不加重视，只是一味“封杀”，那么一方面中小微企业融资的问题仍旧很难完全解决，另一方面民间金融问题也会重复发作，影响国家金融体系的整体安全。

（二）现阶段中小微企业融资的制度障碍

1. 中小微企业融资支持制度缺乏

我国中小微企业融资难，很大程度上是由于金融制度的不健全造成的。

法律法规不完善。首先，相关法律法规体系不健全，目前尚不存在针对中小微企业融资的完整的法律法规体系。监管机构和各地政府出台的融资指导意见往往过于笼统，不具备实际操作参考性。其次，针对中小微企业融资的鼓励优惠、奖惩、救济等配套法律法规几乎空白。中小微企业融资的法律基础十分薄弱。再次，资本市场的相关法律，如抵押贷款、担保贷款和信用贷款等相关法律存在结构性缺陷，导致中小微企业在金融市场的融资效率过低。最后，民间金融的地位没有相关法律予以确定，只停留在简单的合法与不合法层面，更没有合理、科学、有效的监管机制与相应法规予以规范，极不利于民间金融发展。

政府对于中小微企业的政策歧视较为严重。政府应该意识到中小微企业对于国民经济的重要性和对改革创新的巨大贡献力量。中共十八届三中全确立了市场作为配置资源的决定性力量这一核心观点，更好地发挥政府作用其实就是在为市场做好服务。而中小微企业恰恰是市场最普遍、最有代表性的群体，所以政府部门需要重视中小微企业的作用，在政策上一视同仁，甚至对于中小微企业，需要加大扶持力度。在金融体系逐步完善的过程中，政府应该更好地发挥引导作用，目前，政府职能缺失导致中小微企业融资发展较为不健康。

我国的金融制度一直以服务大企业，特别是国企为目标，但是随着改革的进一步加深，尤其是经济新常态下，要激发经济活力，完成供给侧改革，就需要激发中小微企业的活力，同时也就需要金融体系进一步跟进，为中小微企业做好融资服务。

2. 现有资本市场制度不利于中小微企业融资

我国资本市场从无到有，经历了十几年的发展，虽然目前来说，仍旧很不成熟，但基本架构业已建立。资本市场形成了由主板市场、创业板、产权交易市场和代办股份转让系统为主要组成部分的体系。主板市场目前主要为大型企业服务，其定位与中小微企业融资基本无甚关联。而创业板虽然定位于科技创新类的小企业，并以美国的纳斯达克为目标。但是上市制度仍旧延用主板的审核制，并且目前的市场准入门槛很高，对于中小微企业融资来说仍旧是远水解不了近渴。"新三板"扩容之后，上市企业数目迅速攀升，质量却良莠不齐。由于缺乏有效的管理、明晰的定位和制度创新，其流动性并不大，对于中小微企业而言，融资效率过低。

虽然目前我国资本市场仍旧是以债权融资为主要途径，但根据经济发展的趋势要求和借鉴国外发达国家的发展经验，发展资本市场是很重要的解决中小微企业融资难问题的途径。

二、社会化的服务体系和扶持政策尚未形成

前文分析了银行对于中小微企业"惜贷"的问题，其中很大一部分原因是风险—收益的矛盾问题。破解这个问题的方法就在于完善信用体系。市场经济条件下，信用本身发挥着极其重要的作用。信用体系的建立，既有赖于政府的顶层设计，也有赖于信用评估、增信、担

保等金融服务机构，既对金融市场的发展有一定的要求，也对法律法规的健全提出了问题。

（一）社会信用体系

毫不夸张地讲，市场经济就是信用经济。市场的润滑剂——货币，本身就是信用的产物，由此可见一斑。自2008年美国金融危机爆发以来，越来越多的人能清醒地看到信用体系被摧毁的巨大破坏力。而信用体系的稳健性就成为各国关注的问题。美国著名金融专家弗兰克·帕特诺伊写过《诚信的背后》一书[①]，恰好其中文版于2008年1月出版。这本书揭开了拥有70多年辉煌历史、总资产高达数千亿美元的全球著名金融服务公司摩根士丹利藏在道德、诚信、守法面具后面的真实面目。作者用自己的亲身经历向读者揭露了其真实但又残酷的肆无忌惮的华尔街发家史。书中记述了作者赚钱的经历，这里的赚钱可不是一般的小钱。但是这些钱的背后隐藏的却是贪婪的人性。作者深刻的自白一方面是对于华尔街赚钱机制的深刻理解，另一方面则是对赚钱过程中道德和品性丧失的震惊。这本书也让我们警醒，要看清楚金融危机的背后是诚信的危机，也是道德的危机。

社会信用体系的不健全，对于中小微企业的影响尤其明显。对于大企业而言，其社会声誉本身是一道信用约束，它们生产的产品之所以可以流通至全国各地乃至世界各地，是因为建立在诚信之上的企业声誉，也就是我们常说的品牌。而中小微企业并不具备这样的优势，所以其行为受外部环境影响很大，有时甚至端赖社会信用体系。社会信用体系的完善，一方面减小了金融机构的评估成本，以便金融机构能够更好地把握中小微企业的信用风险，从而更加充分发挥市场的作用，使得中小微企业获得良好的金融服务。另一方面，作为一种良性循环的体系，当金融机构与中小微企业的良性互动得以建立之时，更有利于促进社会信用体系的健全。

目前，我国正处于改革开放的攻坚阶段，中共十八届三中全会将

① 刘鸿儒．从《诚信的背后》看金融监管[J]．卓越理财，2008（12）：107.

市场的地位更加明确——使市场在资源配置中起决定性作用[①]。这就对社会信用体系的建立与完善提出了迫切的要求。首先，需要发挥法律法规的支撑作用。市场经济也是法治经济，依法办事本身是提高政府公信力的最佳途径。无论是对于社会诚信问题的惩罚还是引导，都需要相应的法律法规进行约定。其次，要发挥政府在社会信用体系建立健全中的引导作用，引导作用不仅体现在顶层设计之中，也体现在以身作则之中。社会信用体系需要多方协调，将信息资源进行整合。再次，需要更好地利用现代化工具建设社会信用体系。随着信息时代的来临，社会信用体系有了更丰富的内涵，互联网大数据等新工具的诞生，给社会信用体系的健全带来了极大的便利，同时也提出了一定的技术要求。最后，稳定有序的金融体系也是社会信用体系建立的重要依托。金融机构本身就是健全信用体系的最大获益者和服务者，金融市场是信用体系的重要舞台，金融工具的创新与发展也是信用体系完善的必备元素。

1. 征信体系及其问题

征信体系包括征信相关法律、服务机构、市场、行业标准和学术研究等方面。征信相关法律是指与征信行为或者征信机构有直接或间接联系的法律法规。征信服务机构是征信体系的核心和主干，也是征信体系的重点，它指的是各个主体（参与征信的企事业法人）参与建立的专业或非专业的征信服务机构。其业务一般有信息收集和信用评级等。征信行业标准包括信息交换、信息识别和产品格式等方面的标准。当前，征信发达国家基本上广泛遵循国际上的主流信息技术标准、信息分类标准、企业识别标准、个人标识标准、代码标准、信息交换格式标准以及信用评估业务标准等，几乎没有只针对征信而指定的国家标准或者行业标准。征信制度建立的核心在于征信数据的采集与加工，它包括企业资信调查及评估、消费者信用调查及评估和资产信用调查及评估等方面。更进一步，针对中小微企业的征信数据库包

① 中国共产党第十八届中央委员会. 中共中央关于全面深化改革若干重大问题的决定[J]. 求是，2013（11）：3-18.

括中小微企业的信用调查与评估数据以及中小微企业主的信用调查与评估数据。从数据库建立来看，具体方式有以下几种：征信企业自建自营征信数据库方式，国家征信数据库方式，数据快速组合经营方式。由于中小微企业征信数据比较零散、变动性强、缺乏系统且没有可靠数据库等，因此，中小微企业的征信数据一般需要征信企业自建自营。中小微企业信用制度的征信评估工作，也可称为中小微企业的信用评级，就是对中小微企业违约风险或者信用风险的评估。信用评级一般由专业的信用服务公司来进行，主要可以分为资本、工商企业和个人三类。由于专业的信用服务公司具有分工优势，且其专业性、科学性使得其采用的评级系统评级结果较为权威。这就大大增加了信用评级的可靠程度，使得评级信息能够更好地服务于银行等金融公司，从而也减少了金融公司处理信息的成本。信用评级也给出了一套评价坐标，在相对客观的评级基础上，对中小微企业的价值评估也提供了一定的基础。比如，对于银行而言，信用评级不仅可以决定是否放款，而且对放款金额、利率等因素都具有非常重要的借鉴意义。这就打破了传统银行对于企业信贷评估的笼统信贷审核制带来的局限。

对比发达国家征信体系，目前，我国征信体系存在很多问题。首先是征信数据库问题。目前，我国的征信活动主要由商业银行进行，而商业银行的数据是以自身保有的企业数据为主的，因此数据较少且相当片面，不能完整反映中小微企业的信用状况。从整个社会来看，无论是中小微企业的数据，还是中小微企业主的数据信息都散落在中国人民银行、工商管理部门、公检法机关、国税地税部门、主管单位、行业协会等机构中，在全社会没有建立起信用信息共享的机制和平台之前，这些数据无法汇总共享。所以，在最基础的数据采集层面，面临着很大的问题，这也是中小微企业的征信制度难以建立起来的最基本问题。其次，现有的征信机构运作较为混乱。我国目前的征信机构或部门都以信用评级为主，以搜集信息和处理信息为辅，这并不能改变我国中小微企业信用信息匮乏以及散乱的局面，所以即便做出了信用评级结果，其参考意义也不大。相当多的评级机构，有时只是根据自己设立的金融模型进行评级，毫无科学性、准确性可言，难具说服力。而更坏的情况下，信用评级只是一个表面工程，评级机构或部门对评级结果不负任何责任，这样，也或多或少存在对于中小微企业的评级歧视现象。再次，现存的中小微企业评级行业秩序混乱。目前，我国信用评级机构的状况十分混乱，各大审计公司、银行都有专门从事信用评级的部门，但是缺乏权威的评级机构，使得信用评级区域割裂现象比较严重，没有较为科学统一的信用评级依据，这也导致金融机构的服务成本较高，资源浪费现象严重。在一定程度上也给中小企业的不守信行为提供了制度上的机会。最后，我国目前的中小微企业征信环境较差。现有的信用制度中，对于失信行为的惩罚力度还不够，这就造成了金融市场和社会对于失信行为的宽容，也导致了社会上对“守信”的评价不高（比如，在很多社会偏见中，诚实守信者反而被认为不具有“商业智慧”）。现行法律法规等制度对违约行为的惩罚条例较为笼统、现有的司法体系对违约行为的追究力度较轻、社会对违约者的接纳程度较高等现象，都使得我国目前不具备诚实守信的社会应该具有的制度环境。

2. 担保体系及其问题

担保体系主要涉及信用担保的问题，信用担保包括商业信用担保和银行信用担保两个领域。由于担保活动包含大量的评估计算、法律分析等专业操作，故而中小微企业的信用担保活动是一项专业性的金融服务活动。从国外发达国家的发展经验来看，中小微企业的担保活动是在市场资源配置与政府弥补市场失灵的过程中产生的。不仅需要市场各方的参与，而且需要政府的协调作用和引导作用，甚至在有些国家，政府的作用是主导性和关键性的。信用担保服务是促进交易，减少社会交易成本的一项活动，它可以增进社会整体福利，从而具有整体意义。

我国的担保体系经过近些年来的发展，已经具备了雏形，但还存在不少问题。从大的方向上来说，有两个方面的条件我国目前尚不具备，一方面是担保机构必须要比其服务的对象，也即银行等金融机构更加具有信息优势；另一方面中小微企业的信贷担保活动必须是一种以市场调节为主的行为。具体而言，主要是：首先，从事信贷担保的机构规模小，资金来源比较单一、狭窄。这就直接制约了信贷担保企业的经营状况，影响了担保业务的进行和规模效应的发挥。由于信贷担保公司的资本较少，所以其只能开展小金额项目的担保活动，但是这种情况不利于担保公司进行风险分散，担保的成本很高。其次，很多担保公司是在政府的支持或者授意下设立的，因此其资金来源也多为政府资金。正是因为资金来源的问题，所以担保公司的行为方式便不那么市场化了。这种情况下，不仅在担保活动的过程中会受到政府因素的干扰而造成效率低下等，而且制度成本很高，不利于担保公司的健康稳定运营。再次，相关法律法规不健全，我国目前只有一部《中华人民共和国担保法》，而且该法律调节的是担保行为而非从事担保服务的机构。因此，我国急需一系列有关担保机构设立、业务开展以及实际运营的法律法规，将担保机构的行为进行规范。并且，法律法规的制定一定要切合实际和我国国情。对于大的问题一定要具体问题具体分析，而且要有较为灵活和可操作的规范。担保活动是一种金融服务活动，其本身也具有金融属性，如果不能对担保行为加以合理的规范，不仅不会促进经济发展，反而会给整个金融系统带来系统性风险。最后，目前现存的担保公司自身问题严重。第一个问题就是人才问题，我国改革开放之后，金融教育起步较晚，这就造成了目前从事风险管理的技术人才以及担保人才缺乏等问题。人才问题是首要的问题，但是随着我国专业化教育逐步与国际接轨，此类问题可以得到很大程度的缓解。第二个问题是担保公司缺乏科学、合理、高效的项目评估机制，缺乏针对中小微企业的风险管理机制，从而担保风险成为其发展的重要隐患。

（二）其他中小微企业融资服务体系

1. 政策性金融机构缺乏

综观国外发达国家，基本上都有专门扶持中小微企业发展的政策性金融机构。我国目前政策性金融机构只有国家开发银行、中国农业发展银行和中国进出口银行。这三家政策性银行的政策扶植目标方向划分比较局限，而且基本上和中小微企业关系不大。因此，我国专业扶植中小微企业的政策性金融机构基本属于空白，这使得政策性金融机构起到的引导作用严重缺乏。

2. 专业服务中小微企业的金融机构需要改革

目前我国在定位上专业服务中小微企业的金融机构主要有城市商业银行、信用社（股份制改革后称农村商业银行）以及新兴的村镇银行。城市商业银行完成股份制改革和重组之后，产权结构明晰，有了较为科学的委托—代理结构和激励机制。但其组织结构仍旧是传统的总分行模式，这种组织结构是传统的银行组织选择的路径依赖，但是背离了城市商业银行的市场化定位，阻碍其发挥服务中小微企业的作用。总分行的组织模式，容易导致分支机构不顾当地经济状况而过度设立的情况，而且，中小微企业申请贷款需要面临层层审批，由于基层组织机构与上层分支机构的脱节，导致实际融资效率低下，远远无法满足中小微企业资金和效率双方面的要求。严重脱离实际的组织形式、落后的风险管理理念和手段等都制约了专业服务中小微企业的金融机构的服务效率和质量。这样一来，良好的银企互动模式就很难形成。

信用社是从农业银行剥离出来的，其定位是面向县域经济。信用社是我国农村设立分支机构最多的银行，从亲缘关系和服务能力讲，最具有服务于中小微企业的能力。但信用社的贷款多为小额无抵押的资金，由于贷款时间短、资金量大，远远不能满足中小微企业发展的需要。在股份制改革后，新的农村商业银行已经与城市商业银行一般无二，其新的定位完全落于城市商业银行的窠臼，对中小微企业的帮助就十分有限了。

村镇银行是国外创新的金融服务机构，但是目前在我国，发展仍在起步阶段。我国现有的村镇银行数量较少，且大多在组织结构等方面与传统银行差别不大，仅作为大银行分支机构的形态存在，没有以国外村镇银行的模式发展①，这不得不说是一个遗憾。

---

① 王煜宇．新型农村金融服务主体与发展定位：解析村镇银行[J]．改革，2012（4）：116－123.

3. 信用服务机构不成熟

信用服务机构包括信用评级机构、增信机构、担保机构等。信用服务机构的存在，一方面是利用其专业分工优势，整合信息，降低金融系统的交易成本；另一方面是为银行等金融机构减小因信息不对称造成信用风险的识别成本。目前，我国信用评级机构十分混乱，各大审计公司、银行都有专门从事信用评级的部门，但是缺乏权威的评级机构，使得信用评级区域割裂现象比较严重，没有较为科学统一的信用评级依据，这也导致金融机构的服务成本较高，资源浪费现象严重。增信机构限于我国金融市场的发展，目前发展也十分不成熟。

目前，我国的中小微企业信用担保机构，大多是由各级政府出面成立的，象征意义大于实际意义。而互助性质的担保机构和商业性质的担保机构数量较少，占比不大。其组织结构不科学，管理水平较差，运营能力较弱。造成这一现象的原因有两方面：一方面，由于政府组织设立的担保机构常常不以营利为目的，无法市场化运作，其维持生存的收入来源于政府的财政拨款和政策补贴，所以经营动力不足，无法通过市场化运作提升自身管理能力。从而很难做到为中小微企业提供比较有效的贷款担保服务。这种情况下，即使有政府的担保，也很难被银行等金融机构所认可。另一方面，类似地，由于缺乏有效的资金补偿机制，即便是商业担保机构，也面临着资本动力不足等因素的限制。从整个融资活动来看，银行、商业担保公司和中小微企业三者，由于担保公司进行了担保，所以实际上商业担保公司对中小微企业的信贷活动承担着几乎全部的风险，而银行却基本不承受任何信贷风险。对比这三者所获取的利益来看，风险收益比是十分不均等的。这种情况下，商业性质的担保机构在市场的作用下会提高担保佣金，这时，成本转嫁到中小微企业身上，使得其融资成本增高，结果仍是中小微企业无法获得融资。而商业担保公司如果为了降低担保风险对中小微企业进行筛选，一方面因为业务范围狭窄，另一方面因为担保成本增加，最终仍旧无法达成目的。在整体信用体系尚未健全时，担保机构收集信息成本十分之高，有时尚不如商业银行有优势。林毅夫和李永军两位学者就认为，如果中小微企业信贷担保机构在不能解决信息不对称问题的背景下提供担保，那么，其结果只是将商业银行的信用风险转移给了担保机构，而实际上不能发挥担保机构的担保作用①。由此可见，我国信用服务机构发展迟缓归根结底还是由于社会的信用体系尚未健全。

4. 民间金融与互联网金融

民间金融有两层含义，第一层是狭义的民间金融，主要指民营银行。虽然银行业开放了准入许可，但是目前仍有很多看不见的障碍。我国许多资本实力雄厚的企业已经获得了银行牌照，比如网商银行（阿里巴巴集团）、微众银行（腾讯集团）等，但是由于政策限制，这些银行仍旧无法从事吸储业务。也就是说，在实质上，这些民营银行不能够称为银行。因此，现有的银行体系仍旧是国有银行和国有控股银行为主导，其垄断地位成了阻碍银行业发展的桎梏。垄断不仅会造成市场失灵，还会使得垄断银行缺乏提高其服务质量的动力。处于垄断地位的现有银行体系在满足于现在的超额收益的情况下，没有动力去创新风险管理手段和方法，无法有效地服务中小微企业，造成社会的无谓损失。

民间金融的第二层意思，也是指广义的民间金融，即所有的民间借贷行为。当中小微企业的资金需求无法得到满足时，只好转向非正规渠道，即民间借贷市场。民间借贷古已有之，因为其高息（民间俗称“利滚利”）饱受诟病，所以一直以来也得不到重视。然而应该看到，虽然民间金融具有高风险且不乏欺诈行为，但是民间金融之所以会存在，也是有一定原因的。首先，民间金融效率高，民间借贷往往手续简单，具有办理时间短等特点。其次，民间金融门槛较低，基本上民间借贷没有高标准抵押物的要求（比如银行对资产流动性的要求）。最后，民间金融具有灵活性。根据不同企业，借款方往往可以不受限制地进行谈判从而达成贷款合约。针对民间金融市场，最有效的办法往往不是一味取缔，而是加以引导，使其步入正常轨道。这也是因为民间金融对于解决中小微企业融资难问题具有十分重要的意

① 林毅夫，李永军. 中小金融机构发展与中小企业融资[J]. 经济研究，2001（1）：10－18.

义，民间金融所具备的优点正是目前国有商业银行所不具备的。不过，在缺乏引导和法律规范的情况下，民间金融难以真正地市场化，这一点在温州金融改革上表现尤为突出。温州金融改革试点工作开展了将近两年①，虽然官方给出的答案是取得阶段性成果，但是企业的反应却与官方消息有着较大的差距。金融改革以来，温州的民营银行似乎并没有像预料的那样应运而生。由于地下金融的获利空间更大，也不用受政策的约束，很多民营企业家并不愿意进行改制。

互联网金融是新生事物，近些年信息经济和互联网的发展，催生了以 P2P 为代表的互联网金融企业。P2P 是英文 Person - to - Person（或 Peer - to - Peer）的缩写，意即个人对个人（伙伴对伙伴），又称点对点网络借款，是一种将小额资金聚集起来借贷给有资金需求人群的一种民间小额借贷模式。属于互联网金融产品的一种。目前，互联网金融也可以落入广义民间金融的范畴。不仅因为互联网金融公司本身多为中小微企业，而且因为互联网金融产品的特性与传统的民间金融产品非常相似。P2P 在很短的时间内，经历了由峰顶到低谷的变化过程，整个过程犹如过山车一般。这是信息时代的新特征，也是不正常的金融环境的必然产物。在大型互联网金融平台“e 租宝”垮台之时，从普通民众到监管层都对互联网金融这只“怪兽”提高了警惕。2016 年 8 月，银监会向各家银行下发了《网络借贷资金存管业务指引（征求意见稿）》（以下简称《征求意见稿》）。该《征求意见稿》不仅对开展存管业务的银行提出了一定的资质要求，对于接入的 P2P 平台也提出了在工商登记注册地地方金融监管部门完成备案登记、按照通信主管部门的相关规定申请获得相应的电信业务经营许可等五项要求。最受业内关注的一条是，存管银行不应外包或由合作机构承担，不得委托网贷机构和第三方机构代开出借人和借款人交易结算资金账户②。2016 年 10 月 13 日，国务院办公厅发布《互联网金融风险专项

① 陈宇峰，叶志鹏．金融体制改革的理论进展与实践经验——首届“温州金融改革与发展研讨会”综述[J]．经济研究，2014（5）：188 - 192.

② 资料来源：中国银行监督管理委员会官网，http：//www. cbrc. gov. cn/index. html.

整治工作实施方案的通知》[1]。至此，面向整个互联网金融行业的整改专项行动宣告开始。随着政府政策的逐步出台，很明显的趋势是，P2P 公司生存空间越来越小。

互联网金融与传统民间金融的问题基本上是一致的，因为互联网金融公司实际上就是传统民间金融披上了互联网的外衣罢了。所以健康的互联网金融生态环境、健全的互联网金融体系对于解决中小微企业融资难问题的意义重大。目前，我国政府在应对这类问题时往往“一棍子打死”，起到的引导作用还非常微小。

① 资料来源：中华人民共和国中央人民政府官网，http：//www. gov. cn/zhengce/content/2016 - 10/13/content_ 5118471. htm.

第三章　中小微企业货币信贷市场的金融支持

第一节　商业银行贷款对中小微企业的金融支持

随着经济的发展，中小微企业的规模不断壮大，伴随企业发展而来的一个重要问题就是资金需求提高。银行贷款模式，作为传统的融资渠道，在一定程度上解决了小微企业的资金缺口，抢抓了中小企业资源，改进了中小企业融资方式。但是银行贷款中存在诸如审批流程复杂、银行“惜贷”等问题，遏制了对小微企业现金流的供给，同时我国几大国有银行资源高度垄断，中小银行也急需重新定位，努力在竞争中有所发展。本章从商业银行的角度出发，研究我国中小企业传统的融资方式和融资扩展方式，运用比较分析借鉴成功的经验，探索商业银行贷款对小微企业具体的金融支持，同时也提出了目前国内有关银行贷款发展所存在的问题的解决办法。

一、小微企业传统融资模式的困境

不同国家和地区对小微企业的界定不同，甚至很多国家对它没有一个明确的界定。在我国，受大众认可的关于小微企业的定义是由著名经济学家郎咸平提出的。他认为小微企业是对小型企业、微型企业、个体工商户、家庭作坊企业的统称①。一般来讲，在划分企业规模时，主要考虑的指标有营业收入、资产总额和从业人员的数目。不同行业大类中的小微企业又有不同的标准。以农、林、牧、渔业为例，营业收入大于等于50万元的被称为小型企业，营业收入小于50万元的被界定为微型企业，如表3-1所示。

表3-1 我国中小企业的划分标准

行业名称	指标	中型	中小型
批发业	从业人数	100~200人以下	100人以下
	销售额	3000万至3亿元以下	3亿元以下
零售业	从业人数	100至500人以下	100人以下
	销售额	1000万至1.5亿元以下	1000万元以下
住宿和餐饮业	从业人数	400至800人以下	400人以下
	销售额	3000万至1.5亿元以下	3000万元以下
交通运输业	从业人数	500至3000人以下	500人以下
	销售额	3000万至3亿元以下	3000万元以下
邮政业	从业人数	400至1000人以下	400人以下
	销售额	3000万至3亿元以下	3000万元以下
工业	从业人数	300至2000人以下	300人以下
	销售额	3000万至3亿元以下	3000万元以下
建筑业	从业人数	600至3000人以下	600人以下
	销售额	3000万至3亿元以下	3000万元
合计	998	908	90

（一）中小企业的融资渠道

中小企业的融资渠道可以分为内源融资和外源融资两种。其中内源融资包括企业的注册资本、资本公积和盈余公积；企业成员的个人

① 颜白鹭．银行贷款、民间借贷与中小企业融资——基于对非上市中小企业调查数据的研究[J]．金融监管研究，2015（5）：63-74.

财产；股东增加投资等①。外源融资又包括直接融资和间接融资两种。银行贷款模式属于典型的间接融资模式，此外，非银行金融机构贷款也是间接融资模式的一种。直接融资主要包括民间借贷、发行企业债券、发售企业股份等。企业在经验过程中，当面临资金短缺、资金周转困难等问题时，首先考虑的是内源融资，因为内源融资的成本最低。当内源融资无法解决资金缺口时，再考虑外源融资。但由于企业规模、企业管理者的理念、企业经营状况、企业所处的行业等众多因素的不同，企业在选择外源性融资时，选择的方式顺序是不同的。

（二）银行贷款对中小微企业金融支持的理论基础

1. 信息完备理论

Stiglitz 认为，在信息完全的市场上，银行和企业彼此之间信息完备。商业银行能够了解一个企业的资金状况和还款能力，进而针对不同企业确定不同的贷款利率，实现自身收益的最大化。企业不存在隐瞒自身经营情况、财务状况、该笔贷款的用向、预期收益、风险大小以及偿还能力的情况。

2. 关系型贷款理论

银行在进行贷款业务时，最主要的参考就是企业的信息。企业信息可以分为“软信息”和“硬信息”两类②。软硬信息的量化情况不同，软信息通常指的是企业的员工素质、外部评价、客户关系等。这些信息可以通过银行和企业的长期合作来掌握，特别是在“关系型贷款”中得到应用。Berlin 和 Mester（1998）认为，中小企业实力不足，硬件不够等自身缺陷限制了其外部融资能力，关系型贷款能有效避开中小企业的不足，通过充分传递“软信息”，增加贷款考核标准，降低抵押要求，放宽融资门槛，且方便银行对贷款的后期监督。银行与企业之间的关系型贷款，可以在一定程度上弥补“硬信息”获取成本高、难以准确获取的缺陷，充分展现“软信息”的优势，对银企双方

① 梁帆．融资约束、风险投资与中小企业成长——基于中国 A 股上市公司的实证[J]．河北经贸大学学报，2015（2）：72－79.

② 王甜甜．关系型贷款模式对缓解中小企业融资难的应用研究[D]．山东大学硕士学位论文，2013.

发展都有利。

二、商业银行贷款对小微企业传统融资模式的支持

（一）商业银行支持中小微企业的传统融资模式

我国商业银行对中小微企业的金融支持是多方面的。其中，融资方式包括直接融资模式和间接融资模式①。直接融资主要指的是商业银行贷款模式，而间接辅助融资则包括商业银行与担保公司进行合作给中小企业提供担保和商业银行与政府以及其他部门进行合作给予中小企业金融支持两种。

（二）直接融资模式

银行贷款模式是中小企业获得资金来源的常见方式之一，但是这其中包含不少阻力。商业银行的经营首先考虑的是扩大利润、规避风险和利润最大化。因而它们更青睐于几乎没有风险的大型国有企业，对中小企业，商业银行往往设置严格的贷款条件。加之国家加大了对银行业的逾期、呆账等不良资产的追究力度，使银行业的“惜贷”现象更加严重。据数据显示，在2009年之前，中小企业的贷款在全国短期贷款中的比例呈逐年下降态势，2009年维持在5%左右②。后来在国家扶持中小企业发展的政策支持下，这种情况有所改善。多家银行调整了信贷结构，中小企业渐渐进入了大型和中小银行的视野。包括五大国有银行和12家全国性股份制商业银行在内的109家商业银行，调整了原有的信贷结构，并且设立了专门的中小企业服务机构，中小企业的贷款在全国短期贷款中的比例在2010年达到了25%左右。

截止到2015年，以工商银行为例，工商银行中小企业贷款额度达到其全部贷款业务的60%（见表3－2），中小企业贷款不良率仅为

① 张晓玫，钟祯．银行规模与上市中小企业贷款——基于中国上市中小企业银行贷款数据的经验研究[J]．南开经济研究，2013（2）：94－111.

② 殷雅洁．中小企业融资路径与机制研究[D]．河南大学硕士学位论文，2012.

1.15%，中小企业贷款质量优于公司贷款整体水平。

表3-2 四大国有银行对中小企业的贷款余额情况

银行名称	对中小企业的贷款余额（亿元）	占总贷款比例（%）
工商银行	50000	60
中国银行	20000	40
农业银行	29000	30
建设银行	25780	45

（三）间接融资模式

1. 政府相关政策帮助中小微企业融资

国家出台的有助于小微企业融资的文件主要有：《国务院办公厅关于当前金融促进经济发展的若干意见》、《国务院关于进一步促进中小企业发展的若干意见》、《财政部、国家税务总局关于金融企业涉农贷款和中小企业贷款损失准备金税前扣除政策的通知》①。在这些文件中，明确提出了要扶持中小微企业发展，增加金融机构中小微企业的贷款比例，缓解中小微企业贷款难的问题。同时在担保机构方面，国家也积极推进改革，先后出台了《国务院关于进一步促进中小企业发展的若干意见》、《融资性担保公司管理暂行办法》、《中小企业信用担保资金管理暂行办法》等文件，鼓励信用担保机构对小微企业的融资提供担保，推动了中小微企业信用担保机构的规范发展。

2. 信用担保机构帮助中小微企业融资

信用担保机构是连接银行和中小微企业的中介，可以有效分散和转移银行的放贷风险，提高小微企业的贷款成功率。作为一种中介机构，信用担保机构近年来发展迅速，这些信用担保机构的风险控制较好，社会效益突出。并且担保机构发生的代偿数目逐年递减，担保机构一方面有效控制了自身的风险，同时为有融资需求的企业提供担保业务，使得中小企业的经济效益和社会效益共同提高，也使银行在贷

① 蒋涛．关系型银行贷款理论对中小企业融资的启示[J]．时代金融，2012（15）：229.

款业务中更加放心。调查数据显示，2016年有110万家企业受保，随着担保机构的发展，受保企业的数目会越来越多，带来更显著的社会效益和经济效益①。

三、商业银行贷款对小微企业扩展融资模式的支持

（一）连锁作坊模式

连锁作坊模式更趋向于小额贷款且贴近客户，连锁指的是利用银行网络，在全国各个区域对产品进行销售，作坊是指信贷人员要将自己搜集到的信息进行有效加工。连锁作坊模式又包括四项产品，分别是："存单小额质押贷款"、"好借好还"小额贷款、个人商务贷款、其他种类贷款②。以"好借好还"小额贷款为例，指的是直接面向城乡范围内具有融资需求的农户和小微企业主，金额上限为20万元，并作为银行的重点战略业务在全国范围内推广。这种运作模式由于贷款金额小、门槛低、操作简单快捷而广受广大农户和小微企业的青睐。

（二）贸易产品融资模式

传统融资模式中，中小微企业常常由于缺乏充足合格的抵押物而无法获得贷款，为了打破这一僵局，商业银行开展了"贸易融资模式"的业务创新。创新了中小企业的融资担保方式，打造适合中小企业的融资产品，调解抵押物不足无法有效融资的矛盾，银行还设计了满足企业需求的个性化产品及产品组合，全面提升了银行贸易融资产品的服务能力，达到银企之间的"双赢"。

（三）联保贷模式

企业无法提供充足有效的担保物是影响银行向企业放贷的重要因

---

① 陈秋莹，周利芬．中小企业融资方式的选择：银行贷款与风险投资的比较[J]．企业研究，2011（12）：122－123．

② 钟祯．担保、银企关系与中小企业贷款[D]．西南财经大学硕士学位论文，2011．

素，联保贷模式在一定程度上克服了这一问题。所谓联保贷模式，“联”指的是由四家或四家以上中小企业自愿组成联保体，以联保体的形式联合申请贷款。这几家企业必须是产业相关的企业，它们彼此之间提供连带责任，降低了银行贷款的风险，实现了企业信用风险评判的自主权，并在一定程度上促进了联保体成员的共同发展。业内民生银行就推出了这种贷款模式，并在近几年飞快增长，占有了一定的市场份额。

（四）供应链模式

供应链模式融资涉及三个主体，分别是：资金需求方，即中小微融资企业；资金供给方，即商业银行；中间机构，即物流企业[①]。这种融资模式下，银行关注的不仅是一个企业，而是以核心企业的信誉为基础，综合考虑该企业的上下游企业，开展综合授信和融资业务。企业由于原材料而获得抵押货权，进而从银行获得贷款，由于资金上的风险，促使其协助管理好自己的上下游企业。物流企业获得了资金供需双方的信任，可以在产品的供应链中吸引更多客户，保持和银行、企业的关系。对物流企业自身而言，企业自身的物流量增加，提高自己的仓储率。供应链模式最大的好处是，在一定程度上降低了融资成本，克服了信息不对称问题。

四、银行贷款融资模式的优势与问题

（一）银行贷款模式的优势

1. 降低中小微企业的贷款费用

相对于其他融资工具，银行贷款是费用最低的一种，银行的贷款利率要根据具体情况而定，一般来说企业贷款利率高于中小企业的优惠贷款利率；信用等级低的企业贷款利率高于信用等级高的企业的贷款利率；中长期贷款利率高于短期贷款利率。综合其他融资方式来

---

① 李君．中小企业融资能力影响因素分析——基于企业特征获取银行贷款的可能性［J］．财会研究，2011（7）：62－64.

看，对企业来说，特别是中小微企业，商业银行贷款模式仍然是费用最低的融资模式。

2. 资金来源稳定

由于四大国有银行资金实力雄厚、资金充足，中小企业在申请借款的时候，只要满足了银行的贷款条件，通过了银行的资质审查并与银行签订了贷款合同，银行一般都能及时向企业提供资金，满足企业的融资需求。

（二）银行贷款模式目前存在的问题

1. 融资总额占比低

中小企业数目在商业银行的客户群中占比较高，但是贷款数目却偏低，以工商银行某支行的客户结构为例，见表3－3。

表3－3　工商银行某支行客户结构表

区间	项目	数值	占比（%）
（0元，100万元）	余额	7410（万元）	6.88
	客户数	822（位）	88.58
（100万元，1000万元）	余额	26397（万元）	24.49
	客户数	83（位）	8.94
（1000万元，100000万元）	余额	73959（万元）	68.63
	客户数	23（位）	2.48
合计	余额	107766（万元）	
	客户数	928（位）	

表3－3反映的情况在我国商业银行的贷款业务中有一定的代表性，商业银行对中小企业的关注度偏低，中小企业数目在商业银行的客户群中占比较高，但是贷款数目却占比很低。

2. 商业银行的贷款流程违背了中小企业的融资需求

商业银行的贷款流程可以分为以下三个环节：放贷前的调查、放贷过程中的审批、放贷后的管理。不同贷款方式所需要的时间也不同，但相对于其他融资模式，商业贷款模式服务效率低、办理时间长、手续复杂。一般中小企业会选择信用贷款的方式，但是信用贷款模式在几种贷款模式中，手续繁杂、时间长，这与小微企业的融资需求相悖，商业银行也会丧失一部分客户流。

3. 我国社会信用体系尚未健全

我国的工商税务部门信息没有与银行系统对接，这就直接使银行加大了获得真实有效的企业信息的成本，也就是我们所说的信息不对称①。很多中小企业拥有多套财务报表，一套供企业内部管理人员、决策层使用；一套提交给工商税务部门；一套递交给银行申请贷款。这无疑加大了银行了解企业信息，做出放贷决定的成本。

4. 中小微企业自身存在的问题

诸如产品缺乏竞争性、盈利水平无法达到银行要求等。还有的中小微企业信用意识淡薄，拖欠银行贷款，造成较差的征信记录，后期贷款难上加难。

五、对小微企业银行贷款模式的建议

（一）加大政府政策的扶持力度

政府要针对中小微企业，量身定制和实施优惠政策，比如简化行政手续，提高办事效率，缩短审批流程。同时，地方政府还应该建立专门的机构，聘请专业的人才来制定、推行相关的政策，尽快满足中小微企业的融资需求。

（二）构建完善的金融服务体系

在我国，很多银行没有专门的中小企业信贷部，或者说中小企业信贷部徒有其表。同时，我国企业的数目远远多于银行的数目，对比美国，美国国内有8000多家银行，并且以小银行和社区银行为主。我国的金融服务体系还没有实现真正意义上的市场化。银行业同其他行业一样，只有竞争才会促进企业创新，改善经营理念、提高服务

① 陈敏．基于纳什均衡下的中小企业融资与银行贷款分析［J］．内蒙古农业大学学报（社会科学版），2010（6）：54－55.

水平。

（三）构建完善的社会评级信用体系

要构建完善的社会评级信用体系就要从两个方面着手，一方面，要组织建立担保体系，目前虽然存在信用担保机构，但是这些机构的担保能力与企业的需求存在一定出入，没有最大限度发挥自己的作用。另一方面，还需要不断完善我国的信用管理制度，配合奖励和惩罚留档的方式，真正地为银行提供放贷需要的有效信息。

（四）中小微企业改善自身条件

要转变经营理念，不能对银行欠款一拖再拖；同时要培养企业的核心竞争力，增加自己的盈利能力，注重对固定资产的投资，满足银行的抵押物要求。与此同时，企业还要健全自己的财务制度，向金融机构提供真实有效的经营信息。

第二节　中小银行贷款模式

一、中小银行情况概述

中小银行相对于大型银行，是一个相对的概念。它是一个动态的概念，在不同时代和地区的定义方法不同，可以用总资产，总贷款和存款市场份额，员工数量或分支机构的数量和其他指标来定义[①]。我国对于中小银行的界定也有很多种。除了四大国有银行之外的全国性股份制商业银行、城市商业银行、农村商业银行、农村合作银行、村镇银行以及城乡信用合作社等都为中小银行。《中国金融年鉴》将工商银行、农业银行、中国银行、建设银行和交通银行统称为大型商业

① 李静．中小银行对中小企业融资规模扩张的影响研究［D］．苏州大学硕士学位论文，2010．

银行，将股份制商业银行和城市商业银行统称为中小商业银行。本书所研究的中小银行参照银监会的统计标准将五大国有商业银行和全国性股份制商业银行以外的区域性股份制商业银行、城市商业银行、城市信用社和农村信用社作为研究对象。

我国国有大银行控制了银行业的绝大部分金融资产，但近些年来，中小银行取得了突飞猛进的发展。大型商业银行控制了银行业50%的金融资产①。股份制商业银行、政策性银行、外资银行、邮政储蓄银行、农村金融机构、城市信用社控制了剩余50%的金融资产。

二、中小银行对中小企业金融支持的依据

（一）中小银行对中小企业金融支持的理论依据

1. 关系型贷款模式

国内多数学者的研究表明，中小银行在对中小企业放贷时，“软信息”对贷款量有一定程度的影响。“软信息”又被称作意会信息，指的是企业在长期与银行合作的过程中，银行与其管理者、供应商、客户接触而积累下来的信息。在关系型贷款的模式中，中小企业就是主要产生软信息的借款者，可以在一定程度上弥补中小企业在财务数据等“硬信息”上的不足。

2. 中小银行优势假说

国外学者研究发现，尽管大型商业银行在资金规模和投资多样性方面都比中小银行更有优势，但是小银行由于客户相对简单，贷款对象具有一定的区域性，所以在与大型国有银行的竞争中，有一定的优势②。由于区域性合作，地方银行往往与地方的中小企业保持良好的关系，并在长期合作中了解了中小企业真实的经营状况，这可以在一定程度上消除信息不对称给企业放贷带来的困难。国内学者也认为，

① 杨瑜．中小企业融资与银行业结构关系研究［D］．西南财经大学硕士学位论文，2010.

② 杨毅．中小企业融资中银行贷款的可获得性——主要影响因素与地区差异［J］．开发研究，2009（2）：113－117.

有必要细化市场定位，促进中小企业与中小银行的良性互动，发挥中小银行的优势。下面以美国银行规模对中小企业贷款的影响为例，论证这种假说，见表3－4。

表3－4　美国银行规模对中小企业贷款的影响

银行的资产规模（美元）	中小企业贷款占企业贷款的比重（%）	中小企业贷款占银行资产的比重（%）
小于1亿	96.7	8.9
1亿~3亿	85.2	8.8
3亿~10亿	63.2	6.9
10亿~50亿	37.8	4.9
大于50亿	16.9	2.9

（二）中小银行对中小企业金融支持的事实依据——以A银行为例

A银行的前身是成立于1993年的城市信用社，目前已经设立了15家支行，3家分行，属于中小规模的商业银行。其中，“中小企业成长伙伴”的理念是A银行的重要经营理念，并帮助很多中小企业获得了贷款，同时增强了自身的行业竞争力。

表3－5　A银行的贷款情况（2015年末）

贷款额度（万元）	贷款户数（户）	户数占比（%）	贷款余额(万元)	余额占比（%）
0~10	4106	28.2	15968	2.91
10~30	5432	35.2	77390	14.11
30~50	2405	16.5	83305	15.19
50~100	1266	8.7	833867	15.29
100~300	1043	7.2	141021	25.71
300以上	307	2.1	146923	26.79

A银行贷款数额在30万元以下的比例达到了50%，在50万元以

下的比例达到了80%，属于中小银行。A银行在实践过程中，具有丰富的经验。具体如下：

1. 创新了担保方式

抵押物是中小企业融资过程中的重要阻碍，而A银行恰恰强调第三方担保，轻视抵押，也就是说在实际贷款的过程中，可以不提供抵押物，而是寻找亲戚、同学、朋友等做担保，同时A银行注重担保分散，即可以多人提供担保，并要求担保人与资金需求方属于不同的行业。A银行严格把控“有贷款不放新贷”的制度，由于大企业的放贷时间往往有重叠，但是A银行坚决抵制这种做法，这有效降低了银行的放贷风险。

2. 改革贷款审批机制

A银行设置了十项业务指标，确定了七项放款等级，并对不同经营状况的申请人提供不同数额的放款。同时不同放款等级的业务流程是不同的。通过各种措施，半个工作日内审结的贷款比例达到90%，大大提高了银行的工作效率，体现了A银行的服务理念。

3. 创新了风险控制方法

A银行采用三品与三表相结合的风险控制办法。“三品”即人品、中小企业产品和抵押品。“三表”即水表、电表和海关的报表。“人品”：A银行前期会派员工针对自己的潜在目标客户群进行信用调查，强调对中小企业的考核必须真正地“走出去”，只有走出去，才能获得真实的数据。“产品”：资金需求企业的产品一定要有市场份额和良好的发展前景，这直接影响着企业的经营状况和未来的还款能力。“抵押品”是决定企业最后偿债能力的物品，但是A银行比较轻视抵押品，所以也把“抵押品”放在“三品”的末尾。

三表全部是由第三方出具的，能最大限度地反映客户的真实信息，银行也通过这三个表来判断企业的经营状况。总之，A银行创新手段的目的还是基于对客户的全面真实了解，这既降低了不良资产率，也提高了A企业的放贷速度。

三、我国中小银行发展中小企业业务存在的问题

（一）关注中小企业融资需求的中小银行数目少

在我国，大部分地方性中小银行不愿意或是没有能力发展中小企业融资业务。为数不多的支持中小企业融资业务的银行，由于自身资产有限，所以能为中小微企业提供的信贷资源也是有限的，因此中小银行在对中小企业的金融支持方面发挥的作用有限。

（二）政府对中小银行的发展不重视

中小银行对中小微企业的金融支持有限还要归咎于政府对中小银行的发展不够重视、政策待遇不利好。在业务指标、经营区域等很多方面，政府给予中小银行相比于国有银行和股份制银行更为苛刻的限制条件，这使得一些发展状况好的中小银行的辐射能力也比较有限。

（三）成功的案例难以复制

一些发展状况比较好的区域性中小银行，与所处的区域和地方经济特点密切相关，这便于“关系型贷款”的开展，并在一定程度上印证了“中小银行的优势假说”。这些成功的案例，往往处于地方较小，个体经济、民营经济发达的地区，所以成功的经验能否在其他地区，尤其是大城市复制，尚待考究。“关系型贷款”依托的是血缘、“人缘”和“本地人”组成的朋友圈，而大城市的本地人相对较少，单纯利用中小银行来破解信息不对称问题是不好实行的。

四、政策建议

（一）政府方面的建议

1. 规范中小企业的划分标准，加大对中小企业的扶持力度

首先要明确究竟怎样的企业属于中小企业，为政府后续各项政策的落实奠定基础。同时中小微企业，特别是微型企业，在整个行业中处于弱势地位，这更需要政府的积极引导和政策扶持，以促进中小微企业的良性发展。

2. 构建完善的金融服务体系

在我国，很多银行没有专门的中小企业信贷部，或者说中小企业信贷部徒有其表①。同时，我国的企业数目远远多于银行的数目，我国的金融服务体系，还没有实现真正意义上的市场竞争。银行业同其他行业一样，只有竞争才能促进企业创新、改善经营理念、提高服务水平。

（二）中小银行方面的建议

1. 对中小银行重新定位

要打破传统的思维模式，站在可持续发展的基础之上，自主根据市场要求重新定位。比如，在客户选择方面，尽可能避开与国有大型银行重叠的客户资源、项目资源。在提供服务产品方面，强调金融产品的个性化和创新化，以满足不同的融资需求。

2. 重视中小企业并将其视为重要的客户源

中小银行在与大型企业合作过程中的议价能力是十分有限的，但是如果中小银行更多地关注中小微企业，特别是在成长初期的中小微企业，可能实现与企业的共同发展，有助于建立更加牢靠的客户关系，提高客户的忠诚度。中小企业客户群才是中小银行的未来。

3. 重视强化风险管理

风险管理要覆盖贷款前、贷款中、贷款后的方方面面。不同中小企业的发展情况不同，所以要设置针对不同企业的特色风险管理方式。比如对风险程度高的客户，需要实地考察企业主的品行和资质、企业生产产品的市场份额，对贷款去向做跟踪调查。

4. 加强与地方政府部门的合作

中小银行多为地域性银行，服务对象也多为地方性企业，因此比较容易得到地方政府的支持。银行可以通过扶持当地大型公共事业的方式，一方面提升银行的知名度和品牌的美誉度，另一方面又可以展现银行的社会责任感，进而与政府搞好关系。

---

① 周杰．我国中小银行的中小企业业务拓展研究[J]．特区经济，2015（2）：91－92.

（三）中小企业方面的建议

1. 加强自身的品牌建设

自身硬才是硬道理，企业的财务状况、组织架构和信用品级是影响企业融资的重要方面。企业要逐渐建立现代企业制度，摒弃不合时宜的旧制度。银行在放贷之前，都会认真考核企业的财务报表，一些企业由于没有完善的财务报表无法取得银行信任，或者拖延了贷款的效率，得不偿失。这就要求企业在日常经营过程中，注重财务信息的计量记录，增强财务信息的可靠性和透明度。信用是企业长久发展的根基，人无信不立，企业也是如此，这就要求企业保持良好的贷款记录，并且注重与上下游企业及消费者搞好关系，注重信用培育。

2. 一定区域内建立中小企业集群

产业集群是指在特定行业中，大量相互关联的企业在某个区域聚集，形成有效的竞争局面。通过这种区域聚集的形式，中小企业间形成一个信息、资源共享的网络。及时的信息分享反馈，可以使集群作为整体相对从容地面对市场的变化，促进集群整体的不断发展，也有助于解决中小企业的融资问题。这种产业集群可以降低银行的贷款风险。银行的风险主要来源于行业风险，而对于某一个行业所处的阶段、是否具有风险、风险能否承担银行都比较容易把握，可以在风险来临之前，采取有效的措施，规避风险。同时，中小企业集群对所在区域的影响也是重大的，体现在当地经济、社会关系、就业的方方面面。

第三节　资产担保融资对中小微企业的金融支持

中小微企业在我国经济发展中担任重要角色，是推动 GDP 增长、创造就业机会以及促进科技创新不容忽视的力量，但中小微企业的融资困境等金融问题一直是阻碍其进一步扩大的因素之一。因此，从根本上解决其金融支持匮乏的问题是对中小微企业发展的一大推动，也是对我国经济持续发展的贡献。中小微企业的金融支持有多种来源，其中最主要的是内源融资、权益性融资和债务融资，企业综合其自身发展特色和优势选择合适的金融支持是重要的。虽然融资方式多样，但每种融资方式的选择会受到经济政策以及银行等多重外部因素的制约，并不是所有中小微企业都能按期望得到满意的金融支持，提供金融支持的主体通常需要仔细考虑多方面因素，导致中小微企业融资困难。因此，本书从提供金融支持的主体出发，在多重融资渠道中着重研究资产担保对于中小微企业起到的作用，分析资产担保融资对于解决融资难题的贡献；探讨资产担保如何对中小微企业提供金融支持，并提出合理的建议。论述内容参考国内外近年来对中小微企业的融资问题的成因、解决措施的讨论。

一、我国资产担保对中小微企业的支持

关于资产担保对中小企业的金融支持，许多国内学者进行了金融方面和法律方面的探讨。思元山首先具体阐述了动产担保的相关概念，然后重点分析了用此方法融资的经济效应，应用虚拟变量检验以及 Chow 突变检验，得出完善资产担保制度能够对经济产生正向冲击，所以运用资产担保制度进行中小微企业融资，扩大商业银行的信贷规模能够有效解决中小企业的融资难问题，从而促进经济的整体发展①。吴健雄着重研究了动产融资的法律冲突，从法律方面入手，并且提出了一些解决方案以完善资产担保对企业的金融支持。他认为在 2007 年颁布的《物权法》中，动产既可以抵押，也可以被质押，所以就出现了同一动产的担保权发生冲突和重复的问题，资产担保虽然能够扩大企业的融资渠道，但同时也存在阻碍资产担保的因素。他提出商业银行应该针对不同经营状况的企业采用不同的资产担保合同，尽量避免抵押权和质权的冲突，另外，企业也应该在动产抵押和动产质押中

---

① 思元山．我国中小企业动产担保融资研究[D]．西北农林科技大学硕士学位论文，2010．

选择其一，并且尽量选择一家银行进行担保融资①。李晓燕从金融方向入手，从银行和政府两个角度提出了发展资产担保的建议，她认为资产担保发展受阻的原因之一是银行体系不能相适应，由于工商局只对动产和小部分的生产设备进行登记备案，所以使得其他资产，例如无形资产无法进行担保，限制了企业进行资产担保融资的范围。所以商业银行应该拓宽可用于担保的资产范围。同时，政府也可以根据地方实际情况，安排发放专项基金，对于那些发展前景良好、经营状况健康的中小微企业进行扶持②。

企业的资产可细分为很多部分，例如固定资产、流动资产以及无形资产等。中小微企业如何运用其掌握的资产进行合理有效的担保以获得经营所需资金是我们需要思考的问题。而我国中小微企业之所以面临融资难的困境，一部分原因是我国资产担保系统依然存在问题，需要加速改进。资产担保融资的渠道对于中小微企业虽然是有效的获得金融支持的途径，但同样存在一些障碍，这主要与提供此服务的金融机构不完善有关，也与中小微企业自身的信用等级和信用评级制度以及资产担保登记公示制度有关。

首先，来看服务资产担保融资的金融机构。大型商业银行缺少专门为中小微企业提供资产担保的部门，并且由于中小企业的经营状况等其他信息相对于大企业而言更加分散，所以存在信息不对称，导致中小微企业在大型商业银行获取金融支持相对困难。所以日后如何使大型商业银行更好地为中小微企业提供资产担保是值得思考和改善的问题。地方性商业银行同样存在相似的问题，并且小型商业银行的风险控制能力可能比大型商业银行低，所以它们往往需要经过严格复杂的审核程序之后才会通过资产担保贷款，而企业所需资金除了用于日常的经营、投资活动之外，还需要应对突发的临时性资金短缺，而这部分资金往往需要企业快速高效地填补。所以地方小型商业银行依然需要改进，以提供更高效的资产担保服务。另外，由于地方性商业银

① 吴健雄．中小企业动产担保融资的法律冲突及对策［J］．预测，2011（6）．

② 李晓燕．中小企业动产担保融资的困境及对策［J］．商业会计，2012，13．

行能够相对方便地了解本地中小微企业的经营状况和还款能力，所以它们日后能够成为为中小微企业提供资产担保服务的重要对象。

其次，有些中小微企业的还款能力较差，贷新款还旧债等行为导致其信用等级较低，企业间的三角债现象严重，虽然政府有控制和治理，但依然无法避免这一问题，所以关联企业的信用也容易下降①。另外，我国的资产担保系统需要进一步加强。例如我国的相关法律对企业资产担保的规定不全面，《物权法》对不动产统一登记做出了规定，但存在登记成本过高、程序复杂等问题，且动产登记方面还有欠缺②。

中国人民银行按照资产规模将企业划分为不同种类，其中资产规模在5000万元至5亿元、年营业收入低于5亿元的为中型企业，资产规模在5000万元以下、年营业收入低于5000万元的为小型企业。目前，中小微企业难以获得担保是阻碍其发展的重要因素之一。除了金融体制以及信息不对称以外，企业自身的一些因素，如中小微企业能够提供的抵押物不足并且抵押的成本较高，都是造成其融资难的原因。

目前中小微企业的融资渠道主要有：内部集资、经营积累、民间借贷组织以及向金融机构借款等。但是中小微企业对经济发展的作用与其获得的金融支持是不相符的，根据中国人民银行公布的数据，中小企业从商业银行获得的信贷规模仅占总规模的一小部分。中小微企业对于资产担保融资的需求量很大，目前的市场规模远没有满足这些企业的发展。

二、中小微企业资产担保融资困难的原因

企业的融资主要分为直接融资和间接融资，直接融资是以股票、债券为主要金融工具的一种融资机制；间接融资是指以货币为主要金

① 张合民．关于建立我国统一动产担保制度的思考[D]．山东大学硕士学位论文，2008.
② 王可．企业应收账款的融资探讨[D]．西南财经大学硕士学位论文，2008.

融工具，通过银行体系吸收社会存款，再对企业、个人贷款的一种融资机制，所以对于企业来说，间接融资的主要来源是银行。罗丹阳等（2006）在分析了中小企业的经营特征和融资风险之后，得出社会资本聚集的最佳方式是通过非正规融资，而民间借贷就是非正规融资的重要形式，所以在政府规范民间融资体系、加强监管水平之后，中小微企业将从这种渠道获得更多的金融支持①。马广奇等（2012）细致地分析了中小微企业选择融资渠道时的注意事项，指出按照企业所处的行业类型划分，高新科技的中小企业适合运用创新型的融资方式，例如风险投资、买壳上市等；传统的中小企业风险相对于高新科技企业较小，所以适合银行贷款、商业信用等方式。同时也提出了一系列解决问题的方法，例如完善民间贷款体系，中小微企业自身也要提高信用度，提高经营能力和还款能力。另外，银行方面也要增加贷款种类和贷款抵押物种类，只有银行方面支持中小微企业的信贷活动，才能从根本上缓解融资难的问题②。吕劲松（2015）在对比了美国、日本、德国、印度等国的中小企业发展环境后，得出他们的中小企业发展都离不开政府的支持。虽然各国的实行机制有所不同，但都运用政府的力量控制市场失灵。进而发现了我国中小微企业发展环境的不足，针对我国中小微企业的融资渠道提出了多种建议，例如改革地方中小金融机构的管理体制，规范民间借贷等③。西方的 Pecking Oder Theory，在不对称信息理论的基础上，放宽 MM 理论完全信息的假定，并考虑到了交易成本，提出由于权益融资会暴露企业经营的负面信息，而且外部融资需要支付各种成本，所以多数企业融资会采取先内源融资再债务融资，最后考虑权益融资。

我国学者普遍认为我国中小企业融资难主要有两个因素：内部因素和外部因素。陈宏辉等（2001）认为我国中小微企业的发展历史并

---

① 罗丹阳，殷兴山．民营中小企业非正规融资研究[J]．金融研究，2006（4）：142－150.

② 马广奇，魏婷婷．中小企业融资方式的选择与比较[J]．金融理论与教学，2012（3）：39－40.

③ 吕劲松．关于中小企业融资难、融资贵问题的思考[J]．金融研究，2015（11）：115－123.

不长，由于多为劳动密集型企业，且多以家族经营为主，企业主和雇员之间存在血缘关系，这样的管理特征与信贷企业管理结构并不相符合，所以中小微企业存在内在缺陷[①]。李扬、杨思群（2001）对六个城市的商业银行进行抽样调查，发现贷款申请的拒绝率对于小企业远高于大企业，他们认为是由于中小企业本身存在的问题[②]。杨丰来、黄永航（2006）也提出了相似的观点，他们在研究有关企业治理结构和融资代理成本的基础上，提出中小微企业的融资难是因为其股东和经理的融合，所以缺乏专业经理人的管理和对于股东的约束，导致银行在做出评估之后更倾向于将资金分配至大企业而非中小企业[③]。陈敏菊（2009）在对我国实行宽松货币政策的初期和成绩显著时期进行实证研究之后，提出中小企业的融资障碍主要来自自身，其中具体包括偿债能力不足、缺少担保和抵押品、信用额度不足等问题，商业银行则是次要原因，例如银行“惜贷”或者贷款的成本过高[④]。

外部原因多数学者主要分析了银行方面的原因。例如林毅夫等认为大型金融机构通常更愿意与大型企业合作，与中小企业的合作较少，因为它们的信用额度不好评估，资金的需求量也不大，并且中国过去的“赶超”政策使大银行与大企业的联系更加密切，从而不利于中小微企业的融资[⑤]。吴洁（2005）从银行的角度出发，提出小银行的管理层次较少，决策权分散，所以更适合基于企业的“软信息”发放关系型贷款，而大银行则适合基于“硬信息”发放市场交易贷款[⑥]。梁笛认为除了银行贷款的提供，企业获取信息的方式、信贷市场结构

---

① 陈宏辉，贾生华．我国中小企业的融资难题及其对策［J］．商业研究，2001（9）：53－56.

② 李扬，杨思群．中小企业融资与银行［M］．上海：上海财经大学出版社，2001.

③ 杨丰来，黄永航．企业治理结构、信息不对称与中小企业融资［J］．金融研究，2006（5）：159－166.

④ 陈敏菊．中小企业融资缺口分析——基于浙江省中小企业对比问卷调查［J］．经济理论与经济管理，2009（11）：76－80.

⑤ 林毅夫，李永军．中小金融机构融资发展与中小企业融资［J］．经济研究，2001（1）：10－18.

⑥ 吴洁．中小企业关系型贷款关系定价行为研究——以江苏省某国有银行县级支行为例［J］．南京师范大学学报（社会科学版），2005（6）.

以及贷款技术等都是影响中小微企业获取资金的因素，所以他认为大银行可以帮助中小微企业加快贷款技术的创新从而缓解中小微企业融资难的问题①。姬会英（2011）则比较全面系统地分析了中小企业的融资困境。她认为中小企业经营状况不稳定，高歇业率和倒闭率加大了金融机构的放贷风险，她提出银行"惜贷"是为了躲避风险，而风险的根源就是因为信息不对称。另外，金融机构对中小企业放贷的经营成本高于大企业，加大了中小微企业的融资难度②。

虽然资产担保对中小微企业的作用还有很大的发挥空间，但目前我们已经可以看到一些效果。首先，我国对于资产担保有相关法律支持。例如在《中华人民共和国民法通则》中有关于担保债务的相关内容，将抵押和留置确定为物权担保。而资产相对于企业来说就是"物"，所以《民法通则》对于资产担保具有整体框架的规定，虽然具体的内容需要进一步完善。此外，《担保法》和《物权法》中均有关于担保的内容。在日后的实际操作中会不断发现相关法规的不足，这些都有待我们不断加强法律的规范作用。

除了法律的制约，我国部分商业银行也已经出现了专门服务于中小微企业贷款以及担保的部门，与此配套的专业风险评估人才也正在培养。

三、国外经验对于中小企业金融支持的启示

通过分析国外典型的中小企业融资方式可以启发我们对我国存在的问题产生新的解决思路。

美国的存货质押融资中，由于银行能够混合经营，所以产生了专门提供存款质押业务的质押银行，这种银行形式是物流仓储企业与银行的混合产物。得益于混合经营，中小企业获得的金融支持除了来自

① 梁笛．银行资产规模与中小企业信贷——大银行和小银行比较优势研究［J］．东南亚研究，2007（3）．

② 姬会英．当前我国中小企业融资难的原因及对策探析［J］．对策与战略，2011（2）．

商业银行，还来自专业信贷公司，甚至是保险公司，所以有效地解决了中小企业金融支持难的问题。

日本作为世界第三大经济体，对于知识产权等无形资产的重视程度值得我们思考，知识产权质押融资是针对高新以及创新型中小企业所采取的措施，在日本可以用作质押的知识产权覆盖了多种方面，这大大增加了企业能够获得金融支持的机会。例如音乐、软件程序、发明专利以及商标等。由于无形资产在价值评估上存在困难，日本有专门的计算方法用于对中小企业的知识产权质押融资进行计算，例如收益还原法和成本计算法。

四、完善中小企业的资产担保融资体制

我国在为中小微企业提供合理高效的金融支持方面还有很远的路要走，改善的方式也需要与目前存在的问题相对应，当然也需要借鉴国外的有效方法。

首先，需要完善我国资产担保的相关法律。虽然我国有对于不动产担保的规定，但具体适用于中小微企业的内容需要我们在日后的实践中不断完善，且对于动产、无形资产的重视应该加强。

其次，金融机构的部门设立也应该与中小微企业的发展需求相结合。例如大型商业银行和地方性银行增设专门服务于中小微企业的资产担保业务窗口。也可以将重心转移，现有的金融机构即使设立了专业部门，但其资金和精力依旧会被其他业务分散，或许我们可以借鉴美国，物流银行的出现不同于传统的商业银行，它是专门负责中小企业融资的新型金融机构。

最后，中小微企业自身也应该采用合适的经营策略，选用专业的管理人员，提高自己的营业水平和资信度，只有取得良好的信用度和较强的还款能力，才能更加顺利地进行资产担保从而获得金融支持。

第四节　信用担保融资对中小微企业的金融支持

一、中小微企业的信用担保现状

信用担保对于中小微企业来说是有效的融资渠道，但目前我国的信用担保依然存在很大的发展空间，有些缺陷有待我们解决，以便为中小企业提供更好的金融支持。我国信用担保的发展阻碍主要集中在以下几个方面。

首先，从担保机构即出资人的角度来看，无论是商业银行还是民间机构都希望最大限度地躲避风险，虽然接受企业的信用担保有一定的利益吸引力，但当企业出现管理经营不善时，金融机构就容易遭到损失从而抑制信用担保的进一步发展，所以金融机构在利益与风险之间的权衡会影响其是否接受中小微企业的担保申请；此外，提供担保业务的机构也会出现发放资金不足或者业务量不够的情况。目前我国在保的中小微企业数量低于总数的20%，累计担保责任权大约是可用担保资金的2.5倍，在保责任余额约为可用资金总额的1.3倍，而国外大约在10倍左右。所以资金规模达不到企业所需的规模，信用担保起到的作用很有限；此外，金融机构所提供的信用担保期限也与一般中小微企业的实际所需不符，我国大约一半的担保机构只提供流动资金的担保，即只能满足短时期的资金需求，担保期限通常仅在一年以内，阻碍了中小微企业获得有效的信用担保，而在其他发达国家，信用担保的期限一般在两年以上；除此之外，信用担保体系并不完善，在实践中主要有三种模式，分别为信用担保、商业担保和互助担保，其中商业担保以盈利为目的，所以企业在选择具体的信用担保时，如何找到最适合企业自身条件的担保方式，如何实现机构运作之间的转换是我们需要进一步规范的内容。

其次，从中小企业自身角度来看，其经营状况和还款能力也是影响信用担保的重要因素，因为金融机构不会无故把资金投入到其无法进行信用评估的企业上，所以中小企业拥有良好的资信度也是促进信用担保发展的动力。所以金融机构与中小微企业之间是互相支持、相辅相成的关系，只有两方面同时完善才能真正扩大信用担保对企业的金融支持。

最后，政策上的缺陷也是信用担保发展的障碍之一，我国于1999年实行的《关于中小企业信用担保体系试点指导意见》中，虽然明确了要成立中小企业信用担保监管委员会，但目前此委员会尚未建立，所以缺少有效地监管企业信用担保的机构。另外，《中华人民共和国中小企业促进法》中的信用担保管理方法尚在实行，所以目前的管理机制并不健全，业务操作缺少规范，可见完善健全相关法律法规也是促进信用担保的方法之一。

（一）我国中小微企业对于信用担保的需求

1999年，我国中小企业信用担保体系正式建立，至今已经将近20年，中小微企业对我国的GDP、就业机会和产业创新方面做出的贡献是不容忽视的，但中小微企业的融资问题一直是困扰我们的问题。信用担保体系的建立无疑是扩大融资渠道的重要举措，但显然目前中小微企业的需求依然无法得到满足。

根据2004年中国人民银行公布的《中国中小企业金融制度调查问卷统计分析报告》显示，有大约74%的企业没有从担保机构获得信用担保，而获得担保的企业获得的担保贷款也只占全部贷款的6%，所以，中小微企业对于信用担保的需求远大于目前的供给[①]。但信用贷款的规模也在不断扩大。2010年的《融资性担保公司管理暂行办法》中，要求各地管理整合不同的信用担保机构，规范信用担保的操作，因此从2011年开始我国信用担保机构数量开始减少，截止到

① 数据来源：2004年中国人民银行《中国中小企业金融制度调查问卷统计分析报告》。

2011年底，我国中小微企业提供信用担保的机构有4439家，而在2009年多达5547家。虽然机构数量减少，但信用担保的业务量在逐渐增加，根据《2011年度全国中小企业信用担保行业发展报告》，2011年底信用担保机构的实收资本共达4591亿元，同比增加了17.2%①。所以我国信用担保目前虽然无法满足发展需求，但有增长的趋势。

（二）通过信用担保缓解中小微企业的融资难问题

针对目前我国信用担保融资的发展困境，我们可以从多个方面完善信用担保体系。

加大信息披露力度，完善中小微企业的经营状态及资信度的公开制度。信息不对称是信用担保融资的一大阻碍，担保机制的作用之一就是将风险从信贷市场转移至担保市场，而这种风险的来源就是信息不对称。信息不对称无法完全避免，但随着参与交易的主体的增多，信息不对称的影响越来越大，银行、担保机构以及企业之间的信息不对称会使道德风险和逆向选择降低市场有效性。当担保人无法准确判断提供信用担保的风险时自然就会减少信用担保的规模以规避风险。所以如果提高信息的透明度，将金融机构尤其是中小微企业的管理能力和信用度更加全面具体地公开，可以有效促进企业信用担保的申请审核，为其提供更多的金融支持。

在信息透明的前提下，担保机构就能够进行筛选从而选出其认为可以进行信用担保的中小企业。由于担保机构的数量有限，担保的资金规模也有限，如何将有限的资金资源在不同的中小企业间合理配置显得尤其重要，担保机构将资金无差别地分配至不同企业是无法有效解决各个企业的资金支持问题的。因此，加大担保机构的筛选并且对不同中小企业进行分类是促进信用担保的又一措施，例如对于有暂时资金周转困难但是经营状态正常的企业；对于刚刚起步信用度难以评估，但是有发展前景的创新性企业；对于没有突破性进展但发展稳定的企业等可以采取不同的信用担保模式，以适应不同类型企业的实际

① 资料来源：《2011年度中小企业信用担保行业发展报告》。

需求。通过合理筛选和分类能将资金集中在资金需求量大并且风险小的企业，一方面可以减少担保机构对不良中小企业发放贷款，减少了担保机构的风险，另一方面也能够使资金效用最大化。

完善信用担保制度是促进信用担保不可或缺的一步，例如风险配置制度、担保机构的资本补偿制度。前者是担保机构与其他交易对风险的共同分担制度，信用担保过程中涉及担保人、借款人以及贷款人，在合理的风险配置体系下，能够有效地降低各个交易主体的风险，从而达到共赢的效果，一般情况下，担保机构与贷款人的分担比例为70%～90%，这样能够有效防止贷款人盲目放贷，而三个主体间的风险分配需要配合适度的反担保措施，否则就无法发挥担保的作用。资本补偿制度是信用担保中必须完善的机制，担保机构从中小企业收取的担保费能够解决担保机构运营所需的资金，但无法满足其代偿资金，所以必须使担保机构获得足够的代偿资金以发挥其担保的功能。不断完善信用担保制度是在日后的实践中需要重视的问题，形成多方相互制约的效用是保持信用担保体系平衡的关键。

二、国外经验对于中小企业金融支持的启示

日本作为发达国家十分重视中小微企业的发展，在1937年建立了东京信用保证协会，之后又于1950年颁布《小企业信用保险法》建立并且不断完善小企业的信用担保体系。而为了解决融资难问题，日本采用了双重信用保障制度，两个机构分别为信用保证协会和中小企业事业团。前者是信用担保体系的主体部分，资金来源主要有自由资金和借入资金，主要由地方政府主导和管理，但依靠市场化的运行方式，不受政府的控制。信用保证协会的主要功能是评估、审核中小微企业的信用担保申请，中小企业事业团主要是利用来自中央政府的资金为通过审核的企业提供贷款和保险，而当企业出现经营危机无法正常偿还时，由这两个机构共同承担风险和损失。日本的发展模式值得我们借鉴，双重保障有效地减少了金融机构的风险，能够更大范围地为中小企业提供信用担保，并且能够在评估审核企业时更加谨慎全面

地考察每一个企业，有效地减少了风险，加大对企业的金融支持。

美国作为世界经济大国，虽然奉行市场为主导的经济模式，但政府在部分领域也起到引导作用，在1953年颁布了《中小企业法》并且成立中小企业署负责对中小企业的各项管理和扶持工作。美国的信用担保体系分为不同层次，所以为中小企业提供的服务高效全面，层次分别为以中小企业署为中心的全国性中小企业信用担保体系，地方政府主导的区域性专业担保体系以及社区性的担保体系。中小企业署并不负责企业的审核和评估工作，而是由银行完成，所以商业银行与中小企业署共同协作完成整个审核和发放贷款的工作，并且针对不同企业做到了按比例担保，对于不同金额的担保申请采用不同比例的担保，有效地减少风险，从而扩大中小企业获得金融支持的渠道。

日本和美国与我国的国情不同，经济发展模式也不同，我国以公有制为主体的社会主义市场经济不能照搬其他发达国家的信用担保模式，但有些裨益之处可以借鉴。

第五节　小额贷款融资对中小微企业的金融支持

改革开放以来，随着我国市场经济的发展，民营企业特别是中小微企业的发展为激发我国经济的活力做出了非常大的贡献。国家工信部的数据显示，截止到2017年，我国中小微企业的数量已经超过7000家，并且随着近年来市场不断释放市场活力，减轻中小微企业的进入门槛和资金成本负担，未来这一数字还会不断增长。中小微企业的健康发展能够为国民生产总值的提升、就业岗位的创造以及国家税收做出贡献。一般来讲，发达经济体50%以上的经济贡献都来自中小微企业。由此可见，国家发展中小微企业有着重大的意义。然而，我国金融市场的完善并没有与市场经济的发展同步，仍然存在很多问题，特别是中小微企业获得信贷支持方面。小额贷款公司的成立为解决这一难题提供了重要的融资渠道。如何发展利用好小额贷款公司来为实体经济服务，充分发挥金融市场的作用，成为目前我们需要考虑的又一问题。小额贷款公司通俗的定义是不能接受存款只能发放贷款，旨在提供中小型企业贷款的金融公司。一般来说，目前的法律体系将其看作影子银行的一部分。影子银行是指存在于银行体系之外的可能引发经济风险与监管套利等信用问题的资金中介机构。目前，针对这种小额贷款公司的法律体系建设并不完善，并没有专门的立法来保障各方利益，因此，急需从监管角度合理分析中小微企业的融资特点，并结合中小贷款公司的经营情况和困难进行分析，减少信息不对称风险，切实解决中小微企业融资难问题。

一、中小微企业融资存在的问题

长期以来，中小微企业融资难问题一直是国家关注的金融重点，尤其是2011年温州地区中小微企业的集中倒闭事件，更是将中小微企业融资难问题推向高潮。传统金融机构对于中小微企业的金融支持较少，而我国信用体系建设还不够完善，中小微企业普遍缺乏有用的信用记录，银行评估风险需根据企业实际情况做出判断，无疑加大了中小微企业贷款的难度。虽然近年来国家加大了对中小微企业的金融支持力度，各大银行也纷纷推出了中小企业贷款，但是从实际运行效果看，仅有不到10%的中小微企业能够获得商业银行的贷款，而95%的中小微企业并没有与传统商业银行产生有效借贷关系。传统的商业银行贷款并不能解决中小微企业发展所需的资金问题。现阶段，中小微企业融资的特点主要有：

（一）中小微企业资金来源较少

通常来说，中小微企业的资金来源于内、外两方面：内源融资和外源融资。对于中小微企业来说，内源融资所占比例较大，而健康可靠的外源融资所占的比例较小。内源融资方面，中小微企业较多地通过自身经营者的社会关系向亲朋好友借款，也可借助企业初期盈利资金来发展壮大；而外部融资方面，中小微企业自身的财务制度不甚健全，缺乏真实、有效、可靠的数据资料，往往给其在资本市场上的直接金融融资带来不利影响。而对于间接融资的银行信贷来说，传统商业银行并不愿意经营中小微企业的商业贷款业务，这是因为其往往经营风险高，信用状况不甚明朗，缺乏真实可靠的担保，而大型企业往往财务制度规范，所以中小微企业仅能获得商业银行少部分融资，大部分商业银行的贷款往往是针对大型企业以及政府部门的。综上可知，中小微企业在实际经营过程中的资金来源渠道较少，获得传统贷款的能力不足，并不能够很好地获得信贷市场的资金支持。资金来源的限制大大增加了中小微企业的经营困难，也限制了其进一步发展壮大。对于一些毛利润并不高的中小微制造业来说尤其如此，企业经营艰难。

（二）中小微企业融资结构不健全

从以上分析中我们也可以看出，一是中小微企业依赖于内源融资较多，正常健康的外源融资比例较少，融资结构很不合理，具体来说，中小微企业在其发展初期更多的是依靠内部亲朋好友的借款来维持生产经营需要，这个比例往往较大，这是其发展壮大的第一步，因而造成了内源融资比例较大的这个缺陷。二是从银行获得的外源融资比例较小。由于我国社会信用评价体系不发达，信用中介机构的缺失往往不能减轻中小微企业信息交换的成本，造成银行对其进行信用评价时，找不到有效可靠的参考数据，信用风险较高。三是国家近年来出于缩紧银根的考虑，逐渐减少银行的贷款规模与数量，提升金融服务的质量，最直接的结果就是导致中小微企业更加难以获得贷款。而且，对于直接金融市场来说，上市融资所需的手续复杂，审计过程时间较长，财务信息规范透明，这都给中小微企业的实际经营带来困难，因此，直接金融市场的不断完善很有必要。四是随着民间金融的发展，在内陆欠发达省份和沿海一带民间借贷发展十分普遍，民间借贷利息较高，但其发放款项容易，手续简便，便于中小微企业获得应急资金。但是，也是由于其高昂的成本利息，一些经营资金实力有限的中小微企业并不能很好地利用民间借贷来盈利，反而是资金包袱越背越重。由此可见，获得可靠健康的外部融资对于企业自身的经营发展具有十分重要的意义。

（三）中小微企业融资成本较高

实践中，我国中小微企业的融资成本十分高，融资成本不仅体现在难以获得资金上，还体现在融资利息支付较高。造成这种情况的原因如下：一方面，由于社会信用体系不完善，银行对中小微企业进行贷款时往往需要支付较高的信息成本，花费更多的时间，传统商业银行在同样成本的情况下，对大型企业进行贷款，不仅付出较低的信息成本，营利性也更有保障。这个时候，出于经营风险考虑，中小微企业的贷款支持往往需要支付较高的利息成本，而且银行贷款手续复杂，中小微企业获得不易。另一方面，银行在对中小微企业进行贷款时往往需要以中小微企业的资产进行抵押或者担保，中小微企业还需向担保或者抵押机构购买服务，支付费用，这些实际情况都造成了中小微企业在获得小额信贷支持时较为困难。而且，当前我国风险市场投资基金规模较小，还不足以支持广大数量多、资金需求大的中小微企业进行融资，因而，中小微企业还得借助于传统的金融工具进行融资，这就造成其成本往往较高。

二、小额贷款对中小微企业金融支持的影响分析

从理论上来说，小额贷款提供的服务应该和中小微企业所需的资金支持有较好的契合性，未来中小微企业金融支持的方向应该是以金融机构提供的小额贷款为主，以小额贷款公司提供的小额贷款服务为辅的发展道路。但是，目前小额贷款公司提供的服务仍存在一些问题：一方面，小额贷款公司的信贷服务能够为中小微企业的应急使用提供资金，在一定程度上缓解中小微企业的融资困难；但另一方面，小额贷款公司提供的贷款往往期限较短，并且在合同中明确规定中小微企业需要支付一定的管理与顾问费用，目前能够提供的资金利率相当于10%的净利润率，这使得中小微企业实际经营的贷款成本较高，不利于其资金使用的长期稳定化。因而，如何最大限度地利用好小额贷款公司的贷款服务，也是企业目前所需考虑的一个问题。并且，小

额贷款公司从经营利润的角度考虑，往往会选择有一定行业发展前景的公司进行资金支持，这对于全面金融支持存在着不利的影响，缺乏有效的风险分散投资机制。因此，全面提升小额贷款行业的管理，加强对各类金融机构提供小额贷款服务的监管，以立法形式出台有利于中小微企业获得信贷支持的法律法规，引导正规金融机构、民间借贷走向正常化、健康化，对于中小微企业的金融支持来说具有至关重要的意义。下面简单分析小额贷款公司所具有的创新特点以及重要意义：

（一）小额贷款公司是金融自由化创新的产物

小额贷款公司是在政府支持主导下产生的一种专门为中小微企业提供小额信贷的信贷机构，是金融服务随市场发展的重要创新，也是我国金融自由化发展的一次重要尝试。小额贷款公司的创新性体现在很多方面，比如应用市场范围、为中小微企业提供担保的方式以及经营管理模式等内容。从服务对象上来说，小额贷款公司是专门服务于中小微企业和个人的小额信贷业务公司，具有专业化特点，与传统商业银行经营的业务范围形成互补，很好地补充了商业银行信贷领域的空白，提升了市场的效率，也是我国金融体制创新的一大改进尝试。应该说，小额贷款公司的出现，不仅丰富了我国金融市场的内涵，有利于资本市场的多元化发展，并且随着民间资本投资渠道的扩宽，为我国民间资本进入金融市场提供了很好的渠道，大大改善了我国企业运行所需的金融市场环境。

（二）小额贷款公司的服务对象全面，针对性强

在服务对象上，小额贷款公司与传统商业银行形成区别。传统的商业银行往往专注于国有大型企业以及大型民营企业，这些企业往往效益较好，信用高，银行的经营风险小，获得的收益稳定。而与此相反的是，小额贷款企业在设立之初就是旨在为中小微企业提供信贷服务。并且，从自身出发，小额贷款公司也是有经营风险的中小微企业，对于其他经营实体能够有较好的了解，更能理解中小微企业的资金困境和客户需求，进而根据其实际发展需要制定相应的金融产品，切实满足中小微企业的资金需求。当前中小微企业成为我国经济发展

的重要中坚力量，小额贷款公司能够提供的这种服务对比商业银行就具有相当大的经营优势，是发展我国金融市场的重要力量。

（三）小额贷款公司经营方式灵活

小额贷款公司根据市场需要，其在提供金融产品时往往具有时间短、金额小、审批快的特点，这与银行等传统金融机构的业务形成鲜明对比。由于小额贷款公司企业规模较小，对于金融市场的适应性强，反应迅速，并且能够较好地感知客户金融服务需要，因此能够迅速有效地缓解中小微企业的融资难题。另外，小额贷款公司的灵活性体现在其经营过程中具有较高效的经营机制体制，主要是指在贷款和还款方式上。因为不同的中小微企业具有不同的资金需求，借款金额小、业务分散，小额贷款公司根据这些特点制定了多种类型的金融信贷产品，同时不断降低融资门槛，根据中小微企业的信用状况决定抵押品的多少以及有无，大部分中小微企业都能够享受到较少甚至没有抵押品的金融服务，小额贷款公司这些灵活的运行机制和有效的金融产品，为降低中小微企业的实际经营成本起到了重要的推动作用。

（四）小额贷款公司金融服务程序简便、服务快捷

随着小额贷款公司的日益发展，中小微企业进行融资时的贷款手续逐渐简化，贷款程序也日渐减少，对于信贷业务这一融资渠道的有效开展提供了重要保障。一般来说，小额贷款公司提供了信贷服务，申请人只需两周时间就可以获得贷款，贷款手续简单、程序快捷。一般申请人只需要提供经营企业法人代表的身份证、户口本和企业经营证明材料，企业所需资金的用途和还款来源证明文件。同时，贷款审批有专门的放贷人员进行专业化分析和相关审查，程序简便，在审查合格后同意放款。小额贷款公司的这种运营模式省去了很多贷款审批文件流程，提高了审批效率，不仅为中小微企业提供了便捷有效的服务，还为小额贷款公司自身的发展赢得了有利优势。

三、中小微企业金融支持小额贷款业务发展的建议意见

从本质上来说，小额贷款公司是国家支持的为解决中小微企业融资困难问题而产生的，从当前实际经济情况来看，具有较大的市场发展空间。目前我国的中小微企业已经超过7000万家，中小微企业在实际经营过程中所需的资金数量较大，并且小额贷款公司具有较高的专业经营水平和竞争优势，能够有针对性地满足中小微企业的资金需求，因此小额贷款公司的发展能够对经济运行起到重要作用，成为中小微企业资金来源的重要渠道。但是，目前我们也应该清醒地认识到，小额贷款公司在我国成立时间不长，发展并不成熟，并且当前的社会环境还存在着种种不利于其发展的因素，需要政府等多方面的支持和努力。

从政府部门的角度来看，有效的支持措施一是要加大财政税收支持力度，对于小额贷款行业这一类新兴行业要给予税收优惠，特别是在营业税和所得税方面采取一定的优惠减免措施，切实地为小额贷款公司这类提供有效金融服务的创新行业进行支持鼓励，提高其经营能力与利润水平；二是要不断丰富小额贷款公司的资金来源，以提高其应对资金风险的能力。根据银监会以及央行公布的《关于小额贷款公司试点的指导意见》，小额贷款公司只能发放贷款而不能从事吸储业务，同时从银行等金融机构获得的资金支持比例不能超过50%，这在很大程度上限制了小额贷款公司的资金来源渠道和资金水平，政府应适当地逐渐放开银行的融资比例，增加小额贷款公司的资金实力，同时也可以考虑成立专门的政府基金或金融扶持机构来为中小微企业提供资金贷款服务。

从小额贷款企业方面来说，针对其发展现状，目前需要解决的问题有以下几个方面：一是加强人才队伍建设，注重培养专门的金融服务人才。小额贷款公司应该根据自身业务发展需要专门招收高素质的金融人才进行培养，特别是已经在其他相关金融行业工作过的有经验

的金融人才，不断降低企业的经营风险和管理费用，提高自身经营水平与风险控制能力。二是加强风险控制水平，《关于小额贷款公司试点的指导意见》规定，小额贷款公司在发放贷款时利率不得高于同类型贷款人民银行规定的基准利率的5%。这样规定的主要目的是，考虑到金融市场存在的高收益、高风险状况，小额贷款公司在进行贷款操作时，要注意考虑到自身所能承受的风险水平以及市场潜在风险状况，避免其由于利率驱使而进行较高利率风险经营，充分发挥小额信贷的功能，有效缓解中小微企业资金难题。另外，从监管角度来说，小额贷款公司目前以各地方政府成立的金融办为法定监管机构，但是在实施监管的过程中，多个部门都对其进行管理，职责不明确，监管制度存在缺陷。针对这种情况，政府应当首先明确规定各级机构的监管职责，参照正规金融机构的监管体系，尽快将小额贷款公司的监管纳入体系，统一监管体系。其次，社会信用中介机构也应该将小额贷款公司纳入进来，评估其经营风险与业务能力，进行资质管理，尽快提高小额贷款公司的信息知名度，更好地为更多企业提供服务。最后，政府在各项发展政策上应该公平对待小额贷款公司，做到与商业银行的贷款服务同步管理，给予市场一个公平合理的政策环境。

从市场发展情况来看，根据世界银行的经验数据，一般贷款年利率在25%左右是小额贷款公司经营贷款业务的盈亏平衡点，但是现在我国对正规以及非正式金融机构的贷款利率实行“价格双轨制”，对于银行等正规金融机构的利率水平开放上限，而对于小额贷款公司这种非银行金融机构则要求其贷款利率是基准利率的0.9～2.3倍，并且由于小额贷款公司并没有被央行纳入正规金融体系，因此也不能在资本市场上获得再贷款。实现利率的市场化以及资金来源多样化一直是我国金融市场发展的目标，也是重要的改革方向。央行等金融监管机构应该逐步放开小额贷款公司的利率限制，鼓励其加入到正规金融市场的竞争中来，引导其自身合理安排贷款利率水平，根据不同行业和经营特点的中小微企业实行不同级别、不同种类的贷款利率，从而使其实现市场化发展，提高中小微企业获得资金的能力，切实降低资金成本。

此外，金融监管当局可以适当地鼓励小额贷款公司进行金融创新业务，做好风险管理与市场监管工作，不断扩大资金来源与实现经营能力的提升，这样不仅能使小额贷款公司具有充足和成本低廉的资金来源，并能够为中小微企业提供更多附加服务，例如决策咨询与财务监督等，切实为中小微企业的运行提供帮助，提升其经营能力，同时不断完善自身贷款水平与资质，实现双方共同发展。另外，从政府角度看，应该大力引导小额贷款行业实现可持续的长期稳定发展，首先，要严格规范小额贷款公司员工的教育培训与资质获取，严格准入机制，提高从业人员业务水平和市场风险控制与防范能力，有效地实现小额贷款公司为实体经济服务这一重要目标。其次，利用政策引导小额贷款公司的资金贷款流向，鼓励其提供国家重点发展领域“三农”行业的资金支持，并在一定程度上给予小额贷款公司减免税收、经营业绩奖励等扶持政策，提高其参与国家政策引导行业的积极性。最后，鼓励小额贷款行业的规模化发展，通过企业合并、联合等方式进行经营，不断提高其专业化能力，深入了解小额贷款行业的多方面行业信息和客户资源，不断优化客户细分标准，提升业绩的同时不断降低经营风险，提升其更好地为中小微企业提供贷款服务的业务能力。总的来说，必须通过多方努力，不断推动小额贷款行业的发展，政府出台政策鼓励支持，不断提高其市场化运作水平，切实让小额贷款行业为中小微企业的金融支持提供良好的动力与保障。

第四章　中小微企业资本市场的金融支持

在我国，中小微企业获得金融支持的主要途径除银行贷款外还有资本市场的支持，但受金额和时间的限制，银行贷款不能满足中小微企业的资金需求。资本市场可以为中小微企业提供便利的资金支持。资本市场完全依靠市场化运作，灵活程度高，操作透明化，资本聚集度高，可以为企业提供快捷方便的资金支持。由于中小微企业从银行获得贷款的难度更大，所以必须要依靠资本市场获得资金支持。

第一节　中小板和创业板上市

一、中小板

大多数中小微企业的规模小、资金少、融资渠道不多，同时因其达不到一定规模而无法在股市主板上市，为了解决中小微企业融资难的问题[①]，经国务院批准，证监会于2004年5月17日正式批复同意深圳证券交易所在主板市场内设立中小企业板块，并核准了证监会提

① 林彤．金融综合改革背景下中小企业融资问题研究——以泉州为例［D］．厦门大学硕士学位论文，2014.

出的中小企业板块实施方案，国务院在批复中指出开设中小企业板块是落实《国务院关于推进资本市场改革开放和稳定发展的若干意见》提出的分步推行创业板市场建设要求的具体步骤。2004 年 5 月 27 日，中小企业板在证券交易市场上正式启动，中小微企业赢得了更好的融资平台。借助这一政策，中小微企业也可以在资本市场上获得宝贵的融资机会。融资渠道一旦畅通，中小微企业的资金问题就将得到及时解决，这为中小微企业的发展奠定了基础。

与主板相比，中小企业板的服务对象很明确，即为中小企业服务。相对于主板，中小企业板在交易方面、信息披露方面、指数设立等方面，都有一定的独立性①。中小企业板的创立，可以为中小微企业搭建一个直接融资的资本平台，帮助中小微企业解决融资难的问题，从而助力中小微企业拓展发展空间。中小企业板的设立也使我国沪深两个证券交易市场的功能得到了更为细致的划分，各自功能定位有所侧重。上交所侧重于大型企业，深交所侧重于中小微企业，这为我国建立完整的多层次资本市场打开了通道，同时进行了有益的探索，为我国中小微企业的发展提供了强有力的支持。从宏观层面来看，一个国家的资本市场进行顶层设计，必须要建立多层次资本市场，这样才能满足企业的多样化融资需求。

通常情况下，中小板的企业流通盘在 1 亿元以下，有些企业虽然也很有实力，但与主板企业相比还达不到主板市场的上市要求。中小板是创业板企业在发展到一定阶段后的过渡。我国对中小板上市做了一些明确的法律规定：

（1）股本条件方面：发行之前企业的股本总额不能少于 3000 万元，发行股票之后企业的股本总额不少于 5000 万元。

（2）财务条件方面：最近 3 个会计年度内，公司的净利润为正，且近三年累计净利润要超过 3000 万元。最近 3 个会计年度内，企业的现金流累计超过 5000 万元，或者营业收入累计超过 3 亿元。近一

① 尹熊峥．我国中小企业融资影响因素研究——基于中小板企业的实证分析［D］．北京交通大学硕士学位论文，2015：24－32．

年内无形资产占企业资产的比例不高于20%。近一年不存在未弥补资产。

在中小板上市的企业除了要遵守中小板上市规定外，也要遵守《公司法》和《证券法》的相关规定[①]。自2004年深交易所正式启动中小板以来，截至2014年，中小企业从中小板获得了超过5000亿元的资金支持。这一数据表明中小微企业在中小板市场上获得了大量的资金支持。这一融资渠道为中小企业提供了资金支持，为中小企业快速发展提供了便捷的融资平台。

二、创业板

从上面一系列法律规定可以看出，我国现行的中小企业板对中小企业上市做出了极为严格的规定，对中小企业的经营规模、资产规模、盈利能力、融资额度都进行了强制性的规定。我国中小企业众多，能够达到这些上市标准的企业只是其中很小的一部分。中小板虽然能为一些中小企业解决融资难的问题，但是我国还有近6000万的中小企业难以达到上市的要求，这些数量庞大的企业无法从资本市场获得资金支持，不利于我国中小企业整体的发展，最终影响了我国实体经济的发展。但从实践来看，企业的成长都需要一定的过程，很多中小企业虽然难以达到上市的标准，但是这些企业具备良好的发展前景，只要能获得融资支持，会发展得非常迅速。为了解决这个问题，我国对资本市场进行了进一步调整。

2009年10月，继中小板运行之后，我国又开始启动了创业板市场，创立创业板的目的在于拓宽中小企业融资渠道，促进中小企业发展，有效缓解中小企业融资难的问题[②]。2013年，国务院又颁布了《关于金融支持小微企业发展的实施意见》，该文件对进入创业板的中

---

① 张珂．我国中小企业融资环境分析［J］．合作经济与科技，2016（3）：44－45．

② 朱双靖．我国新三板市场与创业板市场的运行特征比较［D］．山东大学硕士学位论文，2014．

小企业财务准入标准进行了降低，直接表明国家鼓励上市小微企业进行融资的态度。这份文件的出台也表明了国家已经意识到逐步放宽小微企业融资限制的必要性，只有放宽中小企业的融资门槛才能真正支持小微企业的不断发展。

创业板又称二板市场，还可以称作第二股票交易市场，其与主板市场是不同的证券市场，创业板专门为暂时无法在主板上市的创业型企业、中小企业及高科技产业企业服务，为这些企业提供了一个融资的平台。创业板能为这些企业提供便利的融资环境，是主板融资市场的重要补充，具有十分重要的作用①。与主板相比，创业板的要求没有那么高，标准也更加宽松，如企业成立时间、资本规模、中长期业绩等。与主板相比，创业板最大的特点就是门槛低，但是为了保障投资人的合法权益，创业板的市场操作也很规范。这样既能保护投资人的合法权益，又能帮助有发展潜力的中小企业获得较好的融资机会，帮助这些中小企业获得发展资金来逐步做大做强。

创业板于20世纪70年代在美国出现，于90年代正式兴起。为了保障资本市场的稳定，各国政府对创业板的态度是坚决和明确的，一方面大力支持，另一方面严格监管，其核心和主板股市一样，坚持严格的“信息披露”。此外，监管部门还设计了“保荐人”制度，目的是帮助股市投资者甄别高素质、有潜力的企业。从整个证券市场的发展历程来看，创业板的服务对象是小微企业，这些小微企业无法在主板获得融资资格，但是其中很多企业的发展潜力巨大，只要在前期发展过程中能获得资金支持，很有可能成长为领军企业。新三板的目的就在于帮助这些企业获得宝贵的融资机会。各国发展经历也表明，这些企业在获得资金支持后确实得到了快速的发展，不仅实现了企业的做大做强，也为投资人带来了丰厚的投资回报。这些企业发展之后，还带动了一国某一行业的发展，形成了新的业态，为经济发展做出了巨大的贡献。

---

① 朱静．私募股权投资与公司价值相关性的实证研究——来自中小板上市公司的经验证据［J］．财务与金融，2011（2）．

在我国，寻求在创业板上市的公司大部分是那些从事高科技业务的中小微企业，这些企业涉及的领域比较前沿，具有良好的成长前景，但它们往往成立的时间不长，企业的规模比较小，业绩方面也不突出。为了兼顾企业和投资者的利益，我国对创业板设置的门槛较低，但是对创业板的监管却是非常严格的。大多数企业在创业板得到资本支持后逐步得到了发展壮大。可以说，创业板是我国孵化科技型、成长型企业的摇篮。截止到2015年底，我国创业板总市值达到了55916.25亿元，和上一年相比增长了34065.30亿元，增幅达155.90%。创业板自设立以来就得到了快速的发展，为中小微企业的发展提供了充足的资金支持，使得我国中小微企业的迅速发展壮大得到了有力的支持。

中小板和创业板是我国经济发展的产物，这两个板块在一定程度上满足了中小微企业的融资需求，对我国市场经济的发展起到了极大的促进作用。中小微企业虽然规模不大，但是在国民经济中占有重要地位①。通过这三个板块的划分，我国资本市场得到了一定程度的完善。资本市场既可以满足投资人的投资需求，也可以为企业发展募集资金，为企业做强做大提供强有力的资金支持。在这些板块上，中小微企业获得融资更为便捷，在成本支出上也小了许多，为企业的发展增添了新的融资载体，极大地提升了企业的发展潜力。

第二节　“新三板”上市

新三板市场主体是由三方共同组成的：主办券商、投资方、融资方。主办券商指的是推荐园区公司进入系统挂牌报价转让，负责指导、督促园区企业履行法定信息披露义务的报价券商。投资方即投资人，既包括机构投资人，也包括自然人投资人。融资方指的是需要融资的企业。

① 刘凤翔．代理成本理论国外文献综述［J］．中国管理信息化，2012（10）．

一、“新三板”的挂牌条件

1. 新三板的挂牌条件

新三板挂牌对象已大大扩大，不再局限于几个园区的企业，具体的挂牌要求是：

（1）企业存续满两年，如果之前为有限责任公司，则要把公司的股本进行分割，改制为股份有限公司。公司的存续期间可以从该公司之前成立之日起算；

（2）企业的主营业务比较突出，要有持续经营记录；

（3）企业治理结构要完善、合理，且企业的运行要规范有序。

2. 新三板的挂牌流程

如果一家企业想在新三板挂牌，那么这家企业应该与主办券商签订推荐挂牌协议。主办券商收到企业申请后，会对该企业进行仔细的调查。依据调查结果，主办券商会做出是否同意挂牌的决定[①]。如果主办券商同意该企业挂牌上市，就会出具一份推荐挂牌报告。推荐挂牌报告会依程序递送到中国证券业协会备案。若中国证券业协会对推荐挂牌报告无任何异议，会在受理之日起50个工作日内出具一份备案确认函给主办券商。主办券商收到确认函之后，应迅速督促该公司与中国证券登记结算有限责任公司签订登记服务合同，并按照相关规定办理全部的股份登记。投资者如果持有非上市企业股份的，应将持有的股份托管在主办券商。如果是初始登记的股份，则应把初始股份托管给推荐主办券商。主办券商应把接受托管的股份存管在中国证券登记结算有限责任公司。拟挂牌企业的股东和实际控制人在企业挂牌之前只有该企业股份的，应分三批，每批按1/3的量进入新三板代办转让系统，解禁也分为三个时间点：一是挂牌之日；二是挂牌满一年；三是挂牌满两年。

① 林安霁，林洲钰．新三板市场的发展模式与对策研究［J］．经济体制改革，2012（5）：111－114.

二、"新三板"企业的融资现状

新三板的建立，其直接目的就是解决中小微企业的融资平台问题。中小微企业数量大、有活力、发展潜力大。截止到目前，我国的中小微企业占我国企业总数的99.7%。中小微企业创造的产品和服务价值占国内生产总值的60%，缴纳的税收收入占我国财政税收收入的50%。我国中小微企业的发明专利占全国的65%，创造研发了75%以上的新产品。但中小微企业在发展过程中的融资难问题却日益显著。中小微企业的融资成本逐年增加，资金缺口越来越大。主要是由以下几个方面原因造成的：

一是银行贷款难度大。中小微企业规模小、资金少，收入不稳定，企业发展处于初期阶段，企业的各项信息透明度和信息的可信程度难以掌握，企业的业务流程缺乏相应的规章制度，很多事情处理得相对随意，银行对中小微企业贷款的监管难度很大，银行需要承担很大的贷款风险。为了降低风险，银行会让中小微企业提供必要的抵押或质押财产，这个过程比较烦琐，且还会产生一些额外的费用，给中小微企业融资带来很大的成本。由于支付不了高昂的贷款费用，很多中小微企业更倾向于民间借贷，因为民间借贷虽然利息可能也比较高，但是方便快捷。然而民间借贷引发了很多不稳定因素。一方面民间资本充足，寻求投资渠道；另一方面企业融资难度大，在这种矛盾的状态下，凸显了融资平台建设的重要性。为企业融资搭建平台是国家在经济领域的重要工作。

二是难以进入资本市场。我国股市中小板和创业板市场门槛较高，大量中小微企业难以达到进入资本市场的规模，中小微企业的融资途径较少。针对中小微企业的票据类、债券类和短期融资融券等金融产品在创新性上不够，各地设立的引导基金规模很小，其他融资方式的成本很高，据测算，我国股市以外的融资渠道的成本通常高达12%～15%。中小微企业的融资成本偏高是不争的事实。2013年1～9月，我国没有一家中小微企业在中小板挂牌，但此时却有一些中小企业在境外上市。这说明，我国资本市场没有为中小微企业提供良好的融资平台，融资难问题困扰了很多中小微企业。目前温州地下钱庄以及炒房团的问题都是融资渠道不畅通带来的后果。一方面企业无法通过正常的融资渠道融资，另一方面闲置的社会资本没有投资渠道。

三是依赖非正规金融渠道。中小微企业由于信息封闭、资产抵押质押能力低等原因，难以获得正规金融机构的支持。这迫使一部分中小微企业从非正规渠道获得融资。民间借贷简单易操作，手续也不烦琐，并且我国民间资本闲置很多，也有投资的需求。因此，很多中小微企业便通过民间借贷这一方式获得了资金支持。但是民间借贷的利息不低，这也增加了中小微企业的融资成本。并且中小微企业还要承担更大的风险。

企业上市后在有些情况下因为一些原因可能需要退市。2000 年，为了解决主板市场退市面临的具体问题，即该公司与其他两个法人股的股份转让问题①，证券业协会经过调查研究，一部分证券公司成立了代办股份转让系统，这个系统又被称为“三板”。“三板”中挂牌的股票数量比较少，且大部分的股票质量低，这部分股票很难转到主板上市，因此投资者对这部分股票没有投资欲望，一直没有有效地发挥作用。

为了改变这一局面，同时为更多有成长潜力的高科技企业提供股份流动机会，证监会在北京中关村科技园区建立了新的股份转让系统，这一系统被称为“新三板”。与“三板”相对应，企业要想在“新三板”挂牌，必须符合更高的硬性要求。这些规定就在于解决“三板”存在的问题，调动广大投资者的积极性②。“新三板”在很多方面实现了突破，为中小微企业在资本市场获取资金支持提供了一个新的平台。2012 年，我国的“新三板”市场正式成立，中小微企业在“新三板”上市后，其信用等级得到了提高，可以定向增发再融

---

① 张鹏．分流 IPO“堰塞湖”寄望“新三板”［J］．中国高新技术产业导报，2013（1）：7 – 8.

② 马婧妤．全国中小企业股份转让系统揭牌运营［N］．中国证券报，2013 – 01 – 17.

资。“新三板”为了提高融资效率，对一些审核程序做了简化处理。

“新三板”在刚设立时，挂牌企业很少，交易量也非常小，全年的成交金额不到1亿元。在中国证券业协会和中关村科技园区的共同努力下，“新三板”在2007～2009年实现了迅猛的发展，无论挂牌企业的数量，还是成交股数、成交金额等方面都取得了长足的进步。2009年，我国对“新三板”进行了一系列的改革和升级。2009年6月19日，我国第二版股份报价转让信息披露平台正式上线。2009年7月6日，我国又出台了《股份报价转让试点办法（暂行）》和一些配套文件，还有《股份报价转让登记结算业务实施细则》及相关配套规范开始实施使用，股份转让账户与深市主板账户合并。新的措施实施后，为了帮中小投资人规避一部分风险，“新三板”规定不允许未开户的自然人投资，从而使投资者的数量减少，一定程度上限制了股票投资者的数量。所以“新三板”2010年的成交量比2009年要少。2013年，我国股份转让系统开始实施，“新三板”面向全国进行股份转让，这为“新三板”的发展壮大提供了难得的机遇。“新三板”自推出以来就在不断扩容，截至2014年上半年，我国的“新三板”挂牌公司达到了1000余家，在所有挂牌企业中，高新技术企业占90%以上；“新三板”挂牌企业的总量和中小企业板差不多，但是远多于创业板。“新三板”是我国资本市场的重要平台，为中小企业融资提供了便利的平台。

和其他板块相比，“新三板”对挂牌企业的要求和限制都比较低，只对上市企业的信息披露规范性及透明度做了硬性要求，取消了只允许高新技术企业上市的限制，在盈利方面也没有做出特殊规定，对企业的历史没有做出硬性规定。2014年8月25日，“做市商”制度正式上线使用，43家公司成为“新三板”上市企业中第一批采取这一模式的企业。很多专家和业内人士表示做市商制度会增强“新三板”的流动性。从运行效果来看，“新三板”自扩容后，上市企业不再局限于北上广津，伴随着中小微企业的发展，大量中小微企业开始寻求在“新三板”挂牌上市。辽宁、江苏、黑龙江、浙江、山东等地的中小微企业争相在“新三板”挂牌上市。随着“新三板”制度的完善，越来越多的中小微企业积极争取挂牌“新三板”，为这些企业融资打开了一个便捷的渠道。

三、“新三板”市场行业分布现状

在“新三板”挂牌的大部分企业是战略性新兴产业，这些企业所处的领域都是国家重点扶持的高新技术领域。到2014年底，“新三板”中从事制造业的企业达到883家。此外，还有信息软件、信息服务企业360家，科技服务类企业55家，建筑业57家。其他企业从事的领域有服务业、文化、零售业等。“新三板”的上市企业类型多样，从事领域也很广。但这些企业都有一个共同的特点：都有本企业拥有自主知识产权的核心技术。核心技术是企业发展的关键，对大多数中小微企业而言，核心技术是其安身立命的根本。拥有核心技术也是中小微企业发展的最大优势，核心技术经过转化，可以成为企业发展的优势。所以核心技术对企业在“新三板”挂牌之后能够获得足够的融资至关重要。很多挂牌企业在努力研发新技术，以期在资本市场获得融资的筹码。核心技术是企业发展的关键，尤其对中小微企业而言，没有核心技术意味着发展后劲不足，因此核心技术显得尤为重要。

“新三板”挂牌的企业绝大部分是民营企业，这类企业的核心人物是企业的创始人。企业从成立之初到逐步发展扩大规模后，就会出现资金方面的短缺。如果要上市融资，就会面临公司股权分散的情况。为了解决这一问题，很多企业在上市之前会给公司高管和相关技术人员分配一些股份，或者让机构投资人入股，然后正式上市。这也是“新三板”和主板的不同之处。“新三板”企业的股权会相对集中很多①。如2014年底，在“新三板”上市的企业中，股东人数少于10人的企业达到了815家，而股东人数超过100人的企业只有63家。股权集中也是中小微企业的特点之一。因为企业体量小，为股权集中提供了便利的条件。

① 汤蕙．“新三板”与中小企业融资［J］．中国外资，2012（24）：155－156.

四、"新三板"对中小微企业融资的作用

"新三板"为中小微企业提供了一个新的融资平台和渠道，为中小微企业的发展提供了非常重要的帮助，主要体现在以下四点：

第一，资本结构更加优化。在"新三板"上市后，企业的资本结构会发生改变，得到一定程度的完善。完善的资本结构会促进企业制度更加规范。挂牌企业要严格执行信息披露制度，这一制度会促使企业逐步建立完善的公司治理结构。同时也会促使公司在发展过程中更加注意内部管理和风险管控。企业的内部管理为企业更好地发展奠定了坚实的基础，也为企业快速成长奠定了坚实的基础。企业上市之前需要做股份分割，在专业机构指导下，企业的治理方法会更加科学有效，从而使中小微企业的管理更加科学，迅速让中小微企业找到清晰的战略目标。企业管理走上正轨，有利于企业价值的提升，吸引更多的投资者购买企业的股份，也能为企业吸引更多的优秀人才。资本结构优化有利于企业的发展，为企业做大做强奠定坚实的基础。

第二，企业的融资渠道进一步丰富。"新三板"市场上市后，为众多中小微企业提供了一个能够直接融资的平台，这个平台规范有序，有法可依，能促进企业的股份流通。我国股市中小板和创业板市场门槛较高，大量的中小微企业难以达到进入资本市场的规模。"新三板"对挂牌企业的要求和限制都比较低，只对上市企业信息披露的规范性及透明度做了硬性要求，取消了只允许高新技术企业上市的限制，在盈利方面也没有做出特殊规定，对企业的历史没有做出硬性规定。因此，"新三板"是中小微企业获得融资的便捷平台。从实践来看，企业在"新三板"获得了大量的融资，很多企业借此机会得到了很大的发展。中小企业在国民经济发展中占有重要地位，提供了大量的就业岗位。

第三，企业机制得到完善。企业在上市之前都需要经过规范化的改造，改造会促使企业逐步建立完善的公司治理结构，同时也会促使公司在发展过程中更加注重内部管理和风险管控。这样企业的发展前

景就会更加清晰，从而提高企业的价值。员工在企业的改造过程中，会分享企业发展带来的红利，并且有机会成为企业的股东，能激励员工更好地为企业工作。这对企业和员工而言是双赢的结果。企业治理机制的完善有助于企业更好地发展壮大。

第四，提升企业的知名度。在“新三板”上市后，企业的发展会受到更加广泛的关注。企业的信息会被投资人进行分析研判。“新三板”本身也是展示企业发展成果的一个平台。因此，企业的知名度会得到提升，从而提升自身在行业内的影响力。企业的影响力是企业的无形资产，企业的影响力越大，对于企业获得融资越有利。所以上市也是企业提升自己影响力的一个方法，其有助于企业获得融资。所以这对企业是一个良性循环的过程。

五、“新三板”企业盈利能力分析

在分析一个企业的盈利能力时通常会看该企业的净资产收益率、每股收益率及营业收入增长率。企业的净资产收益率不仅能体现企业的获利能力，还能体现一个企业的财务状况及资本结构变化，这个指标是综合性评价指标。每股收益率能非常直观地体现一个企业的盈利能力。企业的营业收入增长率是衡量该企业成长状况及企业未来发展能力的指标。

从“新三板”的运行状况来看，截至2013年底，共有356家企业成功实现了挂牌上市。“新三板”挂牌企业的总资产达到了915.62亿元，有超过320家的企业实现了盈利。2014年和2015年的盈利企业占挂牌上市企业总数的85%以上。这说明大部分企业走上了良性发展道路，可能是因为企业获得资金支持后有了发展的动力。

“新三板”挂牌上市企业的总体盈利能力达到了这么好的效果，其主要可能是因为，“新三板”的出台有其独特的历史背景，“新三板”正式出台之前的代办系统已经运行多年，积累了不少的经验，为企业规范化管理奠定了良好的基础。所以，这些挂牌上市公司在获得资金支持后，能够迅速发挥其潜力，得到迅速的发展。根据数据显示，在“新三板”上市的多数企业已进入了良性循环发展阶段，企业新项目实现了投产，企业规模得到扩大，企业的业绩有了快速的发展。

“新三板”的建立主要是为了解决中小微企业难以在资本市场获得融资的问题，根本目的是为中小微企业的发展提供资金支持，帮助中小微企业获得足够的资金扩大生产规模、提高公司治理水平、改善经营状况、提升公司品牌形象、优化资本结构等。这些好处是中小微企业在“新三板”挂牌之后获得的。企业的盈利能力可以反映企业获得的附加值多少，即使在2008年金融危机的大背景下，我国“新三板”上市的企业净资产收益率大幅优于同期主板上市的企业，“新三板”仅下滑了10%。因此，这说明中小微企业在“新三板”上市获得了良好的融资效果。良好的融资效果有助于中小微企业做大做强，为企业的发展奠定了基础。

第三节　发行中小企业集合债

一、中小企业集合债的概念

目前，学界尚未形成统一的中小企业集合债的定义，但根据当前业界的实际操作，可以总结出中小企业集合债的通常必备要求①。所谓集合债就是多个企业集体发行债券。通常单个的中小企业规模小，信用等级低，难以发行债券。多个中小微企业集体捆绑之后，可以提升中小企业的信用等级。若干个中小微企业在牵头人的统一带领下，使用相同的名称发行企业债券。中小企业集合债由专门的担保机构负责担保，由银行或者券商提供债券销售服务。中小企业集合债券的发

---

① 金月一，张国亮．对发展中小企业集合债券的思考［J］．中州学刊，2009（3）．

行要靠信用评定机构、律所、会计师事务所共同发挥作用。

中小企业集合债解决了中小企业发行债券的瓶颈问题。以往只有大企业才能发行债券，这为中小微企业融资提供了另一种思路。这种集合债的模式，降低了中小微企业的融资成本，也为中小微企业融资提供了便利，是中小微企业解决资金短缺的一种有效方式。现在，很多中小微企业正在通过发行集合债的方式来解决自身融资方面面临的实际难题。

二、我国中小企业集合债的现状及特征

中小企业集合债作为一种新型的融资方式，为有效解决中小企业融资难问题提供了便利的途径。中小企业集合债把若干中小微企业的力量凝聚起来，实现共同发展的目的。随着中小企业集合债的发行成功，越来越多的企业开始接受集合债的发债形式。

1. 我国中小企业集合债的现状

2002 年，我国开始试行中小企业集合债，取得了不少实践经验，主要有以下五种形式。

一是高新技术开发区发行的中小企业集合债。开始试行中小企业集合债时，国家的要求很高[①]。2003 年，国家一部分高新技术开发区发行的中小企业集合债必须要符合《证券法》的规定。这种债券要求参与发债的中小企业要对各自的债券进行担保，但债券的名称是统一的。国家开发银行负责债券的销售。2003 年，高新区发行的集合债是 3 年期，总金额为 8 亿元。这次集合债的发行为我国中小企业集合债做出了有益的探索，为我国进一步放开中小企业集合债奠定了基础。

二是深圳发行的中小企业集合债。2007 年，以远望谷信息技术股份有限公司为主的 20 家中小企业发行了集合债，总金额为 10 亿元，由国家开发银行负责销售，但国家银行同时承担连带担保责任。值得注意的是，深圳市中小企业信用担保中心也承担了担保责任。深圳市

① 朱华. 高新技术企业集合债券发行的相关问题探讨 [J]. 商业时代，2008 (23).

中小企业利用中小企业互助协会承担了30%的责任，降低了担保机构的责任，大大提高了担保机构的积极性。

三是中关村高新技术中小企业集合债①。2007年，中关村为促进一批高新技术中小企业的发展，选择了一批潜力大、信用好的中小企业作为试点发行了集合债。这次总发行额度为3.05亿元，担保方则有两个：中关村科技担保公司和国家开发银行。国家开发银行承担的是再担保责任。这次债券是3年期，在还债方面，企业每半年付一次利息。在第三年，按照约定从最后一个期限按照30%、30%、40%的比例提前偿还本金及利息。

四是四川发行的中小企业集合债。2008年，四川在西部率先发行了中小企业集合债。汶川地震后，国务院出台了支持的政策和文件。经过筛选，四川省确定有18家企业获得发行集合债的资格。总金额为10亿元，期限为5年。为了分担风险，这次担保的方式比较多。担保公司相互之间进行担保，对内进行分别担保，对外联保。这种多层次的担保提高了集合债的信用等级。

五是大连发行的中小企业集合债。2009年，大连发行的中小企业集合债在深交所公开发行，总共有8家中小企业参与，总金额为5.15亿元，期限为6年。此次集合债券由大连港集团提供为期3年的担保，信用等级较高。

此外，还有很多地方发行了中小企业集合债，并且发行次数也越来越频繁，为中小企业发展提供了融资平台。随着中小企业集合债发行的常态化，中小微企业也越来越青睐这种融资模式。集合债的发行比较简单易操作，有政府做信用担保，能为企业融资提供保障，解决企业的融资难问题，并且融资成本也控制在合理范围内，减轻了企业的负担，有利于企业的发展。

2. 中小企业集合债的特点

从我国目前发行的中小企业集合债的时间操作来看，有许多的共性特点：

---

① 李琳. 集合债券中小企业融资新途径［J］. 时代金融，2007（9）.

一是发展主体是集合体，不是单一的企业。很多企业在牵头人的组织下积极参与政府组织的发债活动①。众多中小微企业集合在一起形成一个可以满足发行债券条件的虚拟实体。牵头人一般由政府担任，利用政府的信用为企业发债提供担保。政府为企业债券提供担保，大大提高了企业债券的信用等级，增强了投资人购买债券的信心，为企业获得融资做了良好的信用背书。集合债的优势正在这一点上，只有把很多企业集合在一起，然后由政府提供担保，才能有良好的信誉。投资人正是看中政府提供担保这一点才敢进行投资。在政府看来，这些企业的发展前景都还不错，所以在了解了真实情况的基础上愿意为这些集合债提供担保。对政府而言，一方面自身承担的风险比较小，另一方面政府出面提供担保也是为了促进当地企业的发展。

二是企业多是小规模的民营企业。参与发行集合债的企业都是规模比较小、信用等级低的中小微企业。如 2007 年，以远望谷信息技术股份公司为主的 20 家中小企业发行了集合债，这 20 家企业都是小型民营企业，发债最多的是 1 亿元，最少的是 3000 万元。但这 20 家企业都有自主知识产权，并且发展前景比较好。这些企业因为规模小，所以仅凭自身的力量无法获得融资渠道。但是企业发行集合债的话，就可以提高债券的信誉度，能顺利达到融资目的。企业集合债还有助于企业减少风险。

三是债券的期限比较长，利息由市场来定价。从我国目前发行的中小企业集合债来看，大部分期限为 5 年左右，属于中期债券。债券的利息总体合理，一方面要保障投资人的投资回报，另一方面要考虑企业的融资成本，只有实现双方共赢，才能更好地发展中小企业集合债。债券的期限不是固定不变的，而是由债券发行方和投资人共同决定。

四是采取双重担保的方式来提升信用等级。在中小企业集合债的发行过程中，为了实现顺利发债，政府一般会选取信用比较好的担保公司提供担保，这样能提升债券的信用等级。此外，还有一些大企业

① 刘肖原，车丽娜．集合发债我国中小企业融资的有效途径［J］．财务与会计，2009（12）．

提供再担保，强化了集合债券的信用等级，有利于债券的销售。强大的担保信用有助于企业债券的销售，大企业为债券担保更能得到投资人的认可，帮助中小企业更快地实现融资目的。

3. 中小企业集合债券融资优势

一是拓宽了企业的融资渠道。长期以来，受政策限制等原因，中小企业的融资需求难以得到满足，中小微企业的融资渠道过于狭窄。发行债券为中小微企业融资提供了另一个广阔的舞台。并且，中小微企业在发展面临困境的时候，可以采取抱团取暖的方式，通过发行集合债券可以同时解决很多家企业的融资难题，也能得到政府的支持。融资渠道一旦畅通，很多企业就能赢得发展的良机，进而实现质的变化。

二是优化企业的财务机构。发行债券不会改变企业原有的股权结构，股东不会损失任何利益①。债券持有人对公司的经营不会造成任何外在影响。当债券的投资收益大于债券利率时，企业可以利用杠杆来提高企业的资产收益率，实现企业股东利益的最大化。投资人通过债券获得稳定的投资回报，并且承担的风险比较小，这就提高了投资人的投资积极性，取得了双赢的效果。

三是降低企业的成本。发行债券与从银行获得贷款相比，银行贷款的利率更高。中小企业不仅要承受贷款难的痛苦，还要承担较高的融资成本。债券的利益比较固定，也低于同期银行贷款的利率，而且还比较容易达到目的。因此企业发行债券有利于降低企业的融资成本。中小企业融资难的关键就在于要承担高昂的融资成本，采取发行集合债券的方式减少了企业的融资成本，有利于企业的发展。

四是提升企业的品牌形象。债券市场是资本市场的重要组成部分，能够成功发行债券说明企业的实力得到了资本市场的认可。同时，发行债券的前提是政府为企业的信用背书，更说明企业的实力得到了政府的认可②。这有助于企业提升自身的形象，促使企业不断提升自身

① 任小兴. 论中小企业集合发债［J］. 湖北经济学院报，2009（2）.

② 林春耀. 我国中小企业融资困局法律问题研究——从降低和转移融资成本的角度［D］. 对外经济贸易大学硕士学位论文，2009.

的实力，为进一步实现股市融资奠定基础。

4. 发行中小企业集合债的一般流程

（1）选择企业。

中小企业集合债在发行之前，一般由牵头人组织发行债券的准备工作。在发行人与债券销售机构达成协议之后，政府会通知辖区的企业。然后选择适合发债的企业进行申报工作。然后由财务部门和销售商对申报的企业进行评估，确定初步入选的企业名单，等实地调查结束后，综合确定发债的企业名单。经过政府的精心挑选，这些企业的实力得到了认可，加上政府的信用担保，所以企业债券的市场认可度大幅提高。

（2）组织申报。

一是由财务公司和销售商协助企业制定可行的发债计划和偿债计划，选择合适的中介机构，签署相关协议。

二是销售机构收集拟发行债券的企业财务状况，撰写发债募集说明书。

三是销售机构提交发行债券申请、可研报告、风险处置预案等一系列的发行债券相关文件。

四是承销商与政府签订《承销协议》。

五是选择合适的担保机构。就担保方式进行磋商，做好担保的相关准备工作。

六是选择评级公司。依据评级标准，评级公司对发债企业和担保公司做出评级，然后出具专业的信用评级报告。

七是选择律师事务所。律所对发债涉及的法律问题进行审查，确保发债符合相关法律的规定。

八是资产评估机构出具评估报告。

九是会计师事务所对发债企业的财务状况进行审计，对担保机构的财务状况进行审计并出具审计报告。

十是承销商将发行债券的申报文件上报省一级发改委和国家发改委。并需要向证监会备案。

5. 发行债券的核准

国家发展和改革委员会在收到承销商上报的发行中小企业集合债

的申报文件后，应当在3个月以内进行审核，然后做出核准或不予核准的决定，如果不予核准，则要给出具体的理由，主承销商在收到不予核准的反馈意见后，要根据相关政策对上报的文件进行补充修改，然后再次上报①。如果国家发展和改革委员会准予发行，则要下发文件给申报企业所在地省一级政府，然后由当地发展和改革部门转发至发行人。

6. 中小企业集合债的发行程序

一是主承销商在收到国家发展和改革委员会的核准文件后，要将核准文件和其他有关文件报送至中国国债登记结算有限责任公司及中央证券登记结算公司，还需要在中国银行间市场交易商协会进行发行注册，确保债券发行准备工作做到位。

二是在相关媒体上刊登债券募集说明书，投资者可以通过网上网下进行债券认购，没有被认购的部分由承销商负责余额报销。当集合债发行后，主承销商将募集到的资金汇给发行人。

三是当完成债券发行后，发行人与主承销商要向中国银行间市场交易商协会和证券交易所提交上市申请，申请获得批准后，发行的债券可以在证券交易所和银行间债券市场进行流通，发行人和主承销商要及时给国家发展和改革委员会上报发行情况，并在中央国债登记结算有限责任公司或中国证券登记结算有限责任公司办理债券托管事宜。

第四节　PE和VC融资

一、PE和VC的概念

目前，PE和VC也是我国中小企业融资的重要方式，对中小企业发展具有重要的作用。作为中小企业融资的重要方式之一，PE在经济

① 梁艳之，张平．中小企业集合发债探析［J］．山西财税，2010（1）．

发达的欧美资本市场已经运行得比较成熟了。但我国在这方面起步比较晚，于20世纪80年代才起步。PE投资和其他投资方式的区别在于，这种投资不仅为企业提供资金支持，而且还提供其他的服务和支持，如企业管理、营销等。这种投资方式不仅能帮助企业发展和提高市场竞争力，还能提高企业的创业成功率，帮助企业在激烈的竞争环境下赢得生存机会。对企业而言，这种融资方式能够获得更多的帮助，对投资机构而言，投资机构能积累更多的投资经验，取得良好的社会信誉。投资机构投资成功后逐步转让股份，可以获得高的投资回报。投资成功的案例使得投资机构在市场把握方面具备了一定的实力，也能为投资机构融资获得更好的平台。

从概念层面来看，创业投资包括风险投资（VC）、私募股权投资（PE）等。风险投资有狭义和广义之分，依据1973年美国全美风险投资协会给出的定义，狭义风险投资指的是：为支持新兴的、具有高风险和高竞争潜力的中小型企业发展，职业金融家提供为其股权投资的一类投资基金。欧洲创业投资协会所给出的风险投资定义则是：风险投资包含创业投资基金和私募股权投资等范畴，即专业和非专业投资的总和。

PE投资基金，俗称私人股权投资基金，指的是将定向方式募集到的资金投资于尚未公开上市或已经上市的公司，并获得相应的股份①。狭义的PE被称为并购基金，对非上市公司进行直接股权投资，并参与经营管理，使得最后能够通过上市、并购或被并购、管理层收购等方式顺利退出所投资金。广义上的PE除了包括并购基金外，还包含发展基金及夹层资本等，即对非上市公司上市之前各发展阶段进行的权益类投资。

通过对两者进行对比可看出，在投资目标上，VC更多地把资金投向那些具有极大不确定性的产品、技术或服务，投资人还积极参与被投资企业的日常运营和决策，以期尽快实现创新成果的产业化、商品化，从而取得较高投资回报。而PE更多注重企业的长远发展，通过

① 丁大燕，郭义旌. PE对创业板上市公司经营绩效的影响分析［J］. 时代金融，2016（1）92.

获得企业的股权来获得企业的上市效益，然后逐步退出。

从运作方式来看，VC 指的是依托专业化投资团队，将投资者的资金投向中小企业（尤其是那些具有较大发展潜力的高科技创业企业）的类投资中介，它以承担一定的风险为代价换取企业的部分股份，与企业股东一起共享利益、风险共担；PE 投资更多的是采取有限合伙企业形式，因此，企业由占少数股份的普通合伙人来决定，有限合伙人则按照股份分红的方式获取收益。

从投资阶段来看，VC 投资涵盖了企业创立和发展过程中的所有周期，包括种子期、初创期、成长期、扩张期、成熟期、上市前后；而 PE 主要投资阶段为创业企业中后期，包括成熟期、上市后的并购重组等阶段。

二、VC 和 PE 运作机制

股权投资是新技术企业发展的重要阶段，这对我国经济转型升级具有重要的作用。但我国在股权投资方面还处于起步阶段，还有许多问题值得注意。

（一）VC 和 PE 投资特点

VC 和 PE 主要的投资目标大多数是初创型中小企业，而这一类企业有比较明显的特点，首先，这些企业大部分属于高科技及高成长潜质的创业企业；其次，它们也存在创业家管理经验不足、项目稳定性较差、企业信息不够透明等问题；最后，还存在一些如政治、行业、技术和市场等系统性风险。因此，对这种中小企业进行股权投资存在许多风险：

一是高风险与高收益并存。收益总是伴随着风险而存在的，高收益意味着高风险。在股权投资领域，存在着“3－3－3－1”定律，即投资 10 家创业企业，平均会有 3 家失败、3 家发展停滞、3 家能够成功上市并取得较好的业绩，只有一家上市之后能够迅速发展并被市场看好。但只要 1 家取得成功，就能获得高收益。所以很多资本涌向股权投资市场①。据统计，美国近20年来创业投资行业的平均收益率达到了30%，这是股权投资越来越引起关注的根本原因。

二是专业性较强。随着我国创新创业的迅速发展，众多中小企业迅速成立，但资金短缺是中小企业发展面临的共同问题。尽管我国VC和PE行业发展迅速，但是仍然难以满足中小企业的发展需求。并且除了资金支持之外，投资机构还要关注企业的经营问题，要利用投资机构自身成熟的企业管理经验和营销理念为中小企业快速成长传经送宝。

三是以股权为投资标的。和其他投资不同，VC和PE主要是获得被投企业的股权，通过获得企业的股权参与企业的经营管理。当被投企业增值之后，投资方再逐步退出。投资的主要目的是希望企业快速增值，通过股权增值获得高额投资利润。

四是分段投资和组合投资相结合。依据创业企业的不同阶段，通常将创业企业划分为几个不同时期：种子期、导入期、成长期、扩展期和成熟期。各阶段企业的需求有所不同。首先，在种子期资金主要来源于政府专项支持基金、大学等科研机构的科研启动基金、社会捐赠及被称为“天使投资”的个人创投家提供的资本金等。其次，在导入期、成长期和扩展期，企业发展主要依赖于创业投资，这个阶段尽管企业对资金的需求在不断增加，但投资风险却在逐渐下降，其中，机构规模较小而运作灵活的创投机构更倾向于对前两个阶段的投资，规模较大而运作保守的创投机构则偏好于后一阶段。最后，成熟期的企业根据不同的发展目标和方向，其融资方式也很多，除了创投资本外还有投资银行和商业银行进行融资，同时，本阶段也是创业投资撤出的阶段，主要通过公开上市或被并购等途径。为了尽可能地降低投资风险、加大综合收益，创业投资机构一般会选择同时针对多个项目进行组合投资。这样能最大限度地规避风险，使创投机构获得最大收益。

---

① 季国民．基于创业板的风险投资与企业绩效关系的实证研究［D］．哈尔滨工业大学硕士学位论文，2015.

（二）VC 和 PE 的操作过程

在 VC 和 PE 投资过程中，一般涉及资金供给方、资金运营方和资金需求方这三个主体，具体来说资金供给方一般是资金出资方，包括企业、政府和个人等；运行方主要是投资公司和投资机构，主要具体负责进行股权融资；资金需求方一般是创业阶段的中小企业。完整的 VC 和 PE 操作过程包括四个阶段：募资—投资—管理—退出。

一是资金募集阶段。资金募集阶段主要靠的是投资机构获得国家批准的合法融资渠道。这个阶段需要募集资金方获得国家批准，然后找到合适的投资者。

二是投资阶段。这个阶段就是要投资机构把钱投到合适的企业中去。投资机构先要寻找合适的企业，找出优质的项目，经过可行性论证之后，再和企业签订投资合同。通过合同明确双方的权利义务关系。

三是运营管理阶段。这个阶段主要是促使企业尽快实现最大限度增值①。投资机构在获得企业股权之后，不仅成为企业的股东，还要把自身掌握的先进管理经验和营销经验传授给企业，使企业在短时间内走向规范化管理，为企业实现最大限度增值奠定坚实基础。创业阶段的中小企业一般都缺乏经营经验，拥有丰富经验的投资机构则能发挥补充作用，帮助中小企业制定公司重大发展战略、完善公司治理机制、选择后续融资方式及其他经营管理方面的重大事项；投资机构还可以把控企业经营活动的合规性、合法性，甚至还可更换企业的管理层，防范企业在日常经营过程中出现不必要的失误。VC/PE 投资机构的专业辅导，能够促使企业快速发展，实现企业价值和资本同时增值。

四是退出阶段。当所投资企业已经实现快速增值之后，投资机构就会逐步把股权转化为实实在在的现金收益。通常的退出方法有两种：股票卖出和股权转让。

---

① 梁谢谢，焦棋森．私募股权投资基金对中小企业的影响［J］．金融市场，2014（1）：80－90.

三、VC 和 PE 的发展状况

1. 我国 VC 和 PE 的发展概况

我国 VC 和 PE 投资从 20 世纪 90 年代开始得到发展，但是直到 2005 年之后，才开始真正发展。2000 年以前，我国从事 VC 和 PE 投资的企业最多的时候不到 100 家。但是 2005 年已经达到了 500 家。随着创业板的问世，我国 VC 和 PE 投资开始呈现快速发展局面。截止到目前，我国从事 VC 和 PE 投资的机构已经超过了 1000 家，资金总量达到了 4 万亿元，规模非常庞大。

随着互联网的发展，再加上当时盛传国家即将推出创业板，因此，在 2000 年出现了一股 VC 和 PE 投资的发展浪潮。但持续时间不长，因为国家当时并未真正推出创业板。此后几年，VC 和 PE 投资发展一度比较低迷，很多 VC 和 PE 投资机构倒闭。只有一批实力突出的机构得以存活。2005 年前后，国家 VC 和 PE 投资又开始呈现发展态势，一大批国内外 VC 和 PE 投资机构诞生①。2011 年出现了一个高峰，整个市场大概有超过 1 万家创投基金，新增资金规模也超过 400 亿元，但 2012 年之后又开始出现下滑。直到 2014 年才开始回暖，据 CV Source 投中终端数据统计，2014 年国内风险投资市场共披露投资案例 1360 起，投资总金额超过 12706 亿美元，相比 2013 年，投资规模和案例数目都有成倍的增长；2014 年全年国内私募股权投资市场共披露投资案例达到 580 起，投资总金额为 3405 亿美元，相比上一年投资案例数目有所减少，但投资规模却大幅度提升。

2015 年，上下半年我国的创业投资市场呈现了巨大反差。上半年延续了投资非常火爆的局面，但下半年出现了融资困难的局面，58 同城和赶集网、美团和大众点评、携程与去哪儿网这样的互联网巨头选

---

① 买忆巧，乔俊杰．风险投资与创业企业的金融成长周期 [J]．中南民族大学学报，2005，25 (6)：89 - 91.

择“抱团取暖”，下半年大量的投资机构投资放缓，甚至出现停投现象，市场下滑趋势开始蔓延。2015 年股权投资在上半年冲高后骤降，其背后的原因在于创投市场2014 年和2015 年上半年的疯狂增长，投资成本不断攀升，市场泡沫化严重；另外，股权投资市场前期投资过于火爆，大量的优质项目已经得到融资，市场的优秀项目越来越少，这也是投资放缓的一个主要原因。投中集团2016 年3 月发布的统计数据显示，2016 年2 月我国 VC 和 PE 投资案例总数为129 起，投资总规模为41.37 亿美元。其中 VC 为91 起，投资规模约20.23 亿美元；PE 为38 起，投资金额约21.13 亿美元。

2. VC 发展状况

从投资领域来看，VC 主要集中在一些新兴行业领域，如移动互联网、生物制药、生命科技、信息技术、医疗健康等。一些比较好的 VC 倾向于投资电信、媒体和科技类企业。从2014 年 VC 投资案例来看，投资者大力追捧并持续看好的行业依旧是互联网行业，电信及增值行业紧随其后。

从投资阶段来看，VC 主要是早期投资。如2014 年，VC 所投项目中早期阶段的有560 个、成长期的有357 个、成熟期及之后的有206 个。从投资金额来看，投在中后期的占比较大，如2013 年 VC 早期投资额为16 亿元，成长期投资额为21 亿元，成熟期投资额是25 亿元。截止到目前，VC 投资回归早期投资的趋势比较明显。

从退出方式来看，随着多层次资本市场的不断完善，VC 的退出方式也更加灵活多样。除了上市、兼并收购和管理层回购等传统方式之外，“新三板”、股权交易市场也成为 VC 投资的常用退出方式。尤其是随着“新三板”市场的建立，分层机制即将推出期待已久的竞价机制，挂牌公司的股票流动性也将得到提升，如2016 年“新三板”两大指数交易量均比上一年增加了1 倍，这使得很多 VC 和 PE 企业加入到“新三板”市场，有助于 VC 和 PE 资本更加顺畅地退出。

3. PE 发展状况

从资金供给方面来看，2015 年我国的投资资本市场发生了比较大的变化，最显著的一点是资本来源渠道更加多元，资本供给更加充足。政府引导类基金爆发式增长，大量资金涌入PE投资市场；股权众筹模式在中国有了快速发展。截止到2016年初，中国股权众筹平台共有141家，股权众筹累计成功众筹项目数达2338个；保险监督管理委员会发布的《关于设立保险私募基金有关事项的通知》也允许保险机构利用自有资金或投资者资金设立私募股权投资基金，极大地增加了资本的来源。

从投资领域来看，传统行业依然是PE的重点投资领域，但也有值得注意的一面，互联网、房地产、金融、生物医疗等新兴行业也是PE投资关注的重点行业，现在已经有很多基金公司开始在这些领域投资巨额资金。

从退出方面来看，与VC相比，PE的退出渠道更多，除了上市股权转让之外，PE采取并购、管理层回购等退出方式较多。主要原因是在股权投资过程中，有限合伙人为了快速退出企业，会与普通合伙人签订一系列协议，为自身快速退出打下基础。

第五节　资产证券化

所谓证券，即以证明或设定权利为目的所做成的凭证。证券本质上是一种权利凭证，可以获得证券上载明的各项权利，或者证明曾经发生的一些行为。通常证券有三种形式：证书、资格证券和有价证券。证书一般起着证明作用，证书无法直接表明权利义务关系。资格证券仅表明一种行使权利的资格，资格证券不能流转。而有价证券则具备证明作用，且可以流转。通常广义上的有价证券股票、债券、购物券、票据等。狭义有价证券仅指股票、债券等。证券法调整的是狭义的有价证券法律关系。广义上的有价证券一般由民事法律进行调整。

一、资产证券化的概念

资产证券化是指将流动性较差的贷款或其他债权性资产通过特殊目的载体进行一系列组合、打包，使得该组资产能够在可预见的未来产生相对稳定的现金流，并在此基础上通过信用增级提高其信用质量或评级，最终将该组资产的预期现金流收益权转化为可以在金融市场上交易的债券的技术和过程。比较典型的资产证券化产品包括抵押贷款支持证券、担保债务凭证和狭义的资产支持证券。从本质上来看，资产证券化是在借助金融工具利用资产在资本市场上进行直接融资的一种方式，理论上来讲就是通过出售一切未来有可预计收益的现金流从而获得收入。

二、资产证券化的特征

一是与传统的融资方式不同，资产证券化是资产融资，主要关注资产为企业带来的现金流，与原始权益人的信用和其他资产负债无关。二是资产证券化是结构性融资。设立的 Special Purpose Vehicle（SPV）通过“真实出售”进行资产转移，实现基础资产与发起人的破产隔离，分割了风险，最后对基础资产的现金流进行重组。三是资产证券化的融资成本比较低①。资产证券化运用的交易架构和信用增级手段使得资产支持证券有较高的信用等级，一般都能以较高的价格发行，同时成本费用比较低。据统计，其各项费用的总费用率比其他融资方式的费用率至少低 50 个基点。资产证券化在融资成本方面具有比较明显的优势。

① Laurie S. Goodman，Frank J. Fabozzi. CDO 的结构与分析［M］. 上海永嘉投资管理有限公司译. 北京：机械工业出版社，2005.

三、资产证券化的分类

一是根据基础资产不同可以把资产证券分为住房抵押贷款证券和资产支持证券。前者以住房抵押贷款为基础资产，后者则是以除住房抵押贷款以外的其他资产为基础资产。

二是根据结构性重组可以把资产证券化分为过手证券、资产担保证券、转付证券。过手证券指的是资产池所产生的本金和利息直接被转移给投资者，资产原始权益人对资产池的所有权也转到投资者而仅保留对贷款的服务权，属于所有权证券。这种方式存在比较大的风险且现金流也不够稳定，较少被采用。资产担保证券是以资产池作为担保，然后再发行证券，资产所有权并未转移给投资者，因此，投资者无须承受提前偿还和违约风险，但是也难以抵抗潜在的风险。转付证券在风险承担这方面有些类似于过手证券，资产池产生的现金流直接转移给投资者，投资者要承担提前偿还和资产债务人违约风险。但为了降低风险，这种资产证券化方式采用了内部信用增级，可以降低投资者风险。这种方式是目前比较通用的资产证券化方式。

三是依据发行证券机构的不同将资产证券化划分为机构发行的资产证券化产品和非机构发行的资产证券化产品。在发达国家，资产证券化发展早期主要由机构来发行，后来非机构发行的资产证券化产品也迅速增长，这主要是源于美国等宽松的货币政策、追求自由灵活的证券化形式以及获取更高的经济效果。但金融危机爆发后，非机构发行的资产证券化产品几乎全部消失。

四、资产证券化的参与主体

在资产证券化过程中，主要市场主体由发起人、Special Purpose Vehicle（SPV）、信用增级和评级机构等组成。发起人又叫原始权益人，主要是组建资产池、进行资产重组，并将其转移给SPV。SPV依据发起人的申请决定是否接受发起人的资产组合并发行证券，还要实现发行人与资产的破产隔离。信用增级机构主要是为资产提供信用支持，帮助投资者吸收信用风险，帮助提高证券的信用评级。信用评级机构对发起人的资产进行信用评估。承销商负责资产证券的销售。服务商一般由发起人担任，也可以聘请有经验的资产管理机构。负责监理资产项目及其所产生的现金流，并按时收取证券化资产所产生的本金和利息。受托人由SPV指定，管理服务商收取的现金流并向投资者分配。受托人面向的是投资者、担任资金管理和偿付职能的中介机构。此外还有投资人和其他服务机构。

SPV是资产证券化过程的核心，SPV在接受发起人的资产组合申请之后，要实现发行人和其资产之间的“破产隔离”，然后再发行证券。目前，国际上主要有三种类型的SPV。一是公司型SPV，该类机构主要是为了某项资产证券化交易而专门成立的公司，与发起人关系非常紧密，对基础资产非常熟悉，能够防范与隔离风险。二是信托型SPV，主要是信托公司或从事信托业务的金融机构。三是有限合伙型SPV，这类SPV业务范围比较小。

五、资产证券化的一般流程

总体来看，资产证券化的交易流程比较复杂，但是基本结构是一样的。首先由发起人创设金融资产，选择符合条件的资产汇集成资产池，然后向信托受托人转让该资产池，换取基础资产所有权权益的转递凭证或者向商业信托受托人或SPV转让资产池，然后SPV以这些资产为支撑发行证券，同时聘请信用增级机构和评级机构对证券进行增级、评级定价，聘请承销机构出售资产证券，还需聘请登记托管机构实现证券在二级市场上市流通。

进行信用增级指的是SPV在取得证券化资产后须采用内部和外部信用增级来提高拟发行资产支持证券的信用等级。外部信用增级指的是由担保机构提供必要的担保，如果是初次发行的企业为了获得好的发行条件也可以聘请金融机构为其提供外部信用增级服务。外部信用增级主要方式有第三方信用证、资产出售方提供追索权和债券担保等。每种方式都可以承诺在任何情况下偿付SPV的全部债务或特定部分债务。内部信用增级指的是为了增强资产库自身实力，以增加抵押物或在各种交易档次间调剂风险来完成信用提升，主要形式是优先/次级结构、超额剩余、建立现金储备账户等。内部信用增级可能改变债券的现金流结构，最大优点是成本低，内部信用增级是资产证券化特有的信用增级方式。

六、资产证券化的影响因素

资产证券化是一种金融创新，必然会受到金融市场以及经济因素的影响，具体分四种：一是利率。资产支持证券也是一种债券，受利率政策调整影响最快、最直接，利率是影响资产证券化的主要因素。二是偿还期限。债务人承诺履行义务的时间越长，证券价格波动越大。三是提前偿付[①]。提前偿付是资产证券化特有的特征。发行人如果缩短偿还期，会出现与证券持有人预期不一致的现象，债券持有人面临机会损失。四是资本市场运行状况。证券市场的运行状况与资本市场运行状况密切相关。如资本市场运行良好则证券的供应相对充足，证券价格会有一定压力，但证券的流动性好，变现较快。此外，信用增级与评级、宏观政策、政府监管等因素也会对资产证券产生一定的影响。

七、资产证券化对中小微企业发展的意义

自资产证券化产生以来，就得到了迅速发展，其根本原因在于资产证券化这种融资途径为企业发展带来了实实在在的好处。

从微观上来看，资产证券化一是增强了资产的流动性，提高了企业资本的使用效率。资产证券化盘活的是贷款、应收账款等本身流动

① Andrew Davidson，Anthony Sanders，Lan－Ling Wolff，Anne Ching. 资产证券化：构建和投资分析［M］. 王晓芳译. 北京：中国人民大学出版社，2006.

性较差但具有未来收益的资产。如果没有资产证券化这种途径，这些资产难以产生效益，把这些资产变为可以流通的证券，意味着这些资产的流动性大大增强。二是提升了资产负债管理能力，优化了企业财务状况。企业贷款等资产被证券化包装出售后，就可以把债务从企业的负债表中剔除，解决了企业资产和负债的不匹配性问题。三是实现了低成本融资。资产证券化可以隔离发起人的信用风险，拓宽了企业的融资渠道，增加了企业的融资机会，融资成本大大降低。

从宏观上来看，资产证券化这一金融创新工具为众多企业特别是中小企业提供了新的投融资渠道；优化了整个金融市场的资本配置，平衡资本的需求者、供给者之间的需求与收益；资产证券化还有助于提高金融系统的安全性，将积压的风险合理配置到社会各层中，避免经济周期波动等风险，为实体经济发展注入了动力。

八、我国资产证券化存在的问题

2005 年至今，我国资产证券化开始逐步摸索，在相关部门的共同努力下，我国资产证券化取得了成功①。但由于我国资产证券化起步较晚，到目前为止还只是进行比较简单化的操作，已发行的产品在资产池特征、交易结构、证券设计等方面高度相似，市场表现也没有太大区别，各方面的问题也没有出现太多，因此还有很多不足之处没有暴露出来，还需要继续进行探索。在我国实施资产证券化，客观上是市场的需要，同时有国家战略层面的考量。从宏观经济层面来看，资产证券化是拓宽融资渠道的一种方式，可以整合民间资本用来发展本国经济。从微观层面来看，实施资产证券化，可以为企业缓解融资难问题，提高企业融资的便捷性，还可以细化和丰富我国的资本实现，把金融风险分解下去，减轻银行的资金压力。总体来看，我国的资产证券化虽然还没有完全定型，但就目前来看还存在以下几个方面的问题：

① 杨洁涵．美国商业银行资产证券化功能研究［D］．吉林大学博士学位论文，2011.

一是资产证券化基础资产的选择和规模问题。在资产证券化方面，我国的经验不多，目前主要是把住房资产进行证券化，不良资产很少，范围比较小，规模也不大，因此在哪些资产可以利用这一问题上还有很大的选择空间，这样才能扩大融资。在美国发生的次贷危机，也给我国资产证券化提供了一个警示，基础资产必须真实可信，并且要优先考虑中小企业信贷、涉农贷款以及基础设施贷款。这些领域的资产更加真实可信，对这些领域进行投资也符合国家战略。

二是信用评级方面。我国已有的资产证券化项目采取的是双评级制度，但目前评级制度还很不完善，评级方法简单，没有建立科学规范的评级制度。在这一方面，还需要向金融发达国家学习，只有配套制度完善，资产证券化才能更好地发展。评级制度的完善对资产证券化具有极为重要的作用。只有完善的评级制度，才能给投资人提供准确的投资参考意见。

三是资产证券化市场交易主体有限。截止到目前，我国的资产证券化产品数量有限，主要在银行发行，主要的投资者也是限于银行、保险、证券等机构。这些机构购买证券不利于扩大市场范围，也不利于风险转移，因此从长远来看不利于资产证券化的发展。在一定程度上还限制了市场规模，对资产证券的流通不利。资产证券化的发展方向应该是面对广大的投资人和投资机构，这样才能实现资产证券化的融资目的。融资需要巨大的资本市场支持，只有扩大投资范围，企业才能获得足够的资金支持。

四是提高信息披露和监管水平。和股票一样，证券交易也需要进行相应的信息公开。我国在资产证券化实践方面还存在信息公开不够的问题。只有坚持信息公开，才能赢得更多投资人的信赖，才能更好地发展资产证券化。一些公司出于不可告人的非法目的，有意隐瞒或者歪曲公司的真实信息，不愿意按照法律的规定履行公开义务，夸大盈利能力或是缩小企业的负债情况，还有的使用一些模棱两可的词语来表述关键信息，使投资人难以知晓公司的真实经营情况。必须对信贷资产证券化的资产池、交易涉及等方面进行信息公开，完善监管制度，强化监管力度。

第五章　中小微企业的互联网创新金融支持

第一节　P2P对中小微企业的金融支持

随着国家经济的发展和相关金融政策的实施，互联网金融与网络技术高度融合，以往中小微企业在银行间借款存在借款速度慢、银行信用评级高等困难，导致中小微企业融资异常困难。由于互联网技术传播速度快、创造力丰富，使得P2P借贷相比传统的银行贷款、民间贷款具有更多优点。它的成本价格低、参与主体丰富、交易灵活高效、相关人员之间的信息沟通便捷，这些优势使中小微企业融资需求得到了满足，发展迅速。本书研究了互联网金融情况下P2P模式对中小微企业在担保问题、信用风险、法律监管和中介的作用等方面产生的问题以及从这几个方面分析如何对中小微企业进行金融支持。

一、我国P2P发展基本情况简介

（一）我国P2P网贷发展状况

P2P小额借贷是一种将额度非常小的资金聚集起来借贷给有资金需求人群的商业模型。它的社会价值主要体现在满足个人资金需求、发展个人信用体系和提高社会闲散资金利用率三个方面，由2006年“诺贝尔和平奖”得主穆罕默德·尤努斯教授首创，学习格莱珉乡村银行①的运作模式。

（二）P2P借贷基本理论

P2P是英文Peer－to－Peer的缩写，最早是计算机网络技术概念，表示计算机网络中点对点信息交互方式。P2P网络借贷意为“个人对个人的借贷”，是指借贷双方在计算机网络上，通过P2P借贷平台的牵线搭桥，实现资金直接借贷。P2P网络借贷是个体对个体之间通过互联网实现资金融通，拥有资金并有投资理财意愿的个人（“投资人”），通过互联网平台获取借款或理财产品信息，进行交易操作，将资金贷给资金需求者（“借款人”）。P2P网络借贷平台在整个交易中起到中介作用，其盈利点是根据交易的金额，按比例收取中介服务费，这与传统金融机构的借贷模式有着很大差别。在实际发展过程中P2P网络借贷主要演变为针对个人及中小微企业资金借贷模式。

二、P2P模式对小微企业的融资支持

（一）P2P运营模式方便快捷、手续简单

P2P网贷作为一种全新的借贷模式，使原本单一的银行借款、民间借贷，变得多样化。P2P源于美国，经过近10年的发展，产品越发多样化。第一步，借款人或企业注册并提供相应的财务状况、身份证明信息等；第二步，P2P平台运营商让相关的专家人士进行复核；第三步，审核通过之后，相关的借款人发出借款信息，提出借款申请；第四步，投资人选择合适的投资项目进行投资，并对借款人提出合适的还款计划。P2P运营模式流程如图5－1所示。

① 格莱珉乡村银行由穆罕默德·尤努斯教授于1983年在孟加拉国正式成立，服务于最贫困的农户，提供小额短期贷款，无须担保和抵押，以5个人为小组的联保机制代替担保，形成内部约束机制，返还率高达98%，是当今世界规模最大、效益最好、运作最成功的小额贷款金融机构。

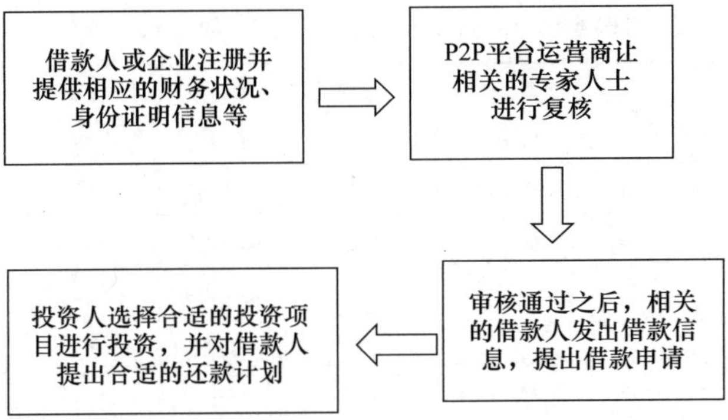

图5－1　P2P运营模式流程

通过P2P运营模式可以看出，它主要是针对那些信用良好但是缺乏资金的大学生、工薪阶层和小微企业，其运营方式更加网络化，简便易学，透明公正，使得相关的投资人与借款人之间借贷更加方便。

（二）P2P信贷模式交易更加安全

P2P就销售模式来说，分为线上、线下、“线上＋线下”三种。线上P2P网贷是基于网络信用记录，就是俗称的信用贷款，借款人在平台上发布贷款数额，平台依据其信用记录打分，投资人借助平台自由地选择借款人，线上平台不参与交易。因此线上P2P借款用途只是企业经营和个人消费等小额借贷。线下P2P是平台在各个城市设立分支机构，在线下实地考察借款人的收入、住所、还款能力，再进行风险评估。然后再由内部人员出资形成债权，这样规避了非金融机构的企业禁止向个人借款。最后通过其获得的债权再创设理财产品，让投资人购买，最终实现债权转让。因此线下P2P的借款数额相对于线上P2P较大。“线上＋线下”模式是综合以上两者，在线下寻找借款人，进行评估。同时在线上寻找借款人争取在线下评估，这样会将风险降到最低，三种模式都有助于中小微企业融资。2016年12月P2P网贷行业贷款余额前15名平台运营数据如表5－1所示。

表 5-1 2016 年 12 月 P2P 网贷行业贷款余额（前 15 名）

序号	平台名称	省市	贷款余额（亿元）	环比变化（%）	成交量（亿元）	综合收益率（%）	借款期限（月）
1	陆金所	上海	1005.01	7.8	552.88	6.93	18.93
2	翼龙贷	北京	292.59	6.98	45.59	10.74	19.35
3	宜人贷	北京	261.94	10.28	28.96	11.78	34.4
4	聚宝汇	北京	257.6	9.83	38.88	8.49	6.63
5	你我贷	上海	164.46	4.53	28	11.27	23.87
6	团贷网	广东	157.13	22.17	58.65	12.3	9.58
7	红岭创投	广东	153.82	5.44	90.31	9.08	2.58
8	人人贷	北京	133.26	4.39	10.04	10.25	36.42
9	爱钱进	北京	130.55	11.38	37.75	12.28	31.1
10	恒易融	北京	126.67	4.76	10.4	12.16	31.54
11	拍拍贷	上海	123.45	9.81	26.06	17.52	12.51
12	微贷网	浙江	121.55	14.79	67.53	9.67	2.97
13	点融网	上海	116.13	14.43	21.45	9.56	15.32
14	小牛在线	广东	108.7	-12.39	35.13	10.12	2.98
15	浙里投	浙江	107.22	-1.39	3.24	5.95	16

通过以上数据①可知，平台的贷款余额②大部分保持上涨趋势，并且贷款余额数值较大，所以以上平台业务扩张相对较快，对借款人来说保障也较高。银行年期贷款收益率为 4.35%～4.9%，相对来说比 P2P 平台要低得多，P2P 平台有的收益率甚至可以达到 20%，这也使得一些企业与个人纷纷向网络信贷进行投资与借贷。各类平台的借款期限不等，长的可以达到三年，短的两个月都可以，这样对于小微企业来说可以寻找更合适的借款项目进行借款，并且多方平台借款的话

① 数据来源：网贷之家、盈灿咨询。部分平台产品实际属于债权转让项目，而债权转让项目不计入贷款余额，因此以上数据是对贷款余额做出调整后的数值，并对历史贷款余额数值做出修正和回溯。

② 贷款余额：平台历史累计应还的贷款总量。贷款余额能够反映平台在一段时间内的业务规模发展情况，贷款余额增加得越快，表示该平台业务扩张得越快。

也有助于资金流转，还款压力相对较小。

（三）P2P信贷平台对象明晰，投资方式多样

P2P平台发展到今天，其运营模式已经非常完善并得到了发展，根据不同的国情，每个国家的P2P借贷平台也各具特色，国外比较成功的P2P平台有Kiva、Prosper，我国比较成功的P2P平台有宜人贷、拍拍贷等，每个平台对中小微企业的标准各有不同，其中中外P2P平台对比如表5-2所示。

表5-2 中外P2P平台对比

	Kiva	Prosper	拍拍贷	宜人贷
主要针对群体	发展中国家收入低微的小企业	任何有小额资金需求的市场主体	任何有小额资金需求的市场主体	学生、工薪阶层、白领阶层、小业主
借款额度	75~1000美元	1000~25000美元	100~20万元	30万元以下
借款利率	无利率，但是与Kiva合作的小额贷款公司收取15%~20%的利息	依赖借贷双方的利率竞价	不作具体要求，一般在10%~27%，最高达30%	控制在银行同期贷款基准利率的4倍以内
风险控制	批量出借人+小额信贷	鼓励加入信用评级较高的客户组，鼓励客户组内借贷	提倡熟人之间的借贷交易，鼓励出借人资金分散借出	鼓励出借人将资金分散借出、设置独立的还款风险金账户
收费标准	不收费，依靠会员捐款运营	向借款人收取1%~3%的费用，向贷款人收取0.5%~1%的服务费	向借款人收取2%~4%的服务费，另有转账费、催收费等综合费用	向借款人收取3%~10%的服务费
收益率	纯公益性质，无收益	实际贷款的平均利率为17.9%	平均收益率为16.5%	收益率不低于12%

由于网络借贷平台发展迅速，使得部分平台走向差异化道路，针对的对象更加细化，以国外的Kiva最具代表性，它致力于向发展中国家的创业者提供小额贷款，实现消除贫穷的目标。他们的途径之一就

是以公益方式让更多人尽快获得贷款信息。Prosper 与拍拍贷一样，鼓励企业之间、人与人之间进行借贷，保障了资金使用的安全性。平台方式的多样化更有利于一些不了解的人群找到适合自己的最佳借贷方式，任何有资金需求的人群都可以借款，尤其对于中小微企业来说，信息更加公开，更加具有特色，在保护小微企业信息的同时提供最完善的贷款项目。

三、P2P 模式对小微企业融资存在的问题

（一）法律监管机制不完善，存在严重的法律风险

P2P 模式下法律风险主要是指在互联网的支持下，P2P 借贷模式对个人、中小微企业等出现的运行不规范、不合法行为，导致相关的 P2P 平台运行商、借款人、投资人等出现涉嫌刑事犯罪的风险。首先，我国颁布的相关法律中没有对非法集资出台相应的法律法规进行规范，随即出现了平台对相关投资人非法集资、平台将放贷形式债券化并进行转让导致金融诈骗、相关负责人非法洗钱等刑事行为。其中在 P2P 借贷的法律风险中，非法集资最容易导致犯罪行为产生。中国人民银行发布的相关规范文件中指出，非法集资是指单位或者个人未依照法定程序经有关部门批准，以发行股票、债权、彩票、投资基金证券或者其他债权凭证的方式向社会公众筹集资金，并承诺在一定期限内以货币、实物以及其他方式向出资人还本付息或给予回报的行为。也就是 P2P 平台不再是独立的信息交流中介，而是先寻找投资人对其销售相关的理财产品，让投资人的资金投入到平台上，形成一个资金池，再寻找相应的借款人发放贷款。这样容易导致资金池数额庞大，有非法集资的嫌疑。其次，平台运营的监管主体不明确。P2P 模式目前处于监管真空的状态，导致行业准入门槛低、公司人员素质参差不齐，容易对中小微企业产生误导，有金融诈骗的风险。并且，相关的投资人权益保护机制缺失，会引发企业之间不信任的社会问题。

（二）P2P 平台相关责任人信用低，缺乏足够的债权债务能力

信用风险又被称为违约风险，是指在约定合同中，交易的对手没

有按照合同要求履行义务而造成经济损失的风险，即借款人没有按约定归还本息而导致贷款人没有收到预期的收益的可能性。信用风险是金融风险中最主要的一种。P2P平台信用风险主要是对投资人而言的，其中主要包括P2P平台倒闭引起的资金链断裂，使对中小微企业资金周转变得困难、平台负责人在吸收了大量的资金后，携款跑路现象、借款人按期不归还本金和利息导致投资人撤销投资的风险等发生。对于小微企业而言，网络平台借款不需要严格的信用评估制度、没有抵押即可贷款，融资比较容易，但是偿债能力未知，平台责任人相互之间不是很了解的话也会出现一系列风险。如果将剩余资金投入到P2P平台上，以赚取高额的利息收入的话，信用风险就会更高，所以对于中小微企业来说，投资需谨慎。

（三）各类担保行业担保能力有限

面对激烈竞争带来的压力，大多数P2P平台在发展初期都会给予投资人本金和利息保证，但是作为保障支撑的风险准备金的具体来源、使用动态、适用范围以及最终责任主体往往并没有在双方的电子合同中予以明确。P2P网络融资担保是现如互联网金融的重要组成部分，P2P网络融资平台担保主体开放、平等，使得传统融资不再局限于银行借贷，它的范围更广，信用评级更宽泛，所以需要其他的一些信誉良好的担保机构或个人对借款人进行担保。由于我国征信体系不完善，各种担保模式的担保能力有限，也会引发一系列的担保风险。首先，第三方担保公司受自身经营的限制参与度有限，管理缺乏规范，在借款人不能按时偿还借款时，需要代其偿还并支付违约金等。担保公司担保能力有限，在和担保公司合作之后，P2P网络融资平台则沦为“渠道商”，失去了对借款人的把控。如果借款人出现逾期，担保公司不能按时垫付，P2P平台处境会很危险，最终会影响到P2P平台品牌信誉。其次，保险公司的保险额度较高，部分小微企业难以承受高额的费用，存在严重的流失现象。金融机构为了创造更大的利益，不断进行金融创新，P2P行业为了能够更好地发展，也纷纷“拿起”担保的“武器”服务于网络融资，不断进行业务创新。最后，P2P网络融资平台的自我担保模式中，做保障的平台在出现之后短时间内就停业了，而且有些平台具有极高的法律风险，不具有普遍性和推广性。采用的“风险准备金模式”，仅是模仿，平台资金和风险准备金并未分离，很容易出现风险准备金被挪用的现象。

四、完善P2P平台对中小微企业的金融支持

（一）规范相关法律法规

P2P模式下我国主要的金融监管的目的是金融系统的稳定、金融机构安全稳定以及保护相关投资人、借款人等消费者的权益。对于中小微企业来说，权益保护是重中之重。P2P借贷模式的固定性和信息不对称性导致国家必须出台相关法律法规以及成立金融监管机构来完善和促进金融行业的发展。监管方向应该从这几个方面考虑。

首先，完善互联网金融相关法律法规，重点是P2P模式下企业权益保护法。主要可以从三个方面进行保护：①完善互联网金融P2P借贷模式下企业以及消费者权益保护办法，具体明确规定P2P平台的各项信息，包括信息披露义务、客户信息保护办法、保护知情权等各项权利。②成立包括P2P借贷在内的互联网金融中小微企业保护机构，主要负责解决企业与P2P平台发生的纠纷。③加强中小微企业权利意识和风险的教育。

其次，加强市场准入制度，建立市场退出机制。任何P2P借贷平台、借款人、投资人、企业之间不能随意进出平台，监管部门坚持底线原则，明确各分管部门并加强行业自律保持动态持续性监管。

再次，纳入银行监督机制，实现客户资金和P2P平台的隔离，并实现全流程、全封闭的资金监督，降低超高额度带来的贷中、贷后资金风险。

最后，借鉴国外模式，增加社会资本审核，发挥社会资本的甄别、监督和惩罚作用，进一步提高信用等级有效性，完善企业（企业主）信用体系构建，同时也从源头上进一步降低了贷前风险。扩大借贷服务范围，引入多种抵押物形式。根据小微企业的不同特色，允许多样化抵押物，满足其不同阶段的不同资金需求，同时提高小微企业主对

累积信用价值的意识，实现风险控制。

（二）提高授信程度，完善征信体系，实现大数据网络化共享

对于防范P2P模式下信用风险来说，完善社会征信体系至关重要。我国与西方国家相比，人口较多、社会人员信息登记不完整，人与人之间和企业之间的联系沟通主要是通过社会关系以及自身的借贷信用程度来维持的。在互联网盛行的时代，没有系统的数据支持，P2P平台只依靠少量的登记信息决定投资与借款，容易导致信用风险频发。所以，对于各行各业的人来说，尤其是对于中小微企业融资难产生的困难，必须从实质上增强人员的信息沟通与交流，降低信息不对称，减少相关测试指标，进而使融资变得更加容易。另外，对于网络信息是否真实、人员备案信息是否合理也需要测定，这就需要相关的机构负责管理。我国的征信体系是由政府主导的，采用引入市场主体参与社会征信体系建设，积极寻求与信用中介机构的合作，鼓励信用机构的发展。建立包括P2P借贷在内的互联网金融行业征信平台，征信平台包括互联网金融机构的信用信息、企业和个人的信用信息等。征信体系的建立有利于提高金融市场的透明度，最终达到抵御互联网金融所带来的风险的目的。提高相关技术人员的操作能力，整合资源，达到信息共享，减少相关的信用风险。与银行合作，提高现行P2P模式运营中信用体系的真实有效性，缩短审核时间，减少重复审核，同时逐渐构建企业信用体系，为今后的小微企业融资创造更宽的融资渠道。

（三）增加担保公司的各项担保机制

首先，建立和完善担保机构与商业银行的风险分担机制。由担保机构承担大部分风险，同时银行也承担少部分风险，在一定程度上可减少担保机构面临的逆向选择和道德风险。此外，信用担保机构往往在受保企业正常经营多年后才提高担保比例，因此，在我国目前许多中小企业信用担保机构业务刚刚起步、专业化水平普遍不高的情况下，不宜实行过高的担保比例，应适当降低担保比例和更多采取授权保证方式以完善风险分担机制。

其次，建立担保机构和被担保企业的资信评级制度。资信评级制

度是解决担保市场上信息不对称问题的重要机制。对担保机构的资信评级能够通过揭示担保风险，将担保机构的信用状况通过评级语言公之于众，让出资者、合作者和监管部门得到关于担保机构自制的客观、公正的信息，以维护担保市场的公信力和市场秩序，也有利于理顺担保机构与银行的合作关系。由于我国现阶段社会化的征信体系还未建立完善，对中小企业的资信评估工作应视具体情况在担保机构和商业银行间合理分担，其中两者间相互交换被担保企业的相关信息尤为重要，这种信息资源的共享可以大大节约双方的审查成本。

再次，建立长期客户档案，发展关系型担保。与关系型贷款类似，关系型担保作为一种新型担保技术能有力降低担保机构和中小企业之间客观存在的信息不对称程度。担保机构可对每一个来寻求担保的企业建立档案，对其每一次担保都记录在案，这实际上就是企业的一个信用记录。当客户再来寻求担保时，就可以利用该档案作为参考，决定反担保品的种类和金额多少。比如对于信用记录较多且情况良好的中小企业，可适当降低反担保物金额要求，或更多采取反担保人信用担保措施，甚至考虑是否需要提供反担保。这样，中小企业获得担保贷款的成本就降低了，担保机构既有效控制了担保风险，又减少了逆向选择的发生。

最后，引入风投机构提高担保力度，由担保费转变为溢值收益，督促小微企业良性发展，不仅扩大了P2P的客户群体，减少了高额度带来的贷后资金风险，而且促进和活跃了创新型小微企业的融资市场。

第二节　众筹对小微企业的金融支持

由于存在负的外部效应、信息不对称等外部因素和小微企业自身的内部问题，小微企业融资难成为世界性的难题。对小微企业融资模式的探索一直在进行，金融危机后，一种新的融资模式——众筹模式崭露头角。众筹模式可以有效化解信息不对称问题，拓宽融资渠道，降低融资成本。尽管在实践层面，众筹模式还存在各种问题，但是它对小微企业的金融支持是不可忽视的。本书探索了众筹模式对小微企业具体的金融支持，同时也提出了针对目前国内有关众筹发展存在问题的解决办法。

一、小微企业传统融资模式的困境

不同国家和地区对小微企业的界定不同，甚至很多国家对它没有一个明确的界定。在我国，受大众认可的关于小微企业的定义是由著名经济学家郎咸平教授提出的。他认为小微企业是对小型企业、微型企业、个体工商户、家庭作坊企业的统称①。一般来讲，在划分小微企业时，主要考虑的指标有营业收入、资产总额和从业人员人数。不同行业大类中的小微企业又有不同的标准。以农、林、牧、渔业为例，营业收入大于等于50万元的被称为小型企业，营业收入小于50万元的被界定为微型企业。

（一）融资成本过高

小微企业的传统融资模式以民间借贷和商业银行贷款为主，银行贷款审批程序复杂，且小微企业由于违约风险高，它们的借款利率远高于中小企业。同时，银行贷款的审批周期长，不适用于短期急需资金的情况。当小微企业短期急需资金时，它们往往会选择民间借贷，民间借贷的利率很高，这就加重了小微企业的融资成本。

（二）融资过程中的信息不对称

最早提出信息不对称理论的是美国经济学家，这一理论在20世纪80年代开始应用于经济学领域②。在传统的借贷模式中，投资者对于企业规模、经营情况、信用情况的掌握不完全，也就是说投资者通常

① 俞小孟．小微企业众筹融资的风险识别与防范研究［D］．中国科学技术大学硕士学位论文，2015.

② 王光岐，汪莹．众筹融资与我国小微企业融资难问题研究［J］．新金融，2014（6）：60－63.

处于不利地位。这种不利地位容易导致逆向选择，甚至是筹资者不还款的风险。并最终诱发金融市场的秩序混乱。

二、众筹模式对小微企业的支持

众筹融资是互联网金融的一种重要形式，是指个人或者企业法人利用互联网传播的特点，通过网络平台面向公众进行资金筹集的融资模式[①]。众筹在国内的发展形式主要是融资者将自己的产品概念提交给众筹平台，提前约定融资金额，投资者在约定时间内将款项转入指定账户。如果在约定时间内筹集的款项等于或大于约定款项，则视为融资成功，否则即为融资失败。众筹平台作为中介机构，从中赚取佣金。众筹模式也在很大程度上弱化了中介机构的作用。众筹融资以2009年美国Kickstarter众筹平台的正式出现为标志；我国在借鉴Kickstarter运作模式的基础上，于2011年上线首个众筹平台——点名时间。同时，目前的众筹平台可以按照各自的不同功能以及筹资者对投资者的回报方式划分为四个类型，即捐赠式融资、股权融资、债券式融资和奖励式融资。其中奖励式融资也被称为回报式融资，是全世界范围内应用最广泛的融资渠道，在全球融资规模中占比约50%。它的风险相比债券和股权融资较低。具体是指融资者通过众筹中介发布相关的项目，收益以产品或服务的形式反馈给投资者，并根据不同的投资金额设置不同的奖励标准。捐赠式融资模式多应用于非营利组织机构，在我国目前应用很少，所以本书介绍的融资模式对小微企业的支持，不考虑捐赠式融资。

（一）融资风险小

相比传统的融资模式，众筹模式有着传统融资模式不可比拟的优越性。它降低了融资的门槛，融资的受众面更广，每位投资者的出资金减少。同时在奖励式融资中，若融资失败，本金可退还，直接实物奖励的模式，在很大程度上宣传了产品。产品的性能又能很好地反馈

---

① 于加睿．小微企业众筹融资问题研究［D］．天津财经大学硕士学位论文，2014.

到企业那里，他们可以明确之后的改革方向，并且对之后的融资也有促进作用。

（二）融资效率高

小微企业本身规模较小，由于规模受限，获得资金支持较难。但是这种众筹模式，时间短，频率快，效率高。“一家融资者对多个投资者”的模式也在很大程度上降低了融资成本。这种贷款的利率低、周期短、审批时间也短，有更好的便利性。众筹模式，只需要筹资者将自己的产品信息发放到众筹平台，经过众筹平台的审核，即可公开募集资金。公众的融资也不再受时间和空间的限制，相较于传统金融机构对小微企业各项指标的审核，这无疑大大提高了小微企业的融资效率。

（三）有效降低融资成本

传统融资主要借助商业贷款和民间集资，商业贷款对资金的数额、用途有严格的限制，而民间集资的利率又很高。据调查显示，融资过程中产生的税费可以占到融资成本的近四成。众筹模式无疑降低了融资成本，同时将风险分散，这也在一定程度上降低了融资的成本。

（四）拓宽了融资渠道

小微企业的传统融资模式以民间借贷和商业贷款为主，融资成本高，渠道单一，渐渐不能满足小微企业日益扩大的融资需求和多样化的融资方式。不同行业的小微企业经营特点不同，资金运作模式、收益回报期都不同，而众筹模式恰恰给不同类型的小微企业提供了债权筹资、股权筹资、奖励式筹资甚至是公益融资等多种融资模式。

（五）使双方信息趋于对称

传统融资模式信息十分不对称。通过线上模式，投资和融资信息对投资者和企业来说更加公开透明，大大提高了其对接的效率。传统模式的每次筹资都需要筹资者进行提前规划和宣讲准备，小微企业数量众多且地域分散，在寻求投资者的过程中往往将项目重复宣讲多次，极大耗费人力成本和时间①。而通过网络众筹，企业的融资计划

① 李佳璟．股权众筹法律规制研究［D］．西南政法大学硕士学位论文，2015.

和常见的问题面向公众投资者公开，提交一次后可反复使用，为线下沟通节省了成本，将信息不对称降到最小。

（六）降低产品宣传成本

奖励式筹资模式，多以产品作为回报，反馈给投资者。同时投资者也将使用产品的情况向融资单位反映。在这个过程中，无疑增加了产品在受众中的知名度，而这种宣传和推广的边际成本为零。

（七）开创了“互联网＋金融”模式的初步探索

现代众筹是信息的整合与高效利用，而信息的利用很大程度依赖于云计算等技术支撑，通过互联网平台，可以实现融资的持续性，以最短的时间、最广的范围，将信息呈现给双方。也能很好地筛选出符合条件的小微企业，记录小微企业和投资者的信用记录，将供给双方的需求很好地匹配，以实现收益最大化。

（八）满足了小微企业对筹资需求的个性化设计

由于小微企业需要资金设计筹资方案，决定回馈机制，设计符合自己要求的筹资模式，而不是旧有的受限于商业银行贷款体制的融资模式。同时，以奖励式筹资为例，众筹本身就是在进行市场调研，可以实现供给双方的有效沟通，设计出符合市场要求的个性化融资产品。

三、中小微企业众筹融资的发展现状

（一）众筹现状

首先，国家逐渐认可。众筹在我国发展才几年，对于社会各方来说尚处于探索期，国家层面对此持认可和支持态度。2013 年第二季度中国货币政策执行报告中，首次以专题的形式探讨并肯定了众筹模式，认为它是对现有融资体系的有利补充①。

其次，市场覆盖度日渐提高。由于显著的高效性，众筹融资对某些行业有显著的吸引力。2011 年以后，众筹模式主要以网络为载体进入中国市场，主要形式为众筹网站。2011 年 7 月我国第一家众筹融资

---

① 安婷，李润东．基于众筹的小微企业融资研究［J］．知识经济，2015（24）：56.

网站建立，随后众多的网络筹资平台如春笋般涌现。随着互联网和微公益平台的发展，众筹融资逐渐被企业及大众了解和应用。显然，众筹融资在改变着中国的市场。

（二）众筹模式目前存在的问题

1. 股权、债券筹资模式易引起权利纠纷

股权众筹，即企业针对某一项目发起筹资活动，向股权众筹平台提交融资申请、项目计划书及融资方案，经众筹平台审核通过后开始线上向公众募集资金，回报方式为企业向投资者出让一定比例的股权，投资者可以参与该企业后续的经营与决策。债权众筹主要是指融资者承诺以一定的债权作为回报，并在未来偿还投资者利息收益和本金。目前国内市场非常流行的P2P平台就是债权众筹最主要的体现形式。在股权筹资模式中，由于投资者要参与经营决策，很容易与公司管理层发生冲突，在实际中，这种模式的操作性差一些。债权筹资，因为周期长，不同于奖励式筹资模式的短期即得，也容易引起债权的纠纷。

2. 立法欠缺

我国目前众筹的法律环境不容乐观，仍然存在着非法集资、信息不透明、违约收益远大于违约成本、对知识产权的保护缺失等问题①。国家层面上针对此领域的法律法规还不够完善。同时，《公司法》中对有限责任公司和股份有限公司的董事会成员人数、监事人数、股东人数有明确的限制，但是众筹模式最大的特点就是资金来源的范围广，在一定程度上，“股权筹资”在关于持股人人数这一方面违背了《公司法》的有关规定，而目前又没有出台很好的司法解释。

3. 业内约束机制不够完善

目前借助互联网平台的筹资模式覆盖的行业领域不多，尤其是在技术密集型领域比较稀缺。融资平台缺乏业内有效的监管，融资平台的信用状况不能让投资者完全放心。

4. 小微企业自身存在问题

小微企业违约收益远大于违约成本，同时由于审批程序简单，只

① 马松．股权众筹解决小微企业融资难问题研究［J］．科技经济导刊，2015（16）：197－198.

需要作为中介的融资平台审核通过即可，有时不能很好地把握小微企业的资产规模和经营现状以及信用情况。股权筹资和债券式筹资有时还会引起股权、债券的纠纷，特别是在股权式筹资模式中，有时因为经营理念的不同还会引起纠纷。同时小微企业在公司管理、人力利用等方面往往也存在一些问题，小微企业自身也要加快传统融资模式向现代融资模式的理念转变。

5. 小微企业的发展空间巨大

目前采用众筹方式融资的多是新兴产业，而集中小微企业的传统行业仍然以传统融资模式为主①。小微企业众筹的融资模式一定是未来的趋势。小微企业也要完善自身，加强财务相关信息的披露，提高信用度，积极投入到众筹模式中去，实现与投资者的“双赢”。

四、以A企业为例分析众筹对小微企业的金融支持

（一）《大鱼海棠》的融资准备

A企业为国内文化影视传播行业的小微企业，筹备《大鱼海棠》的制作多年，由于该题材新颖、该影片未播先火，在公众心中有较高的认知度，为它后期的成功融资提供了基础。在电影进入中期筹资的过程中，实际资金严重短缺，而团队的目标是拍摄国际高水准电影。公司管理层认为该企业规模小，银行贷款筹资资金规模小，且在实践层面也缺乏抵押担保，所以一致同意采用奖励式筹资的模式进行筹资，并选择了国内相对成熟的融资平台——“点名时间”。

（二）《大鱼海棠》的融资实施及结果

A企业将企业的相关情况、证件、创意以及十多种样品提交给“点名时间”平台，由平台审核。“点名时间”平台对此项目进行市场调查，收集反馈意见。在众筹约定期限到来时，共有3600位投资人

① 陈艳池，陈文川．小微企业众筹融资的问题与对策［J］．行政事业资产与财务，2016（10）：33－34.

参与了投资，所筹资金额超过了既定金额的30%，融资成功。《大鱼海棠》在奖励式筹资的实践过程中，很好地体现了奖励式投资“免费宣传”的特点，进一步将电影进行宣传，提高了电影的知名度。《大鱼海棠》的融资项目中，设置了“10元、50元、100元、200元、500元、1000元、2000元、5000元、10000元、100000元、500000元”不等的投资额度，根据不同层级，设置了不同的奖励额度①。“10元”投资额对应的奖励额度是“成为VIP会员，不定期收到《大鱼海棠》最新制作进展、电影剧情、剧照、原画等不向非VIP会员公开的内容，并在此基础上增加回报内容。最高投资额度500000元对应的奖励额度是在上述回报的基础上增加多项奖励，如“指定城市及地点、专场放映《大鱼海棠》并承诺主创人员到场”等②。各投资份额的认购人数如表5-3所示。

表5-3　《大鱼海棠》奖励式筹资各投资额度的投资人数

人数（人）	金额（元）	总计（元）
1300	10	13000
1187	50	59350
541	100	54100
211	200	42200
296	500	148000
28	1000	28000
19	2000	38000
2	5000	10000
9	10000	90000
1	100000	100000
2	500000	1000000

① 孙雪菁．基于风险树的小微企业众筹融资的风险识别[J]．财经界（学术版），2016（11）：112-113.

② 鲁婷婷，程代娣．众筹融资——小微企业融资新途径[J]．时代金融，2016（18）：144-145.

五、对小微企业众筹模式的建议

（一）建立完善的信息披露机制

由于目前众筹模式在我国尚处于起步阶段，一方面信息数据库的建立不够完善，未能很好地将央行借款的信用记录与融资企业联系起来。另一方面也要尽可能地向投资者披露企业的相关经营情况和投资可能存在的各种风险。因为参与众筹的大多是中小投资者，保护中小投资者的利益格外重要。要针对众筹各阶段可能存在的潜在风险，建立风险管理系统。最大力度保护企业和投资者双方的利益。

（二）提高对众筹项目的推广力度

众筹在极大程度上依赖于互联网，同时它的宣传也依托互联网，由于互联网的使用人群有限，所以直接导致众筹项目的受众是有限的。笔者认为可以拓宽宣传众筹的渠道，比如通过微信、微博等新媒体以及电视广告等线下方式，积极拓宽众筹项目的宣传渠道，推广众筹平台。

（三）完善立法，出台相关的司法解释

由于众筹目前尚处起步阶段，国家的态度逐渐明朗，但是还有很多法律问题没有解决。比如众筹有可能触及非法集资、违规设立资金池等问题，甚至引发一系列的道德风险①。在实践层面，虽然约定一旦众筹失败，资金将返回给投资者，但如果众筹成功，可是项目没有达到预期收益，又该如何从机制上对筹资者进行处罚，对投资者进行保护？同时众筹的成功，往往需要投资者将自己的创意、自己产品的性能、自己的设计理念等一系列核心问题都在筹资平台向投资者展示，这在一定程度上也滋生了一系列侵犯知识产权的事件。并且，上文也有提到，众筹存在与《公司法》相违背的地方，也急需出台司法解释。所以，未来众筹的健康良性运转，离不开完善的立法和正确的

---

① 王芍，李国义，姜明雪，党艺，成腾飞，王玥．众筹融资在小微企业中的运用研究［J］．北方经贸，2015（6）：182－184.

司法引导。

（四）加强对融资平台的业内约束

小微企业众筹的流程大概是：企业向众筹平台递交企业资料、项目创意等；众筹平台审核企业递交材料；审核通过；向大众推广。由于众筹模式省去了传统融资复杂的审核过程，在提高效率的同时也存在隐患。众筹平台专业与否、是否存在合理有效的业内监督，对于众筹项目的顺利进行起着至关重要的作用。同时对于小微企业资金的真正流向到底该由谁监管，是国家相关职能部门还是众筹平台呢？这些都是后期亟待解决的问题。

（五）积极探索新的融资渠道

目前的融资模式主要是银行借贷、民间借贷和众筹模式，近年来兴起的众筹模式，有力地拓宽了原有融资渠道。我们在积极完善众筹模式的同时，也要尽可能开发新的融资渠道，作为对现有融资模式的补充。

第三节　第三方支付对小微企业的金融支持

在电子商务技术和互联网金融不断发展的今天，以支付宝为代表的第三方支付系统也经历了从无到有，从少数到多数的过程，并且涉及多个领域，经营的范围也在不断扩展。现阶段第三方支付逐渐成熟，日益改变着人们的消费理念和消费方式。作为互联网金融的一部分，第三方支付是金融创新的积极表现，并且在一定程度上缓解了小微企业融资难的问题。本节描述了第三方支付模式的特点及对中小微企业融资的促进作用，同时也提出了对目前国内有关第三方支付模式发展存在问题的解决办法。

一、第三方支付的概念及特点

第三方支付业务主要是指借助于互联网或其他通信网络，完成付款方与收款方之间的资金交易，从业务形式上可以划分为网络资金支付、电话支付、电视支付和货币支付等多种形式①。第三方支付也就是一些和产品所在国家以及国外各大银行签约并具备一定实力和信誉保障的第三方独立机构提供的交易支持平台。第三方支付具有方便快捷、安全可靠、应用广泛等特点。具体表现为：

第一，方便快捷。第三方支付业务的本质是中介业务，可以将买方和卖方之间建立联系，同时第三方机构与银行之间的合作又能为买卖双方提供信用保障，买卖双方的货物和资金通过第三方支付平台来转移，方便快捷。

第二，安全可靠。提供信用担保服务是第三方支付系统的重要功能，这成功地解决了买卖双方之间的信用问题。买方支付的商品资金先转到第三方支付平台，由第三方支付机构代为保管，同时第三方支付平台会通知卖家发货，待确认买家收到货物无误后，第三方支付平台才将资金转入卖家账户。通过第三方支付系统的代收代付机制，实现了互联网支付的安全可靠。

第三，应用广泛。第三方支付依赖的是互联网平台，而如今互联网正在从方方面面改变着人们的消费习惯和生活方式，它将渗透到人们的生活中去，满足市场各类消费者的需求。第三方支付系统依靠互联网平台获取大量数据，实现资金流、信息流、物流的结合，了解人们的消费偏好，广泛应用到各个领域。

---

① 黄超．互联网金融下的小微企业融资模式研究[D]．华中师范大学硕士学位论文，2015.

二、第三方支付对中小微企业融资的促进作用

第一，开创了“互联网+金融”模式的初步探索。第三方支付系统依托云计算和互联网平台，将信息进行整合与高效利用[①]。同时，通过互联网平台，可以实现融资的持续性，以最短的时间、最广泛的范围，将信息呈献给买卖双方。同时互联网技术可以有效筛选出符合条件的小微企业，记录小微企业的融资信用，将供给双方的需求匹配。

第二，拓宽了融资渠道，补充融资来源。传统融资活动的主体是银行，银行在小微企业的融资过程中扮演着具有垄断地位的角色[②]。中小微企业包括小型企业、微型企业、个体工商户、家庭作坊企业等，大多面临着融资难的问题[③]。小微企业在融资中存在“麦克米伦困局”，这一直困扰着世界大多数小微企业的发展规模。以银行为代表的传统资金供给方，通常不愿意为小微企业提供资金支持，导致小微企业的资金链短缺，具体表现为：首先，融资成本过高且融资需求难以匹配。数据显示，普通企业的融资成本在10%左右，而小微企业的融资成本会达到13%～15%，而小微企业的利润水平集中在8%～10%，这无疑对小微企业产生了巨大的融资压力[④]。同时，小微企业的融资具有时间短、方式灵活、资金数额需求小的特点，这与银行放贷审批流程复杂、时间长的错配，加重了小微企业融资的困境。随着互联网金融的发展，以支付宝为代表的第三方支付机构，运用创新型的互联网金融工具，以高于银行业的资金利率优势，从大量散户之中获取闲置资金，聚拢起来并以此来解决小微企业融资难的问题。以支付宝旗下的招财宝为例，招财宝于2014年4月正式成立，是蚂蚁金服旗下开放的金融信息服务平台。它基于大数据、云计算的优势能

---

① 吴坤阳．我国第三方支付存在的问题及监管对策［D］．安徽大学硕士学位论文，2015.

② 王钊．互联网金融下小微企业融资研究［D］．四川师范大学硕士学位论文，2015.

③ 李帆．基于互联网金融的小微企业融资平台研究［D］．江苏大学硕士学位论文，2016.

④ 要文卿．第三方支付的风险及其防范研究［D］．天津商业大学硕士学位论文，2015.

力，连接了个人投资者与中小企业，为投融资双方提供居间金融信息服务；同时也与银行、保险等金融机构和担保公司合作，由金融机构和担保公司来为借款项目提供专业的风险管控和增信措施服务。一方面，中小企业和个人可以通过招财宝平台发布借款产品，并由金融机构或担保公司等作为增信机构提供本息兑付增信措施。另一方面，投资人可以根据自身的风险偏好选择向融资人直接出借资金。招财宝公司以严格遵守法律法规和监管政策为前提，不发布任何理财产品或借款项目，不设立资金池，亦不为交易各方提供担保。招财宝目前的全年累计成交额已经可以达到不少商业银行的规模，具备了为小微企业提供贷款的可能性，这无疑是对传统融资方式的重要补充。

第三，在一定程度上缓解了信息不对称的问题。商业银行对中小微企业贷款的风险控制难度大。对商业银行来说，在进行贷款业务时，首先考虑的要素就是放贷风险的高低，它们通常选择企业信用良好、资产抵押物优良的大中型企业。小微企业在这些方面无法与大中型企业抗衡，同时小微企业由于内部管理水平存在缺陷等一系列问题，所以在经营的过程中就存在风险，这也增加了商业银行风险管理的难度，抑制了小微企业通过商业银行融资的诉求。

小微企业涉及多个行业领域，数量众多，且每个行业领域的特点不同，银行很难获得企业的有效信息，第三方支付系统通过互联网搜索、大数据挖掘、云计算等体系，可以获得关于小微企业多方面的信息，确定目标客户，进而跟踪目标客户，或者针对目标客户的历史行为，对投资与否做出准确的判断，这在一定程度上解决了小微企业在融资过程中的信息不对称问题。

第四，控制融资风险。对银行来说，在贷款过程中如何控制风险，是非常重要的因素，因为针对小微企业的风险难以控制，很多银行不愿意贷款给小微企业。但是在第三方支付基于众多数据，可以形成对企业的合理评估。以蚂蚁信用为例，其通过一整套算法，抓取企业在各个环节的数据流，并形成历史数据分析，通过精密而准确的算法得出比传统的信用评级更加可靠的信用评分，以这个信用评分为依据，为小微企业提供信贷就可以有的放矢，严格控制信用风险。

第五，降低交易的成本。第三方支付既不同于商业银行贷款的间接模式，也不同于资本市场直接融资模式，在这种模式下，借助互联网平台，信息处理和风险的评估都变得高效，由于参与主体多，可以在短时间内匹配供需双方、分担风险，降低交易成本，提高融资效率。

三、第三方支付的现状

（一）第三方支付的现状

第一，第三方支付市场覆盖率扩大，市场集中度提高。根据2015年支付业务统计数据显示，我国目前的第三方支付业务稳健发展，日益成熟，在小微企业融资过程中发挥了积极的作用，主要体现在市场覆盖率扩大和集中度提高两个方面。第三方支付发展的十余年间，已经从最初的几家机构发展到现在的几百家机构。市场覆盖率也由最初的单纯支付业务发展到目前的缴费、挂号等日常生活服务，越来越多的传统行业，也开始了金融创新。在第三方支付市场上，排名第一的支付宝占据了49%的市场份额，排名前四位的分别是支付宝、财付通、银联在线和快钱，合计占据了整个市场86%的份额，属于高垄断型的行业[①]。

第二，第三方支付主要有有交易平台做担保的支付模式和独立第三方支付模式。国内的支付宝、财付通、拉卡拉都是比较成熟的第三方支付模式。支付宝推出的信用积分相当于消费信贷，是一种信用卡的形式，基于对用户注册时间、卖家评价情况的分析，并根据用户的积分不同，授权不同的信用额度。第三方支付机构利用自己的自有资金或者以自己的名义向金融机构贷款，最后再以“垫付”、“保理”的形式将自有资金或者贷款发放给小微企业，该模式在实际交易中的大量采用，为小微企业融资提供了一个可行的选择。

---

① 范晓浩．互联网金融背景下我国小微企业融资方式创新研究［D］．云南大学硕士学位论文，2015.

第三，第三方支付的服务不断深入，市场影响力不断扩大。现阶段的第三方支付机构发展了大量的增值业务，如机票、酒店预定；校园卡充值；社区生活缴费等。随着第三方支付的发展，服务将会不断深入，目前已经在很大程度上节省了社会资源，成为我们生活中不可或缺的一部分。同时，第三方支付对于货币的流通速度和基础货币发行数量的影响也是不断显现的，既冲击了传统的金融行业，又给宏观货币政策的制定带来一定的挑战。

第四，国内主要支付平台基本情况对比。目前国内最主要的支付机构有蚂蚁金服，即支付宝；微信支付，即财付通；银联钱包；拉卡拉和汇付天下①。对比如表 5－4 所示。

表 5－4　国内主要第三方支付平台对比

机构名称	成立时间	企业背景	企业性质	企业定位及服务特点
支付宝	2004 年	阿里巴巴集团	民企	提供独特的支付担保服务
微信支付	2005 年	腾讯集团	民企	通过社交媒体提供金融一体化服务
银联钱包	2002 年	中国银联	国企	综合支付金融服务
拉卡拉	2005 年	联想集团	民企	便民金融服务的开拓者
汇付天下	2006 年	—	民企	互联网基金销售领域

（二）第三方支付模式目前存在的问题

1. 小微企业自身存在各种问题

小微企业在财务制度、诚信度、企业产品的核心竞争力等方面均存在不同程度的问题。小微企业往往由于财务报表的不完善，不能提供真实有效的财务报表，增加了对方的工作难度，使得第三方支付平台不能为其提供融资业务。同时，有的小微企业通常隐瞒自己的发展信息，或者提供不适当估值的抵押品甚至改变贷款后的用途，增加了小微企业的融资时间成本。对小微企业来说，核心竞争力才是企业发

① 蒋先玲，徐晓兰．第三方支付态势与监管：自互联网金融观察[J]．改革，2015（2）：113－121.

展的第一要义，而有些小微企业缺乏自主创新的能力，这是我国许多中小企业的共同弱点①。

2. 金融制度不够完善，金融服务体系发展落后

国家的金融体制不够健全，金融市场不能有效发挥其效用，金融机构和市场管制措施过多，因而使得受到诸多方面压制的金融阻碍了经济的整体发展，导致了金融抑制。由于信用评级制度的不完善，小微企业无法进行标准化的信用评级，在无法进行有效信用评级的市场中，往往会导致交易成本的上升。同时，担保制度的不健全，使企业缺乏融资助力，甚至导致融资的失败。

3. 第三方支付的盈利模式单一

我国第三方支付的盈利主要是手续费收入，以支付宝的经营模式为例，支付宝前期以“免费”为噱头吸引消费者，2013 年 11 月，支付宝发布了新的收费规则，自 2013 年 12 月 4 日起，除使用支付宝钱包进行支付宝账户间转账仍免费外，在电脑上进行支付宝账户转账，将收取手续费，费率从原有的 0.5% 变为 0.1%，0.5 元起收，10 元封顶。在电子商务快速发展的阶段，第三方支付的手续费较之前不会有较大提升，但是这也导致第三方支付模式的单一现状，这种单一的盈利模式，在未来可能带来风险。

4. 在法律制度和技术方面均存在风险

我国国家层面关于第三方支付尚没有规范化、系统化的法律法规，更多的是业务监管和业内的自我监督，制定的很多政策是有利于第三方支付平台的。还有很多实践中出现的具体问题，没有对应的司法解释。关于技术方面，目前第三方支付平台多使用的安全控件是以 SSL 作为基础的加密控件，但是这种控件存在泄露客户资金和信息安全的隐患，不法分子可能利用系统的漏洞对平台进行攻击，由于技术方面的漏洞，引发安全问题。

---

① 陈影．第三方支付发展及其对商业银行影响研究［D］．安徽大学硕士学位论文，2014.

四、优化中小微企业第三方支付模式的策略

（一）第三方支付机构寻求与银行的积极合作

第三方支付机构应该针对中小企业和银行的特点，打造为中小企业提供交易融资服务的在线融资平台。通过数据对小微企业的经营状况进行把握，消除银行的顾虑，实现基于电子商务的中小企业融资。将小微企业的实际经营情况、银行贷款管理情况有效融合，实现信息的公开与共享。

（二）寻求其他互联网渠道融资以破解困局

除了第三方支付平台外，还有其他多种形式的互联网融资渠道，目前比较适合小微企业融资的互联网金融融资模式主要有P2P网络借贷、众筹平台、大数据金融、金融机构互联网、互联网金融门户等多种融资渠道。在发展第三方支付业务的同时，也要有的放矢地发展其他业务。以众筹模式为例，众筹融资运作流程大致如下：首先，需要资金的小微企业或个人将融资需求或者项目策划方案上传至众筹融资平台，经过平台组织的相关专业机构审核后，便可以在平台上发布项目融资信息或者建立属于自己的网页，通过文字介绍、视频、图片等方式介绍项目概况、收益率、融资规模以及筹资的截止日期等相关信息；其次，对该项目感兴趣的个人、机构等在募资期限内将资金打入融资方资金账户或者第三方金融机构。

（三）通过大数据将风险控制在合理范围内

第三方支付依托互联网平台，特别是互联网技术对于数据的处理，数据挖掘是其中的重要环节。省去了中间的实体网店，如果不能合理地利用大数据，就难以满足大规模信贷对于风险的要求。在发展第三方支付系统的时候，应该从数据流出发，构建数据挖掘系统，并以此为基础，发展分析风险、控制风险的体系。未来的发展过程中，应该以数据流为基础，支付流为技术核心，结合实地考察，构建一套合理的风控系统，将风险控制在合理范围内。

（四）完善金融制度和金融服务体系

国家应该积极推进金融市场建设进程，对于市场的现有监管措施进行合理修改，克服目前由于监管过多而导致的一系列问题。同时要构建合理的担保机制，增强企业的融资助力。积极建设证券市场，使高成长性的科技创新类企业尽可能在中小板或创业板上市，并构建以国有大型银行和股份制银行为主，民营金融机构为辅的金融体系。将诸如支付宝、天猫商城等线上支付与线下交易结合，将银行贷款的信用评级与互联网金融的信用评级体系有机结合，同时参考企业与消费者之间的交易记录，以供应链的物联网金融体系为核心，精确评价企业供应链的整个环节，实现线上线下评级的有序结合。

（五）从多方面克服小微企业自身的不足

完善小微企业财务制度，培养小微企业的社会责任感和诚信意识，使其可以提供真实有效的财务报表，并且提供合理估值的抵押物。对于小微企业的发展来说，核心竞争力才是它们能走多远的重中之重，这就要求小微企业培养自己的创新能力，专注于品牌建设。同时，小微企业也应该积极开展资金管理体系的建设。很多小微企业融资成功后，由于缺乏切实有效的资金管理体系，使得资金的利用效率低下，进而导致资金浪费，这都是小微企业需要改善的地方。

第四节 数字货币对中小微企业的金融支持

随着世界经济的快速发展、互联网的普及，各类支付方式也不断升级，由简单的纸质方式转变到数字网络方式，数字货币也随着金融体系的改变而产生。目前对于数字货币的内涵还没有统一的规定，但是它的产生使政府、企业和个人的交易变得更加方便、快捷。本节首先从概念及发展阶段论述数字货币，其次分析数字货币如何对中小微企业进行金融支持，最后对目前数字货币对于中小微企业的融资支持发展现状做出相应的分析。

一、数字货币对中小微企业的金融支持的理论分析

数字货币主要是针对一种货币形态来命名的，当前对数字货币的内涵和概念的界定没有整体的论述。它不能完全等同于虚拟世界中的虚拟货币，因为它经常被用于真实的商品和服务交易，而又不仅局限在网络游戏等虚拟空间中。数字货币可以认为是一种基于节点网络和数字加密算法的虚拟货币。在一个以互联网为基本运营模式的时代，货币的流通在国家、政府、企业以及个人之间的正常流通变得格外重要。

数字货币的形成和发展要归功于全球经济的发展，如何有效促进数字货币的诞生以及促使数字货币更快更好地发展将是今后研究的重点问题，数字货币作为未来货币发展的重要趋势对人类社会、经济、文化等领域将会产生重大影响。货币朝数字化方向发展也是大势所趋，它的发展经历了几个阶段，每个阶段的创新都能够让各方关联者受益，简要对比如表5－5所示。

表5－5　货币数字化发展阶段①

	第一阶段	第二阶段	第三阶段
货币载体	以纸质为主	以纸质与数字为主	以数字为主
流通方式	一对多	多对一	多对多
必要条件	充足的取现点	数字终端	多样化消费途径
新型支付工具	银行卡、支票	手机	智能数字设备
典型国家	哥伦比亚	中国	加拿大
政府如何受益	高透明、安全，便于财政管理	低成本	低成本

① 这里指出的纸质是指除了现金之外还可以用于支付的相关票据。

续表

	第一阶段	第二阶段	第三阶段
企业如何受益	安全，便于财政管理	新型商业模式	新型商业模式、低成本
个人如何受益	安全、快捷、低成本、高私密度	快捷、低成本，便于财务管路	低成本
缺陷	金融设施落后，收付款人缺乏专业知识	用户之间信任不足，收付款人缺乏专业知识	高投入，用户对于数字货币的接受程度不同

（一）数字货币的运营系统可靠，风险低

数字货币作为一种非实物货币，内涵十分广泛，常见的运营模式有三种：电子货币、虚拟货币以及数字货币。数字货币相对于其他两种模式来说，具有更安全可靠的特点。从运行环境上来说，比特币一类的数字货币通常会使用开源软件和 P2P 网络，与电子货币、虚拟货币使用的互联网、内联网相比，安全性更高。

与传统货币相比，数字货币对中小微企业提供金融支持的优势明显。区块链技术的运用使得数字货币支付系统可靠性提升，同时数字货币的每一份资金流动都可以被准确记录，这一功能在很大程度上减少了金融诈骗等不良现象的出现。同时对于中小微企业而言，数字货币没有严格的发行主体限制，使得它们能够找到出发点，开创更简单，运行更快捷。它以数字作为存储形式，交易的安全性较高，它采用开源软件以及 P2P 网络运营模式进行相应的交易活动，对于中小微企业的发展产生重要的影响。

（二）企业信息透明、公开

数字货币作为一种新型货币，每张钱都有自己的数字编号，货币在流通环节中经过的每一环节都会被准确记录，将各种消费数据更加明确地呈现，有利于中小微企业与银行业金融机构信息共享平台的建立，缓解目前的信息不对称问题，银行业金融机构在给中小微企业贷款时可以低成本、高效准确获得企业经营信息，可以极大降低对中小微企业的高风险认知，有利于解决中小微企业融资难题，加速中小微企业的发展。

（三）金融业务操作更加便捷

在经济体的循环运行中，政府、各类企业等都开始采用大规模的数字化方式进行交易，货币数字化成为人们消费的主要方式之一，出门购物带上相应的智能电子设备就可以支付，比如我国目前各类交易均可以利用手机进行微信、支付宝进行交易，大到大型公司收付款，小到各类商贩的付款，使人们的出行以及交易更加方便、快捷。这种快捷支付方式对于各类企业，特别是对中小微企业来说，在办理金融业务、外汇业务结算等操作上大为便捷，尤其可以解决跨国交易带来的操作费用和耗时使得中小微企业担负高额运作成本的问题。抓住机遇、紧追时代发展，开创各种数字化方式进行网上交易、投资理财等，为中小微企业谋求更大的发展空间。

（四）货币数字化发展给中小微企业带来的便利

货币数字化发展不会改变货币总量，其主要作用在于提供一种便捷的货币使用方式和降低货币成本。货币数字化一般通过借记卡、信用卡等实现识别用户身份连接账户功能，随着移动网络的快速发展，手机已经成为最为廉价和便利的数字终端，用户可以随时随地完成支付，不需要再通过银行卡到相应的营业网点办理支付款业务。包括中小微企业在内的各类法人也开始使用数字化的手段来完成对供应商的付款，并逐渐取代了传统的票据支付，减少了收付款人票据遗失、过期等问题。

二、数字货币对中小微企业金融支持体系的冲击

（一）金融监管机制不健全

随着数字货币的普及发展，其监管问题也就相伴而来。但是，我国目前没有专门针对中小微企业数字货币的监管制度。虽然数字货币属于广义的电子货币，适用于电子货币的监管制度同样适用于数字货币，但是数字货币具有不同于一般电子货币的属性，所以现行法律对数字货币的监管作用较为有限。而数字货币实质是一个独立于任何机

构的网络程序，所以监管体系对电子货币发行机构准入或行为监管模式对数字货币不完全适用。同时，通过科技手段对程序的开发和放出管理又缺乏有效抓手，并且实施难度非常大。如何在鼓励小微企业金融创新的同时建立好金融监管，是一个挑战。未来随着数字货币使用的普及，其因各种因素受到损失的可能性也会增大。如果对数字货币的风险疏于防范，可能会使金融体系处于动荡之中，不利于国民经济的健康发展。对于监管体系，我们主要从以下两方面进行分析：首先，数字货币本身技术层面的监管。数字货币的正常运行需要大批顶尖 IT 人才，所以要想更快更好地发展，中小微企业就需要付出更大的成本在引进人才上。其次，数字货币完成较快，内部控制要求较高，所以对于数字货币背后的核心技术——区块链技术的研究就格外重要，对于小微企业来说，在增进人才的同时，要多组织员工培训，邀请相关的专家人才进行指导，寻求更广阔的发展机会。

（二）数字货币易遭网络攻击

数字货币主要依靠电脑进行操作，它的产生必然也会有相应的风险和漏洞。首先，如果运行模式中的交易系统存在明显漏洞，则容易被不法分子钻空子，这样容易对小微企业造成重大损失。主要表现为数字货币资产无法与所有人建立强大的映射关系，钱包数据可被窃取或遗忘，为洗钱行为提供平台。并且部分数字货币并非真正的开源[①]，比如有的数字货币源代码掌握在数字货币运营商手中，这存在极大的道德风险，数字货币运营商有可能通过屏蔽部分 IP 地址的方式窃取投资者的数字货币。所以小微企业在使用相关的开源软件进行网络支持时，要防止类似的运营商的欺诈行为。

其次，由于数字货币不是依靠法定货币的价值进行评估，消费者仅依靠小微企业的信用进行个人的主观判断，价格波动不稳定，容易引发各种风险。主要包括：由于数字货币不具有内在价值，仅以其自身价值计价，其计价标准取决于用户的自我感知和期望，会造成巨大

① 开源（Open Source）主要用于描述那些源代码可以被公众使用的软件，并且此软件的使用、修改和发行也不受许可证的限制。

的损失；并且数字货币交易采用的是匿名交易，虽然自身交易可以进行加密，但是一旦加密系统被破解，数字货币可能被偷走，存在严重的欺诈风险；在支付过程中，数字货币模拟现金，支付一旦确认一般不可撤销，对于其终端用户可能会造成困扰，由此也会产生一系列的法律风险。

（三）影响全球金融稳定

传统货币是以实物的形式存在的，形式单一，服务范围狭窄，受限程度较高。数字货币同纸币相比具有巨大的优越性。数字货币的产生不仅带动了全球经济的发展，也给更多小微企业的发展提供了机遇。就中央银行层面而言，发行数字货币有利于货币政策的实施。既可以减少纸币的造币费用，又能通过集中管理和统计，精确掌控货币供应量。就商业银行层面而言，数字货币可减轻现金收付和票据清理的劳动负担。就普通居民而言，数字货币免去了对现金的保管，更加高效和便捷。结合以上三个方面，如果中小微企业能够结合中央银行的金融政策，与商业银行进行完美融合，那么数字货币对用户来说也将是一件更方便快捷的支付方式。与此同时，小微企业如果将数字货币运用到各大领域，还将起到以下几个方面的作用：

首先，加速货币的流通。基础货币具有放大效应，由于存款机构的信用创造，货币存量的增加量将会以基础货币增量的若干倍数扩张，这个倍数就是货币乘数。转移支付的速度提升使得公众可以用更少的资金完成周转的需要。数字货币可能通过对公众的消费习惯和消费心理的作用来影响货币乘数。由于支付方便，结算迅速，加快了资金的周转速度，也相应地降低了资金的持有需求。其次，数字货币创新性较高，小微企业创业机会更多，受消费者心理水平的影响也较大，所以，如何更加有效安全地为消费者服务也将是小微企业面临的巨大挑战。最后，数字货币本质上来说属于一种新型消费模式，它是建立在支付宝、微信等基础上的更大创新，它的区块链技术明显比其他的二进制电子符号更具有安全性，各大金融行业以后必将大力推动数字货币和新型支付方式的发展。

（四）健全数字货币金融消费者保护体系迫在眉睫

从长期来看，数字货币取代纸质货币是时代趋势。所以，首先，应加强中小微企业内部人员的科普和金融理念教育，为数字货币的发行和使用做好铺垫和过渡。增强业务操作人员的安全防范意识，要建立一支政治先进的 IT 精英团队。这是发行数字货币并安全运行的核心和关键，也是国家予以支持的基础。其次，小微企业也需要建立消费者保护部门。就数字货币是否能够更快更好地为消费者服务来说，小微企业更应该勇于接受意见，反思自身的问题与缺陷，建立相关的消费者保护部门，努力改正弊端以及缺陷。数字货币具有明显的跨行业、跨市场交叉性特征，且发展迅速，需要相关部门建立良好的协调机制，并明确牵头的金融消费者保护部门，就新问题和新情况充分沟通配合，确保行动一致高效。最后，要提升金融消费者风险责任意识。应针对数字货币的不同目标群体，探索多样化的教育模式，开展有针对性的金融知识普及活动，督促数字货币发行机构、交易平台等处理好营销和教育的关系。强化数字货币的风险预警和信息披露。完善数字货币纠纷解决机制。加强数字货币个人信息保护。数字货币发行机构和交易平台应确保消费者个人信息被依法合规收集、保存、使用，严格防控信息泄露风险。

三、中小微企业应对数字货币冲击的措施

数字货币作为一种新生产业，以后可能无法做到永远低成本、高效率。所以，厚积薄发，小微企业应该适时采取措施为以后可能出现的问题打好基础。目前，数字货币无发行成本和管理费用，交易非常高效且没有通货膨胀。但是这种均衡难以持续，因为数字货币的高效来源于挖矿[①]组织积极的记账，挖矿组织的积极性来自系统额外赠送的数字货币，这种赠送实际上是一种“超发”，长此以往必将引发通

① 挖矿就是将待确认的交易数据包含到区块链中，从而完成对这些交易进行确认的分布式共识系统，简单地说，就是将交易数据保存的过程。

货膨胀。进一步而言，随着系统赠送的数字货币递减，必将影响挖矿组织的记账积极性和效率稳定性。与传统纸币相比，发行数字货币能有效降低货币发行、流通成本，提高经济交易活动的便利性和透明度，同时数字货币也会改造传统的支付清算流程。如果银行或其他实体同意使用一个不需要中央银行记录的公共账户，并允许每家银行持有一份分布式总账副本，国内和跨境转账汇款都通过区块链技术使用数字货币点对点进行，则结算可能不再需要中央银行经营的账户，一方面将减少央行的成本和维护费用，另一方面也将改变监管形态。支付系统的风险承担方将由金融机构转移到终端交易的双方。此时，为了使终端人们更好地完成交易，小微企业也应该与银行建立联系，找到更适合共存、更好发展的方式来维护社会的和谐稳定。

第六章　中小微企业的政府金融支持

第一节　政府金融支持概述

一、政府金融支持的必要性

作为社会经济发展的重要支柱，中小企业在经济和社会两方面都创造出了积极的效应，政府应竭力发掘举国上下的全部力量来扶持中小企业发展。但是由于中小企业的特质，必须由政府作为主力，用各种投融资方式加以扶持，这样才能从根本上解决中小企业发展中的问题，促进其健康发展。政府支持中小企业“融资”的必要性，可从三个角度进行解读。第一，中小企业融资难的现实困境；第二，中小企业融资具有的公共产品性质，是公共财政必须承担的职责；第三，政府对中小企业政府金融支持责无旁贷。

（一）中小企业融资的现实困境

1. 中小企业自身原因

一是中小企业的财务管理能力薄弱。由于大部分中小企业缺乏专业财务管理人才，所以不能掌握金融机构关注的资金运转、债务管理这两个重要的风险点，企业承担债务过多，使得金融机构不愿贷款。企业高比例停业或倒闭使金融机构放贷风险加大。二是中小企业的不稳定性。中小企业在市场变动和经济波动中表现出极大的脆弱性，很大程度上影响金融机构提供贷款的积极性。据有关权威部门统计，近30%的中小企业在两年之内就退出市场，近60%的中小企业在4~5年内消失。如此高的倒闭率和歇业率，使得金融机构放贷时慎之又慎，加之放贷信息收集和分析成本较高，金融机构对中小企业"惜贷"自是在情理之中。三是中小企业财务制度不完善，造成信息不对称，报表披露不真实。银行"惜贷"是为了避开风险，而风险的根源就是信息不对称。中小企业自身规模小，资产数量有限，获得担保难度大，严重影响各类金融机构对其融资。

2. 金融机构方面的原因

其一，金融机构向中小企业放贷成本较高。金融机构向中小企业放贷所涉及的经营成本大大高于大型企业。在金融机构贷款的发放程序、经办环节等大致相同的情况下，贷款规模越小，金融机构的放贷成本相对越高。贷款管理的成本高，在一定程度上制约了金融机构放贷的积极性。其二，金融机构趋利倾向突出。国有银行的授信一般针对较大企业，大企业的各项信用指标是中小企业无法相比的，这种状况客观上对中小企业形成了信用标准歧视。由于金融机构向中小企业放贷获得的收益相对较低，而承担的风险相对较高，使其收益与放贷所承担的风险不相称，金融机构更愿意选择大企业放贷。其三，金融机构之间竞争机制不健全，贷方市场占主导地位。当前我国的金融市场上，金融机构之间存在的竞争可以说是一种不完全竞争。在这种竞争条件下，在金融机构与中小企业之间的博弈中，金融机构就能够利用占有战略均衡取得较大的优势。对中小企业而言，金融机构不是提高利率，而是减少放贷，不管企业愿意付出多高的代价，也不愿向其发放贷款，这就是所谓的"信贷配给"，从而导致中小企业贷款受阻。其四，金融机构组织体系存在结构性缺陷。目前，我国的金融机构组织体系中缺乏民间融资机构。中国资本市场发育迟缓且十分不规范，因此，居民手中的货币只能通过银行等金融机构实现增值，而专门的民间融资机构目前在我国还没有出现，这在一定程度上也限制了中小企业的发展。发展民间融资机构，可以有效地引导居民资金流向效益高的投资领域，从而实现资金的最佳配置和运用，如果民间融资机构能够发展并逐步壮大，就会有效地缓解中小企业融资难的问题。

3．社会中介服务机构体系不够合理，服务质量有待提高

只有完备的社会中介服务机构体系以及高质量的服务水平，才能为中小企业融资创造良好的条件。但是，现有的会计师、审计师事务所等社会中介服务机构为中小企业融资发挥的作用却十分有限，有的为了自身利益，还提供虚假信息。导致中小企业信息不对称问题、诚信度问题、中小企业与金融机构沟通问题、透明度问题等得不到有效的解决。因此，要解决中小企业的融资问题，完善和规范社会中介服务体系已成当务之急。

4．民间融资活动借贷风险大

目前我国民间融资活动大体呈现自发和不规范发展状况。不仅市场发育程度很低，仅依靠血缘和地域关系而非社会信用关系进行操作，难以发展真正市场化的融资活动，而且在一定程度上扰乱了金融秩序。此外，由于民间融资风险很大又得不到保障，有些地下钱庄已经引入了黑社会势力来帮助收贷。民间融资活动缺乏真正的金融监管，因此易引发社会问题。

（二）中小企业的公共物品性质

中小企业具有公共物品的特征。许多研究表明，中小企业具有典型的公共物品的特征，因为中小企业的发展不但能够创造大量的就业机会，促进高新技术成果转化，而且对其他经济领域的健康发展也有着巨大的促进作用，因此中小企业的发展具有典型的收益外部性和消费的非排他性。既然中小企业具有公共物品的特征，那么解决中小企业的融资问题，政府就应该责无旁贷。一方面，中小企业的发展是具有正的外部性，政府应当把外部性内化为中小企业的收益。支持中小企业融资，不是一个纯粹针对私人业主的行为，而是一个公共产品属性的政府行为。支持中小企业的融资政策，不仅有助于稳定宏观经济、增加和优化就业，还有助于社会稳定和国家创新。因此，政府应当动用公共资源去解决中小企业融资问题。

另一方面，中小企业在融资市场中，由于信息不对称、不完全竞

争、中小企业融资市场的“羊群效应”等原因而产生市场失灵，所以政府应当干预，通过政策矫正市场扭曲化的价格机制。具体而言，市场失灵可以区分为原始的市场失灵和新的市场失灵。原始的市场失灵包括大企业资本积累的外部性等因素；而新的市场失灵，则是以信贷市场的不完全信息、信息获得需要成本等为基础。两种类型的市场失灵都需要政府的政策干预。

技术层面的公共产品只是政府支持中小企业融资的部分原因，不能解释政府支持中小企业融资的所有问题和现象。而布坎南认为，政府的政策来自公共选择，如果社会群体都认为政府应当提供某种公共服务，那么政府就需要提供相应的公共产品。

（三）政府的公共责任

扶持中小企业融资在伦理层面的必要性，则是出于政府的道义，出于社会意识形态，是政府和中小企业之间用来维系和调整彼此关系的潜在要求。自由市场经济中很容易忽略某些道德约束，而伦理道德在促进全社会和谐方面起着不可替代的作用，为此，政府支持中小企业融资是满足社会大众对公共道义的诉求，有坚实的社会基础。

基于公共道义的角度，政府支持中小企业融资的理由有以下两点：一方面，中国模式给中小企业融资带来了负面影响，政府应当给予补偿。我们国家的发展模式是后发崛起思路下的举国模式，集中财力、物力、人力办大事，在这种发展模式下，中小企业处于劣势地位。另外，中小企业的发展对于外部经济大环境、对经济周期的依赖性比较强，每次经济往下波动，它们受到的冲击最大。所以从补偿的角度，政府应当给中小企业提供扶持，这一点尤其体现在融资政策方面。另一方面，中小企业在市场中处于弱势地位，中小企业是企业中的弱势群体，政府也应当给予扶持，给予弱势企业更多的金融服务。

财政支持中小企业融资，还是一种法律义务，或者可以理解为，法律法规设定或隐含规定，政府以相对一致的作为或不作为的方式保障中小企业获得融资，当政府不履行或者不适当履行义务时，会受到法律强制力的制裁。

在我国，政府支持中小企业融资的法律义务主要体现在《中华人民共和国中小企业促进法》中，该法规定：中央财政预算应当设立中小企业科目，安排扶持中小企业发展专项资金，专项资金用于促进中小企业服务体系建设，开展支持中小企业的工作，补充中小企业发展基金和扶持中小企业发展的其他事项。地方人民政府应当根据实际情况为中小企业提供财政支持。与此同时，国家应当采取各种措施拓宽中小企业的直接融资渠道、鼓励各类依法设立的风险投资机构增加对中小企业的投资、推进中小企业信用制度建设、推进和组织建立中小企业信用担保体系等，从而建立起一套扶持中小企业融资的政策体系。因此财政支持中小企业融资，是落实政府法定义务，是践行政府的责任清单，如果政府在中小企业融资的问题上不作为，就是一种违法行为。

二、政府金融支持的现实基础

（一）社会基础：政府的主导地位突出

金融机构作为一个利益主体，其趋利避害性使其将资金投入信用度高、可抵押资产多、资产配置好的大型企业，而这些大型企业往往不缺少资金。缺少资金的中小企业往往由于信息不对称、可抵押资产少等原因得不到金融机构的资金支持，在这种前提下，由于中央银行的货币政策在面对这种情况时会出现失效的状态，政府的作用就显得尤为重要。为中小企业和金融机构搭建良好资金融通平台需要由政府这只“看得见的手”做引导。

（二）经济基础：政府财政收入增加

随着我国经济的迅猛发展，政府财政收入逐年增加，据东方财富网数据中心统计，2009 年政府财政收入为 6.85 万亿元，2010 年政府财政收入为 8.31 万亿元，2011 年政府财政收入为 10.37 万亿元，政府财政收入的逐年增多也对中小企业的扶持提供了足够的资金储备。

（三）制度基础：国内相关立法及政策已有明确规定

2003 年开始施行的《中华人民共和国中小企业促进法》规定，政府和有关部门应支持建立中小企业信用担保体系，推动对中小企业的信用担保，为中小企业融资创造条件。2003 年出台的《中小企业标准暂行规定》，在金融支持经济发展的“金融九条”中，提出贷款要向中小企业倾斜。2010 年，财政部关于印发《地方特色产业中小企业发展资金管理暂行办法》出台等。除了国家颁布的法律法规之外，地方政府也根据地方特色制定了相应促进中小企业发展的规定，比如 2009 年 7 月，《海南经济特区促进中小企业发展条例》出台，提出省人民政府应当设立中小企业发展专项资金。市、县、自治县人民政府可以设立中小企业发展专项资金；没有设立专项资金的，应当根据实际情况为促进中小企业发展提供财政支持。2010 年，《江西省人民政府关于进一步促进中小企业发展的实施意见》出台，提出各级财政要加大支持力度，设立财政出资和企业组建的多层次中小企业融资担保机构，综合运用资本注入、风险补偿和奖励补助等多种形式，提高担保机构对中小企业的融资担保能力。

2008 年，《广东省人民政府关于促进中小企业平稳健康发展的意见》出台，要求各金融机构加大对中小企业的信贷支持力度，简化对中小企业的贷款审批程序，缩短流程，创新金融产品和金融机构、推进银企合作等为中小企业的发展搭建一个良好的融资平台。

（四）实践基础：国内外成功经验可供借鉴

美国的财政政策以法律为基础，中小企业管理局为保障，注重政府行为与市场机制的互动。主要从四个层次上加以反映：第一是政府专项资金直接资助，如科学和技术计划，专项补助；第二是完善金融市场，加强金融支持，拓宽贷款担保和风险投资的融资渠道，如政府贷款、信用担保、风险拨备、SBIC 计划、创业板市场等；第三是利用财政税收政策来支持小企业的创新和发展，如税收抵免、加速折旧等；第四是政府采购，以支持当地中小企业在美国的发展。

法国政府和瑞典政府的做法值得借鉴，政府与有关金融机构共同提供贷款，如法国的中小企业投资担保公司、瑞典的 AIMI 基金；在日本方面，日本设立了信用保证协会和中小企业信用保险公库为中小企业的贷款提供担保和再担保业务政府担保有利于加强银行借贷的信心。

英国政府高度重视政府行为和市场行为的相互作用，采用直接资助模式，该模式有三种：政府补贴、基金和公司的运作模式。政府补贴主要用于创建一个支持中小企业发展和支持中小企业从事高风险研究活动的商业环境，对于具有良好商业前景的中小企业，由于其从市场上获得一定支持的可能性比较大，因此对于这一部分中小企业，政府则采用基金模式和公司模式进行支持。

日本中小企业有两个显著特点：首先是企业数量多，在所有国家中企业人均密度排名第二，中小企业所占比例最高；其次是中小企业在技术、人员、待遇和竞争力方面呈现典型的二元经济特征。日本政府为解决本国中小企业融资难的问题，一直实施积极的财政政策，在中央财政预算下安排中小企业科目，用于中小企业的经营和运作，目的是促进中小型企业创造就业机会，加快技术进步，扩大出口，提供就业补贴、研发补贴、出口补贴等。此外，政府通过财政资金引导社会资本，支持中小企业发展，建立了政府的金融体系和信用担保体系。

韩国政府有两项代表性的政府计划用于支持中小企业融资：一是信用担保计划。韩国政府于 1976 年成立了韩国信用担保基金（KCGF），目的是降低中小企业融资中由于信息不对称、高交易成本和缺乏担保等原因导致的市场失灵，发展至今，韩国建立了针对中小企业的信用担保体系，即以普通中小企业作为援助对象的“韩国信用保证基金”和以培育本地区中小企业为目标的“韩国地方性信用保证财团”。中小企业通过这些担保机构获得信用担保，以此向银行取得贷款。二是政策性贷款。1954 年，韩国成立了韩国产业银行（KDB），该银行专门支持产业开发和国民经济发展，1961 年，韩国成立了中小企业银行（IBK），该银行是专为促进中小企业发展提供资金支持的银行。通过这两家银行，中小企业可以获得低于市场利率的政策性贷款。

我国主要采取四种方式对中小企业进行融资扶持：第一是设立并管理好中小企业发展基金，为中小企业提供直接融资渠道，《国务院关于进一步促进中小企业发展的若干意见》（国发［2009］36号）（以下简称《意见》）中明确规定“加大财政资金支持力度。逐步扩大中央财政预算扶持中小企业发展的转向资金规模，重点支持中小企业技术创新、结构调整、节能减排、开拓市场、扩大就业以及改善对中小企业的公共服务。加快设立国家中小企业发展基金，发挥财政资金的引导作用，带动社会资金支持中小企业发展。地方财政也要加大对中小企业的支持力度”。第二是为中小企业提供贴息贷款或者低息贷款。第三是运用财政补贴手段引导与规范对中小企业投资。第四是建立担保体系，分散银行对中小企业的信贷风险。《意见》指出，要“完善中小企业信用担保体系，设立包括中央、地方财政出资和企业联合组建的多层次中小企业融资担保基金和担保机构。各级财政要加大支持力度，综合运用资本注入、风险补偿和奖励补助等多种形式，提高担保机构对中小企业的融资担保能力”。

地方政府已有针对本地区中小企业融资的具体规定，如山东省政府利用省再担保集团的龙头主导地位，协调全省担保体系配套提供必要的担保服务，努力构建财政资金与金融资本、社会资本的联动机制，达到放大财政资金扶持效应的作用。山东省这种创新资金支持方式扶持中小企业产业集群的做法，无疑对发展地方特色产业集群发挥了重要推动作用，也成为不少省份学习的模板。

陕西省政府通过推动建立“政府协调指导、金融机构主动服务、企业诚信发展”三位一体的联动机制，实现银企对接的常态化、制度化；通过发挥财政资金的引导作用，确定一定的考核标准，按照多贷多奖的原则，对金融机构进行奖励，最大限度地鼓励并促进金融机构对中小企业信贷资金的投放。

第二节　中小企业政府金融支持的理论及现状

一、中小企业政府金融支持方面的理论

（一）信贷人权利保护理论

小企业能够进行信贷活动是中小企业享有金融发展权、金融公平权的体现，是中小企业发展权的一个部分。保护中小企业的融资权，不仅是政府的公共责任，也是金融部门的社会责任。信贷人权利保护理论认为，要让信贷成为每一个中小企业的基本权利，信贷配给是需要的，但不是配给给大企业，而是保护性地配给给中小企业。从中小企业信贷权利的角度看，政府必须承担改善乃至提升中小微企业融资环境的职责。

从这个角度出发，造成中小企业金融支持困难的重要成因即政府在相关方面的权利保障缺位。例如，中小企业融资缺少抵押和担保，不是因为它们缺少不动产，而是法律和制度剥夺了它们利用动产进行抵押的权利和机会，动产担保制度的不完善和缺位是中小企业贷款难的主要原因之一。再以互联网金融为例，互联网行业监管的缺失导致其无法为中小企业提供开阔的融资平台。加上黑客技术盛行，数据泄露、滥用现象严重，尤其是P2P网络贷款平台准入门槛低、运作不规范、信用管理不足，以至于发生平台破产倒闭等现象。与此同时，网络贷款平台经常泄露企业经营中小企业融资及财政支持的相关理论信息、财务状况等关键信息，导致企业不愿接触这种新型模式。

（二）包容性金融发展理论

传统金融市场理论认为，金融资源的缺乏性以及分布不平衡会产生资源分配效率低下的问题。所以，金融市场的运行即采取有效的措

施提升资源配给率，进而促使社会经济快速发展。从这点来看，传统金融市场理论阐释的主要观点即怎样优化资源，并把这些资源优化配给需要的生产机构。包容性金融理论则对此提出了相反的观点，并认为“效率不应该优于公平”。包容性金融理论的关键之处在于提出公平的金融环境，即应该让所有企业公平获取金融资源。从我国具体国情来看，现阶段市场经济的发展注定了中小企业和国有企业以及大企业等在金融配给上风险高。所以，包容性金融理论强调四方面的服务水准：广泛的金融服务接触，稳健的金融机构，可持续发展的金融业以及多元化、个性化的服务。

包容性金融理论指出：首先，中小企业是金融的消费者，要保护金融消费者的利益和权利，提高金融服务的覆盖面和渗透率。其次，包容性金融要减少垄断，要降低国有金融组织的寡头垄断地位。最后，要构建公平合理的金融秩序，构建基于市场逻辑的交易秩序保护大企业和小企业之间的公平，更多金融资源配置投向市场需要的领域。

（三）社会关系变迁理论

在农村向城市发展的过程中，社会关系也逐渐由“熟人社会”向“匿名社会”变迁。以往的“熟人社会”信息相对对称，市场经济发展不成熟。随着，市场经济的转型，信息不对称逐渐凸显。在诚信法律体系建设不足的情况下，存在违约获得的收益远大于成本，从一个侧面促使不少中小企业选择失信。这一点在中小企业身上表现得尤其突出，中小企业自身影响力弱，违约后社会关注度不高，甚至可以凭借违约的收益在其他地方继续经营，所以冒险违约的动机就大大增强。

（四）市场失灵与政府干预失灵理论

由于中小企业融资过程中存在信息不对称问题、融资活动的规模经济问题、金融市场的寡头垄断问题、大企业资本积累的外部性等问题，导致中小企业融资市场失灵，造成了中小企业资金短缺，阻碍了中小企业的发展。根据经济学理论，要解决融资市场失灵问题，就必须有政府这只“看得见的手”的帮助。“市场失灵”是政府干预的逻辑起点，对中小企业融资进行政策扶持是各国政府的普遍做法，也是政府支持中小企业融资的现实基础。但是，在市场经济体制下，同样面临着“政府失灵”的风险。政府在制定和执行融资政策时缺乏效率，政府主导的金融资源配置低效率，即使为中小企业提供了更多的资金，但是并没有增加中小企业的福利，或者严重影响了企业整体的福利。所以在中小企业融资方面，政府和市场不是替代的，不是竞争的，而是互补的关系。政府的公共服务到位了，有助于增加金融部门的利润；金融部门可持续发展了，也有助于减轻政府的负担。

二、中小企业政府金融支持的现状分析

为实现一定的产业政策目标，进行宏观调控，政府以自身信用为基础，运用直接或间接的手段筹集资金，由政府统一掌管，并根据经济社会发展规划，将资金投向急需发展的行业领域或企业部门。对于政府而言，中小企业是其重点扶持的对象，综合采用各种政策方式并结合具体的投融资方式是目前非常有效的扶持方式。政府支持中小企业融资，在具体投融资过程中体现出鲜明的政策性。

（一）政策性中小企业信用担保的现状分析

1. 政策性中小企业信用担保的现状

大多数西方资本主义国家和地区都构建了政策性的中小企业信用担保系统，并以此为主要手段来保证中小企业的信用度。一般来说，政府会首先建设相关的政策性担保机构，并使之和银行共同对风险担责。比如美国即建立小企业管理局，这一机构为中小企业担责，承保最高为75%～85%。假如中小企业没有按照规定还贷款，就由该机构负责赔偿金融机构相应损失。又如德国也成立了专门的担保银行，负责解决中小企业的融资问题，这些担保银行的资金主要由企业工商协会、国家、地方政府公债招募集成。担保银行的业务是为没有达到一定额度抵押物的中小企业提供贷款，每一企业的最高担保额度为100万欧元。当这一担保银行出现代偿行为时，政府应该负责其代偿的

80%。在中国台湾地区，政府引导下成立的“信保基金”是该区域仅有的为中小企业提供担保服务的机构，这一机构要求银行承担20%～30%的风险，当经济下行或对文化创意类、科技创新类企业进行担保时银行承担风险缺口仅为10%。到2013年，中国台湾地区的信保基金已为35万多家企业担保了528万笔，累计总担保额度已为23000亿新台币。到2016年，信保基金的担保企业数目仍然多达40000家，几乎中国台湾地区20%的企业都会通过信保基金获取金融机构的融资，47%的上市公司在企业初创时都获得过该担保机构的支持，其中较为有名的大企业包括宏基、鸿海等。

近年来我国担保行业迅速发展，行业实力也在逐步提高。为了对申报企业进行信用记录，担保机构搭建起受保企业信用档案数据库和受保企业信用评级系统。与此同时，担保行业不断加强对风险的控制和抵御能力，损失率和代偿率都控制在相对较低的水平，风险准备金的储备也进一步充实。另外，除贷款担保外，陆续出现了出口信用担保、票据担保、履约担保等多种类型的担保品种，产品不断丰富创新。2006年，中央财政对中小企业的信用担保机构进行扶持和推广，并利用补贴和奖励等形式激励这些担保机构对中小企业减费，从而使针对中小企业的融资担保服务规模得到进一步拓展。这一政策取得了良好的效果，国务院在2008年、2009年又分别追加了10亿元和30亿元的担保资金，帮助中小企业度过金融危机。中央财政2013年安排的中小企业专项资金达到150亿元，其中的18亿元用于支持816家担保机构，这些担保机构提供的低保费融资担保服务惠及15.7万家中小企业。

2. 政策性中小企业信用担保的问题

现阶段，我国政府颁布了诸多关于中小企业金融支持以及担保业服务措施的法规，这在一定程度上解决了中小企业融资的困境。但是从目前现状来看，中小企业的信用担保问题仍然比较严峻。

一是担保机构自身存在的问题。资金实力较弱，资金来源渠道单一。大部分中小企业融资担保公司在组建初期，其担保资金以政府财政投入为主，其他渠道为辅，政府的资金为引导，吸引民间资金参与进行筹资。中小企业的政策性扶持资源不太集中，大多散见于政府的不同机构部门，而且这些部门在扶持中小企业的资源上更为分散，导致资源配置、凝聚不足，效率低下。中小企业数量多、分布广，存在规模巨大、不同类型的资金需求，急切需要融资担保机构为其提供服务。由政府出资的政策性担保在机构数量和提供服务能力方面，都无法满足中小企业的需要。

二是政府扶持本身存在问题。其一，政府不适当干预和政策的不连续。在我国各地地方政府的支持下才形成中小企业的融资机构，但是政府的过度行政干预很容易让这些担保机构市场化缺失。同时，担保机构的建立和运行在一定程度上依靠政府财政扶持，假如政府对中小企业的政策有变抑或降低财政扶持率，这些担保机构势必存活困难。其二，政府对中小企业的扶持管理模式还没有建构起来，尤其是长期有效的金融支持机制尚未构建。

三是融资担保机构与金融机构之间存在问题。我国担保机构普遍资金规模较小，而且缺乏专门的法律对其地位进行维护和保障，这使得担保机构在与金融机构进行业务合作时处于劣势，不得不从属甚至依附金融机构。在风险分担方面，金融机构规定过高的担保率，将风险转嫁给担保机构，并未建立风险分担机制。过高的担保率容易导致金融机构放松对借款人的贷款标准，从而使担保机构承担更高的贷款违约率和风险。另外，金融机构为防范风险，在选择合作的担保机构时设立极高的准入门槛，众多中小规模的民营担保机构被无情地拒之门外，严重影响了我国担保行业的服务效率，并在一定程度上阻碍了广大中小企业的金融扶持受益。而且，政府补贴的资金不足，也不能完全解决中小企业的融资问题。

四是征信体系不成熟。我国尚未建立完善的社会信用体系，中小企业的信用评级机制仍有待进一步改进，再加上中小企业自身存在经营不规范、财务信息失真、信息透明度低、缺乏充足抵押物等问题，担保机构承担着巨大的风险。由于征信体系的不成熟，担保机构不能及时准确地获得中小企业的信息，严重制约了担保行业的发展。成熟的信用评级机制可以为担保机构提供中小企业信用方面的信息。只有充分掌握中小企业的实际经营状况，担保机构的运行才会稳健。

（二）政策性银行扶持中小企业发展的现状

1. 政策性银行对中小企业的扶持情况

政策性银行是主要依靠国家的政策为基准、不以市场利益为追求而进行融资行为的机构。一般来说，这种银行的贷款时间长、利息低，由政策明确规定其服务对象，贷款主要投放于商业性银行涉及不到或不愿意进入的领域。20 世纪 90 年代，我国国家开发银行、中国进出口银行、中国农业发展银行等陆续建立。随着时间的发展，这些政策性银行在服务国家经济建设、促进经济结构调整、支持国内企业“走出去”、推动国民经济较快增长乃至应对世界性和地方性经济下行情况等方面意义重大。如今我国政策性银行已步入转型阶段。多年来，作为我国的政策性金融机构，三大政策性银行从未忽视其应承担的社会责任，积极贯彻中央的政策精神，纷纷尽各自所能扶持中小企业发展。

一是国家开发很行扶持中小企业。国家开发银行主要向中小企业提供贷款和贷款担保等金融服务。国家开发银行凭借其庞大的资金优势和与多方组织机构的合作关系，运用批量融资模式服务中小企业。截至 2013 年末，中小企业贷款余额为 2.08 万亿元人民币，较 2012 年新增 0.27 万亿元，同比增幅 15.05%，惠及中小企业、个体经营户 195 万家，创造就业岗位超过 508 万个。与前两年相比，2013 年中小企业贷款余额增幅有所回落，国家开发银行中小企业贷款规模增长趋于平稳。

二是农业发展银行和进出口银行助力中小企业发展。农业发展银行和进出口银行一向秉持着将贯彻国家政策放在首位的理念，分别发挥政策性金融在农业问题领域、外贸经济支持体系的职能作用。这两家政策性银行凭借各自在农业、进出口贸易领域的丰富实践经验和政策形势，通过金融支持促进“三农”领域中小企业、外贸型中小企业的成长。近年来，农业发展银行严格履行政策性银行职能，全力支持农业小企业、农村流通体系建设、新农村建设、水利建设、农村基础设施建设等农业领域贷款业务。进出口银行通过持续的贷款规模扩张、扶贫金融合作项目的开展推进中小企业金融服务工作。进出口银行在开展扶贫金融合作中，将扶贫金融合作试点项目纳入该行“中小企业信贷成长计划”中，推出针对中小扶贫企业尤其是进出口型中小企业的创新产品和服务模式。

2. 政策性银行扶持中小企业发展存在的问题

部分发达国家政府专门成立了中小企业政策性银行，以更好地解决本国中小企业融资问题。但从现状来看，我国缺少专业性扶持中小企业发展的政策性银行，扶持我国中小企业发展的重任由现有的三家政策性银行共同担负，难免产生一些问题。

一是政策性银行面临改革，难以充分顾及中小企业。截至 2015 年我国服务了 22 年的三大政策银行面临转型变革，2015 年 4 月 12 日，针对这三个政策性银行的改革方案已顺利通过。国家开发银行确立为以开发为主导的金融机构，而其他两大政策性银行则进一步确定为政策性银行的性质。现阶段，随着我国经济结构的调整，尤其是经济发展进入新常态之后对金融机构的要求格外严格。三家政策性银行自身亟待转型改革，发展重构必然倾向于有利于自身改革发展的方向，对中小企业的扶持力度难免有所减弱。

二是政策性银行“一行一策”，支持力度不足。我国现有的三家政策性银行“一行一策”，业务各有侧重，但都没有专门服务中小企业的市场定位，难免造成对中小企业的支持力度不足。其中，国家开发银行定位为中长期的融资机构，主要针对国民经济中长期项目如基础产业、设施以及新型产业项目服务的金融机构。中国农业发展银行的定位是根据我国的法律政策，以国家信用为前提筹措资本，担任国家层面的农业资金扶持工作，其主要服务对象是农业经济。中国进出口银行主要定位是为我国电力成套产品、高科技产品出口提供资金服务，其主要是促进企业的境外投资，促进国际贸易发展。

三是中小企业从政策性银行中获得的金融支持较小。如一项数据显示，2014 年 6 月底，中小企业获得金融支持比例最高的银行为国有商业银行，然后是农村金融机构，而政策性银行在整个中小企业融资中的贷款比例仅为9%。由此可见，对于扶持中小企业发展，政策性银行的付出远未达到预期。

（三）中小企业财政补助的现状分析

财政补助是政府扶持特定产业群体的有力措施，政府以无偿转移财政支出的方式扶持中小企业，在一定程度上帮助中小企业解决了融资困难，扶持中小企业更好地发展。政府对中小企业的财政补助可以分为财政专项补助和其他财政补贴两种方式。

1. 财政补助对中小企业的扶持情况

一是财政专项补助。我国政府对中小企业进行财政专项补助，设立了一系列专项资金。于2003年开始实施的《中小企业促进法》规定，“中央财政预算应设立中小企业科目，安排扶持中小企业发展专项资金”。2005年，中央又提出逐步扩大中小企业发展专项资金规模的要求，并鼓励各级地方政府设立中小企业发展专项资金。2014年4月，财政部等四部门联合发布了《中小企业发展专项资金管理暂行办法》（以下简称《暂行办法》），在《暂行办法》中明确规定整合中小企业的多项财政支持，提升其利用率，进而真正推动中小企业发展。同时，在《暂行办法》中明确说明未来中央财政预算应用于中小企业尤其是小微企业科技创新项目、改革中小企业融资环境、强化中小企业发展的融资都被纳入中小企业的发展专门财政补助中。

二是其他财政补贴。除设立专项资金外，政府还积极运用其他财政补贴的方式对中小企业施以援助。其他财政补贴的形式主要有融资风险补贴、科研创新补贴、经营补贴等。其一，融资风险补贴。政府通过财政补贴中小企业不良贷款的方式，吸收更多的金融机构为中小企业融资发展提供服务，这在一定程度上缓解了金融和担保机构对中小企业还不上贷款的担心，又能够促进社会范围内担保信用系统的建设。为了实现担保增长这一目的，2009年中央财政部门专门拨款18亿元补偿中小企业的不良信贷，承担这方面的部分损失。其二，科研创新补贴。为更好地鼓励科技型中小企业进行技术创新，促进科技成果转化，中央财政安排设立了科技型中小企业创新基金，并采用无偿扶持、贷款贴息及资本金投入等手段对规定范围内的中小企业给予资金支持。其三，经营补贴。大型企业拥有强大的资金实力、先进的技术设备水平以及高素质的企业管理人才，中小企业在与其进行市场竞争的过程中，必然处于劣势地位。面对当前经济下行压力不断增加的局面，中小企业的生存前景更是令人堪忧。中央财政为鼓励中小企业积极参与国际市场竞争，设立了“中小企业国际市场开拓资金”，对企业参加境外展览会等各种开拓国际市场的活动给予一定的财政补贴。这项补贴就属于一种对中小企业的经营补贴。

2. 财政补助扶持中小企业发展存在的问题

政府运用财政专项补助扶持中小企业，可以在很大程度上解决中小企业发展中的资金短缺问题，使中小企业的发展更加持续稳定。不过现阶段我国在运营专项财政补助拨款的过程中还有诸多问题，特别是没有一套完整有效的科学绩效评价系统对这一行为实施评价和监督。专项资金的运行过程中主要存在以下四个方面的问题：

一是配置和运行缺乏有效监督。资金配置与实际需要不匹配，缺乏有效监督机制，项目资金落实不到位，进展缓慢。

二是支出存在较大的随意性。缺乏硬性的资金支出标准，没有一套系统全面的准则对专项资金的支出进行科学合理的控制管理，支出存在较大的随意性。

三是使用过程中有浪费现状。由于没有行之有效的评价系统，在专项财政拨款运用上较为随便，缺乏规划，甚至还出现扩大支出以及重复使用等严重的浪费现象。

四是管理数据的度有待提高。部分中小企业缺少系统完备的财务管理制度，对专项财政资金的使用情况并没有及时准确地记录在册，这导致相关数据管理情况不明，而且存在一定程度的失真。

除了财政专项补助在实际运行中存在以上问题外，政府的其他财政补贴也出现了一些缺陷和不足。如地方政府财政补贴资金投入不足，与中央政策不协调，不能够很好地形成政策合力；财政补贴资金规模仍然较小，支持力度有待进一步提高；补贴政策覆盖的中小企业数量有限，不能对中小企业整体实现普惠；应进一步明确资金的使用方向，提高资金使用效率等。政府今后在制定扶持中小企业发展的财政补贴政策时，应重点关注以上几个方面的问题，提高财政补贴政策的实施效果，惠及更多中小企业。

（四）中小企业税费减免的现状

1. 中小企业税费减免的现状

支持中小企业走出困境并健康发展的一项有效举措就是为中小企业减轻税费负担，解开束缚中小企业的沉重枷锁，使其发展的脚步更加轻快自如。

近年来，我国政府为减轻中小企业的税费负担，出台了许多针对中小企业的税收优惠政策。我国自2008年1月1日起开始实施新企业所得税法，规定对工业资产在3000万元以下，员工在100人以内，利润在30万元以下的小型微利企业，企业所得税税率比其他企业优惠就，按20%征收。对高新技术企业的优惠力度更大，仅按15%的税率征税。同时，增值税小规模纳税人的征收率从6%和4%统一降至3%，并多次调高中小企业相对集中的纺织、服装产品的出口退税率。此外，自2008年以来，财政部会同有关部门不断加大清退收费基金的行为强度，并陆续叫停和减免四种行政性收费以及七种政府性资金，共涉及金额每年约1958亿元。

对于切实减轻企业负担、促进企业健康发展，减免行政事业性收费和政府性基金是一条非常有效的途径。由于中小企业盈利能力有限，即使是很小数额的收费减免，也会使它们倍感轻松。近年来，各级财政部门全面清理整顿了政府行政事业性收费和政府性基金，采取有效措施加强对收费基金的管理，规范了政府的收费行为。为激发国内企业应对金融危机的能力，各级政府部门进一步加大收费减免的力度，减小中小企业的负担。

2. 中小企业税费减免存在的问题

一是直接优惠较多，间接优惠较少。我国目前对中小企业实施的税收优惠政策大部分属于事后的税额优惠，按照企业的经营状况确定优惠标准，是直接优惠。对于盈利能力较弱而又急需改进生产技术的中小企业，这种直接优惠必然将其拒之门外，使相当数量的中小企业无法真正享受优惠。而且，这种直接优惠政策在企业发展初期有一定的输血功能，但对企业成长起来后自主造血能力的培育有所欠缺。因此，我国缺少对中小企业采取加速折旧、投资抵免、延期纳税等事前的间接优惠政策。

二是收费政策不利于中小企业发展。我国的社会保险筹资模式属于按“人头”缴费型，企业职工人数越多，企业需要缴纳的社保费用越高。中小企业大多数属于劳动密集型企业，相比大型企业，中小企业单位资本投入支撑的职工人数要多得多。因此，在缴纳各种按照人数计算的税费方面，中小企业的负担相对重很多，这样的收费政策明显不利于中小企业发展。

三是隐性收费名目繁多，中小企业税费负担仍然较为沉重。虽然近年来，有关政府部门清理和整顿了多项行政事业性收费项目，为中小企业减轻了一定的负担。但实际上，中小企业除了表面上的税费外，还要缴纳许多隐性的“杂费”，实际负担远多于看得见的部分。特别是在全球金融危机后，面对经济下行压力增加的局面，一些地方政府强化了对中小企业收费的征收管理，出现了许多强制性服务收费。更有甚者擅自将行政事业收费转化为经营服务性收费，极大地加重了中小企业的负担。

第三节　政府在中小微企业金融支持中的政策

中小微企业运营灵活，适应力强，在国民经济发展中具有无可替代的地位，特别是在我国经济发展进入新常态的形势下，中小微企业的蓬勃发展在推动经济增长、活跃市场、增加就业以及促进技术革新等方面发挥着不可估量的作用。但是，由于中小微企业资产有限，在经营活动中时常面临资金匮乏，难以周转，甚至错失良机的局面。资金融通则成为中小微企业发展面临的首要问题，融资难使大量中小微企业的生存发展举步维艰。资本是企业发展的血液，而发展融资是促进中小微企业发展的重要途径，为了鼓励中小微企业发展，增强其融资和贷款的能力，不仅我国，英、美、德、日等西方诸国均对此做出回应，出台了一系列支持中小微企业发展的融资政策和措施。

一、西方国家促进中小微企业发展的融资政策

中小微企业融资难、融资成本高是一个世界性问题，在各个国家均不同程度地存在，为了解决这一难题，各国在政治、经济、法律、政策等方面均做出有利于中小微企业融资发展的规定。西方国家对融资活动的研究起步较早，发展也较为成熟，建立了完善的中小企业金融系统，笔者分别以英国、美国、德国、日本四个比较具有代表性的国家为例，阐述一下西方发达国家关于促进中小微企业发展的融资政策。

（一）英国的融资政策

20 世纪 30 年代，整个世界陷入了经济大萧条时期，为了摆脱经济危机带来的不利影响，英国政府指派“金融产业委员会”对英国的金融体系和企业状况进行了调查分析，并出具了调查报告，报告以委员会主席麦克米伦爵士命名，称为《麦克米伦报告》。报告认为，英国存在着资金供给方不愿意以中小企业提出的条件来提供资金的问题，也就是中小企业在发展过程中始终存在资金缺口，这个缺口被称为“麦克米伦缺口”（MacMillan Gap）①。为了弥补这一缺口，英国政府随即着手建立中小企业融资支持体系，通过政策性融资担保、政策性基金扶持以及创新项目资助金等方式，向中小微企业提供各种财政资助，为较之大企业在资金来源上更为困难的小微企业解决投资发展问题。此外，还定期提供必要的融资信息服务，为畅通中小微企业的融资渠道提供了便利。

① 吕劲松. 关于中小企业融资难、融资贵问题的思考[J]. 金融研究，2015（11）：115－123.

1. 政策性融资担保体系

首先，提供政策性融资担保扶持。早在20世纪80年代，英国政府就制订了“中小企业贷款担保计划”，通过实施该计划，中小微企业可以以低于金融市场的利率从银行长期贷款，差额由政府补贴。其次，提供出口信用保证扶持。为了进一步调动中小微企业发展的积极性，英国政府明确要求商业银行提供低利率的贷款给出口型中小微企业，差额利率由政府返还。最后，设立专门投资于中小企业的“3I”金融公司。有效解决“麦克米伦缺口”问题，对具有发展潜力的中小微企业在各个阶段提供相应的资金支持。

2. 政策性基金扶持制度

针对发展初期的中小企业，设置商业孵化基金。另外，成立创新项目资助金。为了提高中小微企业的核心竞争力，鼓励中小微企业不断实现技术革新。英国政府为此设立了创新项目资助金，为符合条件的中小微企业提供优惠贷款。

3. 提供必要的融资信息服务

建立信息网络，提供各种信息服务。其中，英国的英格兰银行每年定期披露关于中小企业和其融资状况的大量信息，对于中小企业进行战略调整并探索和开发新的融资渠道有很强的指导意义①。

（二）美国的融资政策

自20世纪30年代经济大萧条以来，美国逐渐意识到中小企业的发展对促进经济增长、带动就业增加具有重大的推动作用。于是，美国政府开始逐渐重视中小企业的发展，不仅出台了一系列法律、法规，还不断探索、完善美国中小企业金融体系，为中小企业提供便捷、高效的融资服务信息。

1. 中小企业政策性金融机构

为了促进中小微企业的健康发展，美国成立了专门的金融机构——中小企业管理局。旨在解决中小微企业在融资方面的问题，通过提供信用担保、风险投资资本及有价证券等方式，为中小微企业提

① 余丽霞. 论我国中小企业融资政府支持系统的构建[J]. 理论与改革，2005（4）：100－103.

供充分的资金保证。

由于对中小微企业的贷款伴随着较高的风险，美国也出台了相应的风险规避措施。首先，贷款担保事前风险评估。中小企业管理局在进行贷款担保时，对借款企业和贷款机构同时进行审核评估，不仅需对借贷企业的流动资金、担保抵押物等进行有效评估，还应对贷款机构的资质进行多方考量。其次，中小企业管理局为中小微企业的贷款提供部分担保。中小企业管理局并非为中小微企业的贷款提供全部担保，而是按照贷款企业所需的款项金额和使用期限来为中小微企业提供一定比例的担保，将风险有机地分散到各方，从而最大化地分散风险。最后，中小企业管理局明确了整个担保贷款过程中的各项程序，对借贷资金的流向进行严格监管，严禁企业利用借贷资金进行不正当的投资活动。

2. 设立中小企业专项基金

主要包括两类：①鼓励中小企业技术创新，吸纳社会就业，如支持中小企业创新的中小企业创业基金、专项科研成果研究与开发基金以及产品采购基金，吸引社会就业的失业人口就业基金等；②帮助中小企业抵御风险，提高抗风险能力。如专门的风险补偿金、政府设立的财政专项基金、特殊行业的再保险资金等①。

3. 提供融资信息服务

美国有专门机构负责整理提供融资服务信息给中小微企业，这些企业可以在第一时间通过电话、网络等方式获取所需的信息，有效地节约中小微企业的人力、物力，为企业的融资提供便利。特别是中小企业管理局通过设立专门网站，为中小微企业提供大量有价值信息，有力地保障了中小微企业的高效发展。

（三）德国的融资政策

德国政府将中小企业在国民经济中的作用提升到十分重要的高度，将之定性为德国社会市场经济的核心以及经济增长和社会就业的基本保障。但与美国中小企业以直接融资为主相反，德国中小企业的融资

① 陈灏．中国中小企业融资困境与制度创新研究［D］．福建师范大学博士学位论文，2013.

模式主要采用间接融资。德国政府通常不直接向中小企业提供财政补贴，而是通过各类金融机构向中小企业提供融资渠道和融资服务来扶持和促进中小企业的发展。德国的金融市场与中国存在较多相似性：间接融资为主、资本市场相对不够发达、企业大多依靠银行获取资金。普遍认为，在银行主导的以间接融资为主流的金融环境下，德国建立了政策性金融机构引导、商业性金融广泛参与的金融服务体系为中小企业融资服务，取得了较好效果。

1. 政策性金融机构发挥基础引导功能

德国复兴信贷银行作为政策性银行在中小企业融资体系中起着核心作用，其80%的股份由联邦政府持有，20%的股份由州政府持有，法律授权其在市场失灵的领域通过促进性融资发挥市场推动者的作用。该银行的主要运作模式为利用政府担保在资本市场发行债券吸纳低成本资金，以再贷款的方式给中小银行提供资金，用于向中小企业发放贷款。此外，德国还有18家州政府设立担保银行专门为无法提供抵押的自主创业者和企业提供担保①。

2. 充分竞争提升中小企业融资服务

德国的储蓄银行与合作银行是向中小企业提供融资的主要机构，地区性网点密集、贴近客户，竞争充分，专注于直接面向中小企业的零售融资服务，是中小企业的主控银行。德国每个中小企业都有自己的主控银行，对企业日常经营密切关注且关系稳定。因此，德国中小企业融资体系既可通过主控银行的数据收集、重复博弈解决信息不对称问题，有效控制信用风险，又能通过政策性银行引导撬动市场更多资金进入中小企业融资体系，形成良性互促②。

3. 设立专项科技开发基金

为了提高中小微企业的技术研发、科技创新能力，首先，德国政府通过专项拨款的方式让政府资本参与计划，帮助中小微企业抵御市场风险；其次，德国各级政府、金融部门和教育培训机构联手合作，

①② 吕劲松．关于中小企业融资难、融资贵问题的思考[J]．金融研究，2015（11）：115－123.

建成了大量的高新技术企业孵化中心①。

（四）日本的融资政策

日本政府极为重视中小企业的经营发展，为了改善中小企业的融资状况，不仅出台了大量的扶持政策，还建立了一套专门的中小企业金融体系，并以立法的形式给予保障。其一，早在20世纪50年代，日本就设立了政策性金融公库系统，为中小微企业提供长期、低成本低担保贷款；其二，日本的中小企业信用体系与金融机构并行，为中小微企业的融资提供了双保险；其三，日本政府允许中小企业到资本市场直接融资，开辟多种形式的融资渠道。

1. 政策性金融公库系统

主要包括1936年根据《商工组中央金库法》组建的商工组中央金库、1949年针对中小企业生产设立的国民金融公库以及1950年根据《中小企业金融公库法》由政府出资设立的中小企业金融公库，主要解决中小企业设备投资资金不足问题。日本政府的金融机构主要由“二行九库”构成，其中商工组中央金库、国民金融公库、中小企业金融公库、中小企业信用保险公库等主要的融资服务对象是中小企业。这些公库为资金匮乏的中小企业提供长期低成本低信贷支持，这些资本主要来源于财政拨款、向政府借款及政府财政担保发行中小企业债券。

2. 中小企业信用担保制度

日本是最早建立中小企业信用保证体系的国家，并且形成了一套行之有效的全国性的信用担保体系，在很大程度上化解了中小微企业融资难的问题。首先，日本以立法的形式对中小微企业的发展提供保障，其中包括1953年颁布的《中小企业信用保证协会法》，以及1958年颁布的《中小企业信用保险公库法》。其次，日本建立了中小企业信用担保协会和中小企业信用担保公库两大机构，并形成了二级信用担保体系。日本的中小企业信用担保机构负责接受中小企业贷款

① 杨国川．德国政府扶持中小企业发展的举措及启示［J］．国际经贸探索，2008（3）：61－64.

担保申请，对贷款企业进行财务审查，由中小企业信用担保公库和中小企业信用担保协会共同为中小企业融资提供信用担保。

3. 直接融资渠道

首先，设立中小企业直接融资机构。其次，允许中小企业公开发行股票和债券，并建立“风险基金”对此予以保障。最后，组建二板市场，放宽中小企业上市条件。

西方国家的融资体系和融资市场发展相对比较成熟，通过对英、美、德、日四国融资政策的比较不难发现，由于各国市场环境有差异，融资渠道也各有千秋，虽然国外的一些融资政策取得了较好的效果，但是我们也不能直接照抄照搬，应充分考虑我国中小微企业发展的特点和规律，并结合我国金融改革及市场经济发展的基本国情，从政治、经济、法律和财政等多方面完善我国的融资政策，促进我国中小微企业的可持续发展。

二、我国促进中小微企业发展的金融政策

中共“十八大”以来，中国经济一直在着力转型，在改变自身的发展模式，不断优化自身经济结构。从产业结构、需求结构、收入结构来看，要使中国经济成功转型，一个重要的方面就是大力发展中小企业。发展中小企业对于中国经济发展具有重要战略意义，能够推动社会主义市场经济稳步发展，保持国内经济持续上升，维护社会整体健康稳定，提升生产力技术创新，促进经济结构优化。但由于内外部的各种原因，中小企业在发展过程中困难重重，其中最突出的问题就是融资问题，中小企业融资需求十分迫切，但目前中小企业融资渠道单一、融资成本高、非债务性融资方式发展滞后、信用担保机制不健全、相关法律法规建设不完善等因素都制约着中小企业的健康发展[①]。国家层面也意识到了诸方面的问题，采取了专项资金支持、税收优惠、建立融资担保体系、创业板中小板上市等相应的扶持措施并且取

① 刘小川．略论我国中小企业融资的政府策略[J]．当代经济研究，2003（6）：62－65.

得了显著的效果。在我国，政府的“看得见的手”在经济中几乎无处不在，在中小企业融资的各个方面也总能看到政府的参与。政府参与中小企业融资其本身并无可厚非。但是在我国政府的参与却系统性地出现“错位”现象；许多政府机构直接或间接参与风险投资、干预银行为向中小企业提供贷款进行定价的权利、干预银行开发新金融服务和产品的活动、干预非正式金融市场的商业活动。除了角色错位外，政府在许多应该参与的领域还存在不规范的“中国特色”，如正在实验的信贷担保体系，许多担保机构的中小企业信贷担保业务仍由政府部门直接操作，一些城市将以往的财政信托公司或财政资金管理机构直接翻牌为担保机构，变相以财政信用代替信用担保。因此，在中小企业融资难问题的解决过程中，政府首先要对自己的角色有一个重新的定位，明确什么是政府应该管的，什么是应该回避的；明白什么是规范的，什么是不规范的。只有在这样的基础上，政府才能在中小企业融资中发挥正确的作用①。

（一）运用财政资金带动中小企业的金融支持

政府运用财政杠杆能够发挥较强的资金带动作用，提升对中小企业的金融支持力度。由于中小企业虽然在整体上决定了未来经济的发展方向，是构成社会经济变革的核心经济组织，但是也正是其新颖性等特征导致了发展初期金融支持力度的不足。无论是财政资金还是社会资本，实际上都以资金安全为重要行动原则，讲究资金运用的实际绩效。英、美等国对于中小企业都曾实行过不干预政策，然而后来都不断强化对中小企业的金融支持，秉持自由放任经济政策的克林顿政府不断强化对高新技术中小企业的支持，极大地促进了美国经济的发展。

正是受到这些国家的启发，中国各级政府创设了多个促进中小企业发展的基金项目。1999～2002 年，国家创立了科技型中小企业技术创新基金、中小企业国际市场开拓资金和农业科技成果转化资金等基金。2003 年 1 月，《中小企业促进法》版行之后，中央财政预算专

① 余丽霞．论我国中小企业融资政府支持系统的构建［J］．理论与改革，2005（4）：100－103.

门设立了中小企业服务体系专项补助资金、中小企业发展专项资金和中央补助地方清洁生产专项资金等项目。2001～2005年，中央财政对中小企业的支持资金达到了85亿元，且此后年度一直大幅增长，2007年的增幅高达16.7%。与此同时，地方财政也不断加强对中小企业的金融支持，2006年支持力度达40亿元。一些地方还出资或参股创建中小企业服务机构、担保机构、创业投资企业等。近年来，国家又大力推进中小企业积极发展对外贸易，2009年中央财政安排中小企业国际市场开拓资金12亿元，增长20%。

总体上看，中国政府对中小企业的财政支持力度在逐步加强，并形成了较好的效果。但是，政府对中小企业的金融支持也存在较大问题。其一，政府金融支持的引导作用还未能得到充分发挥。一般来说，政府对中小企业的财政支持主要是为了"抛砖引玉"，吸引民间资本进入中小企业，使经济得到良性循环。然而，从现实来看，政府的这种战略目标并未实现。其二，政府财政支持的投放仍然存在较多问题，很多资金成为寻租的对象，未能真正起到促进中小企业发展的作用。

（二）促进信用担保体系建设，改善中小企业融资环境

中小企业处于快速发展阶段，一般都缺少可供抵押的资产，信用担保是中小企业获得发展资金的重要渠道。政府通过财政资金来推动中小企业信用担保业务的发展，既可以增加担保公司的实力，增加银行向中小企业放贷的信心；又可以改进担保机构的业务结构，加强其对中小企业的信用贷款支持。

为加强对中小企业的金融支持，2001年，国家财政部颁布《中小企业融资担保机构风险管理暂行办法》，2003年7月又出台了《关于加强地方财政部门对中小企业信用担保机构财务管理和政策支持若干问题的通知》。2009年，中央财政专门设立了10亿元的中小企业信用担保业务补助资金，用于资助330家信用担保机构来开展中小企业贷款担保业务。2013年，国务院发布了《关于金融支持小微企业发展的实施意见》（国办发[2013] 87号）规定："建立小微企业与增信机构、商业银行的利益机制，破解目前难以获取小微企业经营信息的困

境，通过政府优惠政策扶持为中小企业担保增信，同时挖掘保险产品的增信功能，扩大保险服务对小微企业的服务范围。”

信用体系不完善一直是困扰小微企业融资的重大问题，为促进小微企业发展，响应地方社会信用体系建设，在借鉴前期经验的基础上全面推荐中小（微）企业与农村信用体系建设①。银监会出台了《关于全面推进中小企业和农村信用体系建设的意见》（银发［2015］280号），规定要建立更为完善的信用体系，促进中小企业的发展。

第一，地方政府构建多方面共同参与的工作机制，以地方为主搭建信息数据服务平台。

第二，为了强化信用评价结果的可信度，联合政府、金融征信评级机构共同制定适合中小微企业的信用标准。

第三，通过开展活动增进小微企业的信用。同时以其信用评价的结果为基础建立网络信用数据库，地方政府建立起根据信用评定的政策支持措施和奖惩机制。

第四，鼓励信用体系社会化，探索便于推广、持续的运作机制，对数据库进行检测管控。

（三）改进政府金融服务，降低中小微企业融资成本

2013年，国务院发布了《关于金融支持小微企业发展的实施意见》（国办发［2013］87号）规定：改善小微企业融资难题，扩展渠道，在市场准入标准、“新三板”② 系统体系、融资机制和监管制度等方面为小微企业提供优惠政策，为小微企业创造更多的融资机会。证监会、发展改革委、科技部等按职责分工，引导私募、创业基金投资小微企业，支持符合条件的企业发行企业债券；降低中小企业融资成本，清理不合理收费，规范征收管理；对小微企业金融服务给予政策倾斜，发展改革委、科技部、工业和信息化部、财政部、中国人民银行、税务总局、统计局、银监会、证监会、保监会分工负责扶持

① 中小（微）企业与农村信用体系建设是地方社会信用体系建设的抓手和重要组成部分，是《社会信用体系建设规划纲要（2014～2020年）》提出的专项工程，目的是帮助中小（微）企业、农户融资发展。

② “新三板”是全国性的非上市股份有限公司股权交易平台，主要针对的是中小微型企业。

政策。

依据《国务院办公厅关于金融支持经济结构调整和转型升级的指导意见》（国办发［2013］67号）的相关意见，为拓宽小微企业融资渠道，缓解融资难题，提出相关意见。国家发改委制定了《关于加强小微企业融资服务支持小微企业发展的指导意见》（发改财金［2013］1410号），规定：①各省级备案管理部门与属地财税部门确保符合条件的小微企业充分享受优惠政策。②各省级备案管理部门应加快建立相关创业引导基金，主要投资于小微企业发展。③加快设立小微企业创业引导基金，已设立的基金应推出适合小微企业的优惠投资政策。支持符合条件的相关企业、其股东或有限合伙人发行投资小微企业的企业债券。④加大新兴产业、创投计划实施力度，加快制定鼓励股权投资企业、产业投资基金支持小微企业的政策措施，鼓励各省开展资金与小微企业对接活动。⑤完善中小企业债券制度，简化程序，提高效率，扩大小微企业增信集合债券试点规模，鼓励发行企业债券募集资金投向小微企业以及相关领域，严格限制投向产能严重过剩行业新增产能项目、违规在建项目。⑥规范设计企业的银行收费制度，降低小微企业实际融资成本。

《关于扶持小型微型企业健康发展的意见》（国发［2014］52号）规定：①鼓励各地方政府提供扶持资金，充分发挥专项资金对小微企业的引导作用；②为小微企业提供优惠政策支持，落实已有政策，根据发展形式继续制定支持政策；③加大对小企业创业基地[①]的专项资金支持，鼓励产业抱团集聚，加大更大规模企业对小微企业的带动力度；④为小微企业完善融资担保政策、增设网点、设立基金引导企业发展以及建立小微企业的互联互通机制和企业公共服务平台；⑤为吸收就业困难人员的小微企业提供优惠的补贴政策[②]；⑥高校毕业生到小型微型企业就业的，其档案可由当地市、县一级的公共就业人才服

① 微型企业孵化园、科技孵化器、商贸企业集聚区等。

② 在职职工总数20人以下（含20人）的小型微型企业在安排残疾人就业未达到规定比例时，免征残疾人就业保障金。

务机构免费保管。

（四）建立公益性融资担保机制

中小企业的发展具有高度不确定性，但是其本身却能为社会的发展带来强大的推动力量，如苹果、谷歌、微软等都是从小微企业发展而来，都极大地改变了人类生活。但是，由于人类固有认识能力的局限，不可能准确识别出那些可能会深度影响人类社会发展的小微企业。风险资本是推动小微企业发展壮大的重要力量，但是这些力量毕竟远远不够。这就需要建立具有一定公益性特征的融资担保机制，为中小企业的发展提供资金。

中国已经初步认识到了建立公益性融资担保机制对于中小微企业发展的重要性。根据国务院的相关意见，国家工信部为完善小微企业的融资担保体制，缓解小微企业融资困难，促进担保机构健康发展，在2015年出台了《关于进一步促进中小企业信用担保机构健康发展的意见》（工信部企业［2015］83号）。该规定提出了四项措施：

第一，在新常态经济环境下，正确认识发展担保机构的重要性，深刻认识新形势对担保机构的影响和新要求。

第二，利用国有资本发展国有及国有控股担保、再担保机构，建成一批实力雄厚的担保机构，为担保机构增信、分险。完善相关机构考核体系，加强公益性社会效益指标的考核内容。以省级再担保机构或再担保基金为核心，通过投资、增信和分险等纽带建立担保利益共同体，加强担保机构稳定性和不良资产处理能力。

第三，推进政府和银行合作，探寻合适的合作机制，促进担保机构和合作银行之间的信息交互。

第四，政策上为担保机构发展创造良好的外部环境，各中小企业加强组织领导和协同推进担保机构发展，营造担保机构良好的社会发展氛围。

第七章　中小微企业金融支持环境建设

第一节　中小微企业金融支持的政策环境

由于中小微企业融资难问题涉及我国金融制度与社会环境的方方面面，单一的政策体系建设根本不能满足中小微企业金融环境建设的需要。因此，必须随着经济环境的变化及时更新与调整思路，才能逐渐建立完善的中小微企业金融环境。在构建中小微企业金融支持的政策环境时，要注意直接手段与间接手段相结合，根据中小微企业所在的不同地区制定不同的发展政策，同时针对中小微企业发展的不同阶段所面临的不同问题，具体细化，制定合理全面的适用于中小微企业金融支持建设的政策体系。

一、中小微企业金融支持政策环境建设的要点

在过去的中小微企业金融支持环境建设过程中，更多地强调扩大支持资金数量直接缓解中小微企业融资难问题，今后也要注意直接手段与间接手段相结合，不仅要在资金量上满足中小微企业的资金需要，更要在中小微企业发展所需的金融环境建设上投入更多支持。政府要主动将财政资金投入到支持中小微企业环境基础设施建设过程

中，利用市场化的手段，支持、鼓励和引导市场主体，释放有效政策信号，让市场发挥自身效率，整个金融环境建设才能被充分带动起来。政府可以间接为金融机构的中小微企业信贷风险提供补偿，鼓励金融机构开展针对中小微企业的业务。政府通过间接支持的手段，让市场充分发挥其金融支持的环境作用，让资金供求双方更好地参与到市场化交易中来，有利于提高政府投入资金的使用效率，更有利于全面政策环境的构建。

在金融产品的选择上，单一的产品往往不能满足中小微企业不同发展阶段的需要。因此，财政支持政策必须考虑到企业发展的不同阶段，根据时间顺序制定分阶段的支持政策，必须建立多层次的金融支持体系。比如中小微企业在初创时期，资金匮乏，经营风险大，收益暂时不高，银行等成熟金融机构由于资金的成本收益效率并不愿意参与这个阶段的投资，因此政府政策可以鼓励更多创投资金和风险资金参与这个阶段的融资，通过投入资金股权等方式支持初创期中小微企业发展。在企业发展到一定的稳定收益阶段，各项财务制度逐渐完善，可以考虑让银行等金融机构参与进行信贷投资，这个时候企业已经积累了一定的市场，投资风险性较小，资本的规模投入维持企业持续经营的需要即可。等到企业发展到成熟阶段，如果想获得规模化发展，政策则可以鼓励直接融资的资本市场为其提供便利，帮助其上市或者发行债券来获得更大投入。

另外，在建设政策体系时，必须根据不同地域的中小微企业经营的实质特点和行业发展情况来制定不同的融资政策。财政政策可根据金融机构和担保机构的盈利特点，制定不同的金融支持政策，这样既能满足多样化的市场需求，也能激发金融机构自身主动参与市场风险经营的积极性，切实调动市场主体的积极性来参与中小微企业金融支持环境建设。一般来说，在经济发达地区，资本的活跃度较高，政府要有效规范引导社会资本投入建设企业中，发挥民营经济的优越性，减少市场干预，鼓励金融创新。而在经济欠发达地区，金融机构活跃度不高，要加大政府支持力度，有效引导企业进行经营建设，扩大就业，不断提高金融支持的力度，更好地为企业服务。

二、完善我国中小微企业金融支持环境建设政策建议

从前面论述中我们可以看出，构建中小微企业金融支持环境建设的政策性金融体系离不开系统完备的金融政策制定，需要注重整个金融体系的构建与内容的完善。因此，我们将从整体上构建金融体系和相关内容两个角度给予政策建议。

（一）从政策整体上推进我国中小微企业金融支持环境建设

目前，我国的中小微企业的金融环境建设还处于初级阶段，金融支持环境基础薄弱，金融市场发展不足，由市场带来的引导作用不明显，这些都大大制约着我国中小微企业的发展。具体来说，一是注重中小微企业金融支持政策的可操作性与实用性。在目前的法律政策体系中，仍然存在不符合操作实际的条例，无法将其应用于实际，比如政府政策支持民间资本发起设立民营金融机构，让民营资本可以成为中小微企业的信贷资金来源，民营资本也可以逐渐试水我国的村镇银行、小额贷款公司、农村互助合作社等金融机构，虽然有理念的提出，但是缺乏必要的实施细则，民营资本参与设立民间金融机构的政策难以落到实处，民营资本合法转为借贷资金的难度依然很大。二是政策体系要随着经济发展状况及时更新和调整。任何体系的发展管理必须有动态的发展目标，并可以进行灵活调整以适应经济发展需要，尤其是金融体系建设。在当前我国经济环境变化非常之快、中小微企业面临国际机遇与挑战并存的情况下，如果政策体系不能跟上发展的步伐并为中小微企业发展做出有效指导，那么政策体系的实用性将会大大降低，这样反而会束缚中小微企业的发展。所以，中小微企业金融支持体系的建立必须紧跟经济实际的发展变化及时修改，以适应市场化发展步伐。三是注重政府的必要干预，及时对金融市场中出现的危及金融安全行为做出惩罚并调整不适应经济发展变化的发展政策。市场经济需要发挥市场的主观能动性，但并不是完全依靠市场来发展经济，并不能把政府对经济的指导作用与市场发展割裂，无论是计划

经济体制还是市场经济体制下，无论是国外发展经验还是国内发展经验都证明了这一点。政府发挥自己在市场经济建设过程中的引导作用，注重政策制定过程中要与国际国内行业发展状况、整体宏观经济发展政策相一致，激励中小微企业进行灵活的市场经营发展策略选择，及时进行生产调整，更快地与国家发展目标相一致①。四是注重执行政策的法律化规范作用。由于政策的短时期指导作用，为了更好地实现一个阶段内的长期政策调整，有必要将适合于经济发展的政策写入法律并明确规定其实施细则。美国小企业管理局的建立离不开美国专门针对小企业发展的立法，而2011年为应对美国经济环境劣势奥巴马签字出台的《小企业借贷法》，也是将政策法律化的有效实例②。五是提高政策的执行力度，确保政策的贯彻落实。首先要明确中小微企业金融支持的发展方向，指定一个正确的发展取向，要在各地建立专门的中小微企业管理机构，专人负责中小微企业各项政策的具体实施，了解当地中小微企业发展状况，并与中小微企业的社会服务机构建立有效联系，共同为中小微企业的发展提供政策、法律、技术、管理方面的帮助，更好地促进其发展完善。

（二）细化我国金融支持环境建设的内容

一是真正落实中小微企业的金融贷款利率优惠政策。为了调控物价水平的上涨与控制投资过热，中央银行近几年出台了一系列宏观调控措施来限制实体经济货币存量。中小微企业贷款成本不断增加，贷款利率越来越高，这就造成了其经营风险不断加大，并且银行等金融机构出于对风险的考虑，中小微企业所受到的影响比大型企业更多。虽然近年来国家也出台了一系列的中小微企业金融支持政策优惠措施，中小微企业从金融机构获得了一定的专项贷款，但是相较于其巨大的需求来说还远远不够，政策能够惠及的中小微企业数量不多，金额不足。为了更好地减轻中小微企业金融负担，中央银行可以考虑出台一项政策，将中小微企业的贷款所需银行准备金专设单独模块进行

① 赵奕．促进中小企业发展的财税政策研究[D]．苏州大学硕士学位论文，2009.

② 全富波．美国通过小企业贷款基金法案的启示[J]．中国农村金融，2011（11）：84－85.

管理发放，并且对这部分资产准备金的利率根据中小微企业的实际情况进行适当调整以应对实际经济发展需要，并适当放宽中小微企业的信贷规模与商业银行存贷比比例限制，切实落实中小微企业信贷资金的投放。

二是加强中小微企业融资金融机构建设。事实证明，金融机构、金融产品种类的多少以及金融机构的层次多少，都会影响到中小微企业融资规模的扩大。因此，金融机构的发展能够有效促进中小微企业金融支持建设。首先就要建立专门的中小微企业金融支持政策性机构。前面已经说过，银行出于经营风险角度的考虑，即使国家有政策出台支持中小微企业的金融支持信贷发展，但是其面临的风险选择能够为中小微企业提供的信贷资产对于广大中小微企业来说远远不够。从这个角度考虑，建立必要的支持中小微企业发展的政策性金融机构十分有必要，国家应出台专门的法律政策支持其建立和完善，从管理人员、财政资金、分支机构的选择上做出具体规范。同时加强与我国其他专门政策性银行的交流与合作，例如，将部分农业型中小微企业的农业信贷向中国农业发展银行进行申请，对于出口型中小微企业出口规模扩大所需的政策资金向中国进出口银行申请，这样做，既利用了专门政策性银行的专业优势，中小微政策性金融管理机构也从政策上保证了其管理的实施，形成了全面的信贷资金管理流程，提高了中小微企业金融支持的层次与效率。另外，有研究表明，银行的资产规模与银行为中小微企业提供贷款规模的数量成反比，这也就是说，资产规模越大的银行经营中小微企业信贷业务的意愿越弱，资产规模越小的银行反而更加珍惜中小微企业这样的客户。因此，有必要细化我国的银行层次，地方性股份制商业银行、城市商业银行、农村商业银行以及农村信用社等金融机构都可以成为给中小微企业提供贷款的重要金融支持机构。从数量上看，根据2012年我国银监会公布的数据，我国的中小型银行金融机构约有3500家，同年我国中小微企业数量有接近5000万家，金融机构与企业数量之比为0.7∶1，而对于金融市场比较发达的美国而言，这一数据早在2002年就达到了3.5∶1，由此可以看出我国中小微企业存在严重的资金供给不足情况，金融机构数量上远未能满足其业务需要。实际上，大型商业银行为中小微企业提供金融的动力本就不足，由于其具有较好的大规模优质信用客户，并且自身承担着维护金融体系稳定的责任，中小微企业信用风险大，收益与成本投入不甚对等，银行有“大鱼”吃的时候就不会顾及“小鱼”。因此，更多的大型商业银行将政策规定的中小微企业金融服务看作体现社会责任的一种需要，并且还会从中选择质优信用好的客户，而对于广大急需资金的中小微企业而言，能提供的支持也是杯水车薪。在这个事实基础上，我们应加大对中小型金融机构的建设与支持，以中小型金融机构为企业的融资主体。所以，从制度上规范中小型金融机构非常重要，可以制定政策，明确规定中小型金融机构规模与服务功能，具体规定其服务对象的情况与地区范围，通过中小型金融机构贯彻落实对中小微企业的一系列金融支持政策，通过投资、担保与信贷支持业务来建立政策性管理机构与各个中小型银行之间的关系，切实构建全面的中小微企业金融机构支持体系。

（三）全面的中小微企业社会服务体系建设

中小微企业所面临的融资困境，从根本上来说，是市场在配置资源过程中所产生的失灵现象。仅依靠中小微企业自身不断提高其经营能力和信用程度，是不能完全解决信用风险不对称的问题的。因此，必要的政府干预以及完善的社会服务体系的建设，能够大大改善中小微企业所面临的金融环境。从中小微企业发展阶段来说，社会服务体系能够在其发展初期提供帮助，告知行业发展情况，避免盲目扩张与生产；在发展中期，及时沟通市场发展情况，帮助其完善财务体制，利用信息技术优势帮助企业技术升级，扩大产品销路；发展过程中不断完善其市场应对风险能力，对企业进行信用增信建设，提高企业的市场占有率。并且，要注意到社会服务的构建就要注重整体性，内容涉及资金融通、创业指导、科技技术等时要根据市场情况变化，所以社会服务体系的构建贯穿中小微企业发展的全过程与方方面面，非常重要。因此，各级政府部门要重视中小微企业服务体系的构建，以切实帮助中小微企业发展并提高市场效率为目标任务，简化各项行政审批手续，降低地方性收费服务标准，落实营改增等税收优惠政策，降低中小微企业信息成本，不断创造良好的社会环境，带动当地就业和经济发展，切实为中小微企业的生产经营提供帮助。

作为近年来政府工作的重点，彻底贯彻落实社会服务体系建设，切实降低中小微企业交易成本，政府在完善营改增政策的基础上，要切实完善地方收费性清单的规范以及清理各项政府基金、行政事务性收费①。国家近年来减税的力度已经非常大，但是中小微企业仍然感觉生产成本较高，因此，完善地方收费清单，建立合理收费名录能够使企业成本信息透明化、规范化，规范政府收费秩序，同时合理安排收费标准。实际上，地方性经营收费项目才是切实降低中小微企业成本的关键和薄弱环节。政府要不断加大检查和监督力度，切实监督地方政府部门落实收费清单的规范工作，定期检查收费项目有无超纲执行，切实确保国家减负政策落实到位。另外，对于近年来普遍设立的地方性政府基金，要依法取缔不合法、收费规模大、重复缴纳的地方政府基金，切实为中小微企业减轻经营负担。坚决取缔不合法设立的地方基金，坚决查处地方事业单位为了自身财政强加收费，各地商业协会以各种理由强制中小微企业入会并缴纳会费行为，对于缴纳对象相同、计费方式和征收用途相似的地方基金进行整合合并，简政放权条件下不合理的地方基金彻底取消征收。

（四）建立全面的中小微企业信用担保体系

近年来，虽然我国已经逐步建立了信用担保体系，但是由于中小微企业情况复杂，数量大，现有的信用担保体系根本不能满足需要。国务院官方数据显示，2010 年我国有接近 3500 万家的中小微企业，获得担保体系支持的企业仅有 35 万家，这一担保比例才 1%，而从金额上看，担保金额的比例也远远不能满足市场需要，资金缺口高达 15 亿元。所以，信用担保体系需要不断发展壮大，才能切实满足中小微企业需要。

政府一般是通过财政资金支持引导信用担保体系的构建，近年来

① 肖捷. 2017 年将继续实施积极的财政政策，适度扩大支出规模［EB/OL］. 中财网，http：//www.cfi.net.cn/p20161229002283.html.

已经在全国各地纷纷建立了分支机构，但是目前支持担保体系进一步发展的社会政策环境仍存在着不足，虽然政府出台了大量的信用担保政策措施来满足体系发展需要，但是由于机构设立的地域限制、担保经验与资金实力的不足，目前担保体系仍然基础薄弱，发展性与适应性不足，不能够很好地支持中小微企业发展。在这个基础上，从法律层面设立专门的中小微企业担保法是今后担保体系建设的重要发展方向。另外，可以考虑引入多机构的分散担保体系，利用信用再保险机制来完善担保体系基础薄弱、层次性不足的问题。从直接和间接两个方面确保担保的风险分散，直接来说，就是担保机构之间，担保机构与银行之间的风险共担机制，间接来说，就是建立担保机制与再担保机制之间的担保关系，分担部分担保风险。

从风险共担资金比例上来说，担保机构与银行之间的担保比例在50%～75%。担保机构并不承担全部资金风险，这样做一方面可以激励银行完善自我风险控制能力，进行风险激励；另一方面也可以分散担保机构的风险，实现双方风险共担。从担保机构之间的风险上来说，联合担保就是多家风险担保机构共同为一笔风险贷款进行担保，根据担保金额的不同对应不同的收费金额，其所承担的风险与其收益相匹配，切实起到了风险分散的作用①。对于担保机构与再担保机构之间承担的间接担保风险来说，再担保机构并不负有全额担保责任，仅是当担保机构无法履行职责时，再担保机构承担的部分责任。从担保金额来看，经过再担保过程，担保金额已经是原银行所承担资金风险的很少部分，这对于约束与三方盈利都是非常有利的。不过，我国目前的发展现实是，在全国6000多家担保机构的发展情况下，再担保机构不足30家，这一比例实在太低，并且能够被再担保的项目风险程度往往已经不高，这对于整个担保机制都是非常不成熟的表现。因此，在再担保机制的设立和完善上，应该不断修改，让其不断适应市场发展需要。

---

① 徐太平．基于会员制联合担保的中小企业融资调查分析——以广汉市小汉投资担保有限公司为例[J]．西南金融，2008（6）：36－37.

第二节　中小微企业金融支持的市场环境

随着中国经济增速放缓和产业结构转型升级，中国制造业成本上升，国外出口贸易放缓，加之国内地产行业调控加大，居民收入有效投资不足。全国的中小微企业无疑面临着越来越严峻的发展形势。在发展过程中，不少中小微企业的金融支持无疑成为制约其发展的最关键因素，央行几次调控锁紧银根，加之2015年股票市场出现的金融动荡和2016年全国房价的大幅上涨，全国流动性资金吃紧，不少中小微企业徘徊在破产崩溃的边缘。众多中小微企业在这样严峻的经济形势下纷纷将企业发展资金用于购置房产投资楼市，而这对于我国的经济形势来说又是一次大的危机。因此，研究中小微企业当下及今后面临的市场环境，有助于正确理解中小微企业实际经营困难，为我国宏观经济调控政策的制定和实施提供意见。

有学者以经济较为发达的长江三角地区的中小微企业作为研究对象，调查其在金融支持过程中所面临的最大难题。几乎所有中小微企业都将融资困难排在首位。在当前我国金融体制不发达的情况下，政府政策性资金投入在实际运营中，会综合考虑行业内企业真实信息与发展风险，中小微企业由于自身的局限性，在获得国家这部分政策性支持资金时往往不占优势，而银行在宏观调控加剧、银根缩紧、经济形势不好的情况下，会出现“惜贷”现象，让本就处于发展资金短缺的中小微企业更是如坐针毡。接下来我们将分析中小微企业近年来以及今后所面临的整体市场环境，为其提供参考与指导。

一、我国中小微企业所面临的实际市场环境不利因素

（一）工人工资大幅度上涨带来的经营成本的增加

调查显示，近年来我国企业与事业单位工资增幅都出现了不同程度的扩大，以服务业刷碗工人为例，在北方县城，2009 年招一名洗碗工人工资在 1500 元左右，到了 2017 年，这一工资达到 2500 元甚至更多，还不包括工人食宿费用。而行政事业单位工资从 2014 年开始每年也有不同程度的上调，以某省省直机关为例，平均上调幅度达到 30% 甚至更多，这在很大程度上说明了随着用人成本的逐渐升高，企业需要为员工缴纳的税金越来越多，单位产品背后的用人成本也越来越高。这对于本就微利经营的中小微企业来说，无异于雪上加霜。

造成这种现象的原因，一部分是因为 2009 年国家为了平稳渡过国际金融危机影响所采取的一系列政府基建投资措施所带来的实体经济货币增多，国内物价出现大幅上涨。在此基础上中小微企业不得不纷纷提高工资以应付工人日常生活开支，从另一方面来说，由于劳动合同法的完善，用人单位必须足额为企业职工缴纳各项税金与养老保险，中小微企业作为工人较多的企业更是需要为员工缴纳较多费用，所以，近年来整体工资成本的上升给中小微企业经营带来了较大成本压力。目前来看，随着我国“一带一路”建设的实施，国际国内基建投资的增加，国内货币环境倾向于宽松，未来物价还是会每年平稳上升，中小微企业必须优化用人结构，合理进行资金投融资，以应对未来经济形势。

（二）政府政策性支持力度不够，政府项目较少

对于中小微企业参与较少的政府采购方面，大部分中小微企业认为，政府倾向于选择资金规模大、实力强的企业进行招商引资，给予较多优惠，如减免部分税金，场地几年之内免费试用等。对于中小微企业而言，大部分并没有享受到过太多政府制定出台的优惠政策，而且对于一般的政府采购项目，大部分中小微企业认为其要求的准许条

件过高，企业自身并没有足够的资金实力和能力承接下来，而政府对中小微企业的资金支持也通常比较少。

（三）中小微企业普遍认为自身税负过重，获得退、免税较少

对于大部分中小微企业来说，我国的整体税负成本对于其自身发展而言比较重。而外资企业往往能够从政府那里获得较多税收减免，更具发展活力和优势。多地都对外商投资企业有几年内免税或者减税的措施，而调查显示，大部分中小微企业均认为税收政策的优惠受益者多是国有企业和外商投资企业，几乎没有中小微企业能够获得税收减免优惠政策。

在2008年提出外资企业和内资企业两税合并后，新成立的企业所得税缴纳比例已经降至25%，但是对于广大已经成立的中小微企业来说，这个优惠过程需要慢慢实现，在几年的过渡期内，中小微企业相较于国企和外企来说，所获得的国家税收优惠较少。根据数据资料，在合并之前，中小微企业实际税收缴纳税率在25%左右，而外资企业的实际缴纳税率在此基础上降低了10%，税收合并后，大部分中小微企业税前可扣项目少，个人所得税征收与企业税后利润重复征税，企业实际税负比例在20%左右①。

另外，除了国家统一规定缴纳税款外，中小微企业还面临着地方政府及各部门所开具的各种各样的收费项目，为了缓解财政开支不足的压力，地方政府往往向中小微企业摊派各种各样的费用，这在很大程度上加剧了中小微企业的社会费用负担。除了常规的行政事业性收费外，还有诸如向村委会上缴部分租金，工商管理部门的市场费用、公共设施使用费用、环境建设保护费以及资源消耗使用费、卫生部门卫生费等种类繁多的行政收费项目，中小微企业普遍感觉这些收费项目名目繁多，费用负担重。

（四）原料成本普遍上涨带来的经营成本压力较大

近年来，在国际原材料和能源价格持续走高的情况下，制造型中小微企业普遍感觉涨幅较大，严重制约了中小微企业产品实际成本利

① 周霞，沈晓娟，郭兰英．两税合并对内外资企业的影响[J]．财会月刊，2007（8）．

润。中小微企业普遍技术水平不高，无法应对原材料价格上涨所带来的成本走高挑战，产品价格的上涨又会给企业实际产品的市场竞争力带来威胁，这对于尚处于技术水平发展落后阶段的中小微企业来说又是个日趋严重的问题。由于特朗普上台后美国大规模基建计划的实施，必然带动全球能源与原材料价格上涨，对于我国制造型高中小微企业来说，是机会也是挑战，能否在自身生产技术优势上降低成本、提高技术、扩大销路，成为中小微企业未来一段时间面临的重要机遇挑战。

另外，国家应该注重给中小微企业一个宽松的技术改造与创新能力的环境，可以考虑引入企业重点发展项目试生产制度。对于刚注册成立的中小微企业，由企业法定代表人申请，给予第一年税收减半或者更高比例减免，对于有创新技术改造项目的企业，项目第一年能够获得国家税收优惠政策，这对于中小微企业积极参与技术改造提升企业创新能力来说也是一次较好的拉动。

二、完善中小微企业金融支持市场环境的意见建议

（一）强化企业中介服务体系建设，推动市场化改革

在市场发展过程中，有效的中介服务能够提升企业效率，促进市场进一步改革。一般来说，中小微企业在融资、人才发展、技术升级改造、服务信息咨询以及市场开发方面都需要中介企业的服务。这时，如果市场能够满足其需求，中小微企业在合理控制成本的情况下也能够从这些有效中介服务体系中获利，那么对于整个市场结构来说都是有益的。但是市场的现实情况是：一方面，服务中介机构能力有限，并没有给形成规模化的信息提供优势，而且中小企业服务获利情况并没有大型企业多；另一方面，中小微企业并没有大企业那样的资金实力来购买先进中介服务，往往存在“搭便车”的心理。事实上，有效的中介服务能够大大提升中小微企业的交易效率，为其寻求更合理化的发展渠道。

为了推动社会中介服务的效率与其市场化发展，政府可以考虑推

动服务中介机构发展，以企业服务购买补贴、服务机构税收优惠、专门资金支持等形式推动其发展。具体来说，一是建立有效的激励机制，规范政府购买行为。政府鼓励中小微企业中介服务发展，但是应建立合理的机制来规范其行为，有效促进市场中介服务机构发展。要建立政府购买的服务机制，确定服务购买的主体以及相关内容；将服务购买纳入当年财政预算，有效实现预算资金管理；建立合作机制，采取契约形式与第三方中介企业签订合作协议，在购买行为前尽职调查，确立是否有服务资格，在合作过程中持续追踪服务行为，在合作完成后对其进行有效评估管理。发展尽可能全面纳入发展行业，拓宽资金支持领域，推动事业单位研究所发展市场化服务，充分发挥其在专业领域优势，让先进研究能力与成果惠及企业。二是政府职能机构如工商、税务部门等要根据国家政策定时召开政策讲解培训课，帮助企业更好地理解国家政策，同时提供一对一辅导，在企业急需的管理服务、财务机制建设等方面提供辅导帮助，出台政策对中小微企业有效转型知识技能培训提供补贴。三是积极完善相关政策法规，以立法形式保障社会中介服务机构的发展。积极的社会环境能够促进企业有效发展，通过制定专门的法规建议，一方面完善中介机构运营规范，另一方面也为其发展提供必要指导。逐步推动政府服务职能改变，与中介组织合理分工，共同为中小微企业健康发展提供建议帮助。

对于企业信息化网络的建设，应由政府部门主动构建互通中小微企业的信息互联机制，因为中小微企业自身并没有这样的能力来推动信息化网络的建设形成和维护。政府建立这样的平台，应该尽可能全面地纳入中小微企业信息，建立会员制制度管理模式，任何在网络信息平台等级的中小微企业均享有会员权利，可以享受到政府提供的政策咨询、行业发展建议等，同时，会员也具有保证信息真实可靠，定期向会员机构缴纳会费的责任。

（二）加快建立中小微企业贷款补贴机制，有效提升中小微企业贷款效率

客观来说，金融机构出于经营风险的考虑，并不十分愿意将资金投入风险较高的中小微企业，其所需要付出的成本也比较高。在提升

金融机构贷款意愿方面，政府可以考虑出台向金融机构补贴贷款利息措施来提高金融机构的放贷意愿。政府可以根据中小微企业规模和行业前景选择优惠利率补贴，通过这种补贴刺激金融机构寻找优秀中小微企业来进行放贷融资。这样做一方面可提高金融机构的意愿与能力，另一方面也能有效缓解优秀的中小微企业贷款难、融资难的困境，激励其向更优秀的企业发展。

在政府补贴下，金融机构寻找优质客户进行贷款发放，政府提供资金补贴，这就相当于政府对中小微企业进行直接资金补贴，利用金融机构识别风险的能力，有效率地筛选企业进行补贴，提升了补贴资金的使用效率，有效降低了政府补贴资金的使用风险，政府将部分风险转移给金融机构，金融机构也获得了收益补贴，这是一种合作共赢模式。

在这种情况下，虽然政府的补贴资金并没有直接给中小微企业，但是随着金融机构放贷意愿的增加，有效的市场竞争会促使金融机构降低贷款利率，中小微企业因此受益，可以获得更加市场化的利率，利息成本大大降低，政府这种做法会推动利率的市场化进程。另外，政府这部分补贴资金能够使有发展潜力的中小微企业在初期获得融资资金，弥补产品开发成本，有效实现企业规模化发展。金融机构在政府利率补贴的措施下，积极寻找优质中小微企业，开发适合于市场发展的优秀融资产品，满足中小微企业资金需要，提升资金使用效率，推动金融机构产品创新，风险管理能力进一步提高，控制风险能力进一步提升。

（三）减轻中小微企业税收负担，优化所得税政策

目前中国的中小微企业面临的税负普遍偏重，加之地方政府收费项目较多，企业实际经营中合法纳税的意愿不强。因此，针对中小微企业的实际发展情况，必须考虑其经营风险大、融资成本高等情况来制定合理的所得税政策。可以考虑从以下几个方面改进：从企业发展再投资角度出发，可以考虑将企业进一步发展所造成的投资损失有限扣除，在不超过其对投资公司所承担投资成本的情况下，对其投资损

失从所得税应计项目中扣除①。另外，对于中小企业利用税后利润进行增资扩股扩大其自身资金实力的行为，可以考虑扣除这部分应缴纳的所得税税款，推动企业将其资金纳入进一步发展规划。

另外，根据中小微企业规模的不同给予不同的税收优惠利率。实际上，不同资金规模的中小微企业其所具有的缴纳税款的能力也不尽相同。应根据中、小、微三个层次给予不同的税收政策。例如，对于资金实力在10万元以下的微型企业来说，可以考虑免征所得税应纳税额，对于资金实力在20万元以下的小型企业来说，可以考虑征收低档10%的税率，对于20万元以上的中型企业，所得税税率适用于20%的规定。这样的差别税率有效地降低了企业的发展成本，鼓励社会进行创业，为更多人提供工作岗位。对于有意愿创办小微企业的，可以给予投资金额一定比例免税政策，对于其所创办的企业，可以参考外资企业获得的税收优惠政策，进行“两免三减半”的优惠措施②，切实降低中小微企业税收负担。

（四）建立中小微企业融资服务交易中心

建立一个完善的中小微企业金融服务交易中心，对于中小微企业的全面经营有着重要意义。这个中心的地址可以选择在经济比较发达的长江三角洲地带，以便更好地吸引高新科技创新型人才和高素质从业人员。应建立一套比较完善的中小微企业相关信息服务系统，系统中包括中小微企业的各种行政合法信息，这个系统具有较高的信息互联性，能够同时对接来自全国信用评价系统、政府中小微企业补贴信息系统、金融机构中小微业务系统，建立一套完善涵盖中小微企业相关信息的系统，对于中小微企业融资的实现与更好地发展来说是最重要的。

对于交易中心的组织结构来说，可以采用会员制管理模式，中小微企业、政府机构、金融企业和信用评级机构都可以加入并成为会员，享有信息共通、合法交易权利。政府应该起到组织引导作用，选

① 曹睿．所得税改革对企业投资的影响研究［D］．山东大学硕士学位论文，2010．

② 李步洁，张新钢．完善“两免三减半”优惠政策的建议［J］．国际税收，2005（2）．

派优秀的专业从业人员进行管理，建立良好的信息互通合作模式，并为中小微企业的未来发展提供建议和帮助。考虑到未来我国进一步加强国际交流贸易与合作，金融服务中心也可以为中小微企业提供出口帮助和经营指导。同时，可以与国际金融服务中心接轨，寻找优秀国际贸易合作伙伴，促进中小微企业经营的国际化发展。同时，也可以考虑纳入跨国经营法律事务纠纷处理帮助，帮助我国中小微企业走上国际舞台。另外，在政府的组织下，可以考虑多召开国际行业发展峰会，邀请国际先进生产企业来华交流，提升中小微企业的国际视野，引进国际先进技术，同时也可以吸引优秀人才来华工作，从根本上保证我国经济发展的国际化。

第三节　中小微企业金融支持的法律环境

一、目前我国中小微企业金融支持的法律环境存在问题

第一，中小微企业金融支持法律体系不健全，结构单一，法律效力不足。从前面我们的论述中可以看出，国外针对中小微企业金融支持的法律保障比较完善，尽可能保障中小微企业进行顺利融资，不仅有关于中小微企业金融支持层面的基本法律，其配套的金融市场法规条例和针对中小微企业实际运行过程中的各种问题所采用的鼓励政策、优惠条件、破产保护等措施也比较全面。发达国家的金融支持经验为我们提供了借鉴，目前我国的中小微企业金融支持法律体系较为单一，有关的基本法律是《中小企业促进法》，还没有针对中小微企业金融支持的专门性法律文件。另外，我国金融市场结构不甚完善，直接融资市场发展程度不高，各方面资金配套支持程度不够，金融支持方面的市场监管更侧重于法规方面，难免在实际操作中出现各种不

满足适用条件的情况或者法律效力不强，因此建立完善的金融支持法律体系是一项重要任务。

第二，中小微企业金融支持法律保障不足，缺乏详细解释。虽然《中小企业促进法》在一定程度上为中小微企业金融支持过程提供了指导意见与准则纲领，但是针对具体实施办法并未做详细解释说明。《中小企业促进法》仅从对中小微企业金融支持过程中所需的资金支持问题做出指导，仍然缺乏具体执行操作解释，不能很好地适应层出不穷的金融问题，如果不出台专门的解释性法律文件，那么其法律保障效力就会出现不足。针对这个问题，国务院发展改革委于2006年11月出台了《关于加强中小企业信用担保体系建设意见的通知》，在《中小企业促进法》所做明确规定的基础上，根据中小微企业实际金融支持过程中所产生的信用担保问题做出具体规定，这在一定程度上为中小微企业金融支持提供了详细的解释性文件，但是由于其并不是专门性法律文件，并且仅从信用担保间接融资市场考虑情况，针对中小微企业金融支持的实用性并不强，覆盖范围也不广，在实际经营过程中并没有起到很大的作用。

第三，市场经济环境变化、金融市场管制政策灵活导致中小微企业金融支持来源多变，风险增加。如前面所述，由于缺乏专门的法律文件对中小微企业金融支持做全面、具体的解释说明，多是政府作为主导金融市场监管的政策制定者在金融市场上发挥管理作用。近年来我国经济发展增速非常快，国际金融市场变化多端，我国参与国际金融市场能力逐渐增强，加之政府有意推动我国金融市场改革完善，导致中小微企业在发展过程中各种金融问题层出不穷，而政策的灵活多变使中小微企业在融资过程中产生各种不确定性，市场规则的变化导致中小微企业融资风险增加，融资难度加大。

二、完善中小微企业金融支持的法律环境

（一）根据市场情况不断修订《中小企业促进法》

《中小企业促进法》是目前我国唯一一部关于中小微企业发展的

指导性法律文件，在专门针对中小微企业金融支持的法律文件出台以前，其作为中小微企业发展的基本性法律地位必须坚持和完善。国外的立法经验表明，在基本性法律支持下，不断完善支持中小微企业金融发展的保障规范性法律也要逐一制定，起到支持补充作用。在我国，中小微企业遇到融资问题时更多的是求助于《公司法》、《担保法》以及《商业银行法》等普遍性法律文件[①]，其适用主体多而广，针对中小微企业的问题时显得不够全面和完善。因此，为中小微企业建立一套完善的法律体系就显得尤为重要。在这个问题上，应该从以下方面进行完善：

第一，确立中小微企业法律关系主体定义，具体来说，就是什么样的企业算中小微企业，而针对中、小、微三个层次的企业也应该有相应的定义和划分标准。国际上有关中小微企业的划分标准已经有了明确规定，只是根据各国发展情况具体有些区别。目前国务院有关部门制定了一些针对中小微企业确定企业规模的划分标准，应该在法律文件中体现出来，比如从企业所属行业角度首先确定分类，从企业职工总人数、年经营所得额、资产负债总额等指标进行具体规定划分，不足部分应由国务院有关部门不断修订完善。

因而需要增加中小企业在市场竞争地位的保护性条款，如防止过度竞争和保障分包交易的公平化等，以削减有关中小企业交易条件中的不利因素。针对中小企业以外的其他主体（如其事业与中小企业有关），《中小企业促进法》应对这些主体按照《中小企业促进法》有关规定和国务院各部门的政策必须给予配合的法律责任进一步加以确认[②]。

第二，在划分确定标准后，对有关中小微企业法律关系主体间的权利义务关系、法律责任等问题也要明确规定。中小微企业作为国家经济发展的重要中坚力量，其在带动就业与提升经济活力方面起到了非常大的作用。因此，明确其权利义务关系对于中小微企业的发展有

---

① 许卫纲．民营企业融资障碍的法律分析及对策[D]．湖南大学硕士学位论文，2007.

② 廖胜森．完善《中小企业促进法》几点建议[J]．审计与理财，2007（6）．

着非常重要的作用。此外，由于中小微企业经营方式灵活，在法律制定方面要更注重保护中小微企业自身的发展权利，避免行政过度干预，提倡人性化指导。提升中小微企业在实体经济中的地位，自上而下形成一种鼓励支持的法律氛围，保护中小微企业在市场经济过程中的重要地位，逐步改善其交易过程中的不利因素。另外，与中小微企业发生关系的其他行政事业型单位的具体职责也要做进一步说明，不断提升经济发展活力，强化市场指导经济发展的重要作用。

（二）制定专门针对中小微企业金融支持的法律

由于我国目前并未出台专门针对中小微企业发展的法律规范文件，仅依靠《中小企业促进法》和其他行政通知来确定中小微企业金融支持过程中的各种融资问题，这并不是从金融发展专门角度所做出的法律解释，由于制定者自身的法律主体地位不同、立法角度不一、侧重于自身专门角度和监管目的不同，因而针对中小微企业金融支持的法律效力分散，容易出现多头管理混乱问题，影响了法律的适用范围和法律效力，也在一定程度上干扰了中小企业的创新全面发展。

《中小企业促进法》中明确规定“保护中小企业及其出资人的合法投资”，这就为指定专门的金融支持融资法律提供了纲领指导。应适时出台有关中小微企业金融支持的专门性法律文件，作为专门性法律文件，要承认其在中小微企业金融支持过程中的主导地位，必须明确规定适用于中小微企业的法律主体、法律权利义务关系以及法律主体责任等内容，保护和规范中小微企业金融支持的健康、合法、有序发展。另外，由于金融专业执法的特殊性，要考虑不同监管机构对中小微企业金融支持所做出的不同要求，不断协商推进，在金融支持有关银行、证券、保险行业以及信用担保机构、政府监管机构等各权利主体的职责范围和处理方式，切实从全面、务实、统一的角度推进中小微企业金融支持立法的不断完善。

另外，同国有企业一样，在涉及国家经济发展创新活力以及重点发展行业方面也需要有国家专门的政策性资金支持。《中小企业促进法》中提到，要建立支持中小企业发展的专项资金，尽管2008年在国家财政部、工信部的提倡下出台了《中小企业专项资金管理办法》，但是随着国际金融危机的爆发，近年来世界经济形势发生重大变化，我国在“一带一路”和京津冀协同发展的情况下提出了关于产业转型升级的个性措施；加之国际金融市场动荡加剧，我国金融市场在不断完善过程中所带来的各种问题，如2015年股票市场动荡等问题，这都给中小微企业融资过程带来了重要影响。这项专门的发展基金的使用范围和执行对象需要不断发展变化，故而对《中小企业专项资金管理办法》的修订和完善也需要不断推进。

（三）完善中小微企业在金融市场进行融资活动的相关法律制度

第一，作为对中小微企业直接融资最为重要的中小板市场和创业板市场，建立一套完善的针对中小微企业顺利上市规范运行的法律制度是非常必要可行的，这对于当前我国国情发展需要，完善我国直接金融市场层次，促进中小微企业资金支持，扩宽居民理财渠道等都有非常大的优势，因而需要重视这套基本法律体系的建立。

第二，制定符合中小微企业实际情况的发行审核制度。根据我国现行法律规定，企业在证券交易主板及“新三板”市场进行上市需要经过证监会核准，这就是证券上市的“核准制”发行。与之相对应的是“注册制”，在发达金融市场国家如美国，采用“注册制”来进行股票发行管理。“核准制”注重政府机构对金融公司的管理作用，从一定意义上来说，这是一种行政干预手段，率先剔除经营风险高的企业，虽然其本意在于保障金融市场稳定与安全，但也在一定程度上体现了政府干预市场的作用。但是从实际情况来看，中小微企业本身经营情况发展变化快，前期财务制度不甚完善，普遍缺乏上市指导且经营风险能力不强，在核准制条件下，需要经历漫长的上市审核期，在这种情况下，核准制可能显得过于谨慎和繁杂。市场有其自身的识别和判断风险的能力，政府监管部门应该根据企业发展情况和经济发展形势适时放开监管，考虑在针对中小微企业上市发行的中小板和创业板逐步实行注册制的可能①。

第三，不断深化发展我国中小微企业金融支持的保荐人制度。保

① 吴日平．中国创业板管理制度的再思考［D］．北京大学硕士学位论文，2010.

荐人制度实质上是为公司上市发行提供一种信用保证，为维护我国证券市场的诚信、安全、有效运行提供的重要保障。世界发达金融市场都引入了上市保荐制度，由于中小微企业经营的风险性与财务制度的不规范，确立一种完善而有效的保荐人制度对于中小微企业顺利上市起到了非常重要的作用，更有助于帮助和保护中小投资者的利益，促进证券市场顺利发展。因此，在现实情况下，中小微企业更适合在保荐人制度完善的证券市场上进行融资，保荐人制度也能对其进行有效的监管。一般来说，在中小板和创业板市场引入的保荐人制度，需要从保荐人执业资格、保荐人业务职责、保荐人的法律责任、保荐人业务期限以及政府对保荐人的监管等方面进行法律规定。

我国现行对保荐人制度做出规定的有《证券法》、《证券发行上市公司保荐制度暂行办法》以及深圳证券交易所在2010年推出的《中小企业板保荐工作指引》[①]，虽然从法律层面对保荐人制度做出了规定，但是保荐人制度仍存在较大的改进空间，应结合中小微企业在中小板市场和创业板市场的实际上市情况加以具体解释和补充。

第一，法律明确规定中小微企业保荐人执业资格。由于中小微企业参与金融证券市场的特殊性，保荐人需要承担更多信用风险，因而相比主板市场，保荐人在中小企业板和创业板的责任要大得多，因而法律对其职业资格的规定也更严格。根据我国保荐人相关法律规定，目前我国具有保荐人资格的有且仅有经营综合业务的证券公司，这一规定导致了保荐人行业的垄断，不利于更多具有较好资质和专业水平的金融机构参与保荐人业务。另外，这一规定也导致在一定程度上具有保荐人资格但是业务水平并不十分高的机构从事保荐业务，给中小微企业带来了一定困难。针对这个情况，为了提高中小微企业参与证券市场的活跃度，有必要改进我国的保荐人资格规定，更多地强调保荐人专业水平和保荐经验，适度放开对保荐人主体资格的限制，切实从质和量两个角度提升我国保荐人制度的完备性与有效性，为促进中小微企业在证券市场直接融资提供方便。

---

① 姚娜娜．我国创业板市场保荐人制度的完善[D]．山东大学硕士学位论文，2012.

第二，确定保荐人的法律责任与业务期限。作为保荐人制度中最为重要的部分，明确保荐人的责任与期限是制定保荐人制度的必要条件。目前，国际上对于保荐人制度的规定较为统一，这在一定程度上为全球金融市场的业务往来提供了正要保障。基于此，我国可以借鉴英国另类投资市场（ATM）的“终身”保荐人制度，在上市前和上市后的一段时间内对上市公司进行监督与辅导。另外，中国香港的保荐人制度还对保荐人的执行期限做出了规定，不少于两个会计年度，这都可以成为我国保荐人制度不断发展的重要参考。在立法中，要结合中小微企业实际情况对这两个问题加以规定，强调保荐人的重要地位，规避中小微企业上市发行的道德风险和逆向选择。

第三，加快推进做市商制度的制定实行。做市商制度是美国证券市场上非常重要的保障制度，起源于创业板市场最为发达的美国纳斯达克市场。做市商制度在维护证券市场稳定防止价格过度波动、促进市场流动性、快速促进交易方面对证券市场有着重要的影响。我国在证券市场上报价采用的是竞价交易，其特点是成交速度快、成交效率高，但是价格波动明显，需要引入涨跌停板制度来规范价格形成机制。如果引入做市商制度，相当于在双方交易中间引入了一个中介，这个中介自担风险，对过高和过低的价格自行消化不断修正证券交易价格，并在一定程度上维护证券市场的稳定。目前我国证券市场多次出现大幅下跌行情，对我国股民的权益造成了极大的损失。如果能够引入做市商制度，对于丰富金融市场的层次、稳定金融市场、维护广大股民的利益等方面都有重要的影响。目前我国证券行业基本法律对于做市商制度的引入还存在矛盾，如1999年制定的《证券法》规定的证券竞价交易方式与做市商制度有冲突。尤其是集中竞价交易模式下，做市商制度无法实行。中小微企业自身经营的特点决定了其具有经营风险高、融资渠道少的劣势，因此其股票价格极易受到市场价格波动的影响。如果能够在中小板市场和创业板市场引入做市商制度，那么对于中小微企业的股价稳定将会起到非常好的维护作用，并且美国的发展经验也证明了做市商制度对中小企业发展的重要作用。因此，在证券行业相关法律制定上，要进一步明确中小微企业在参与市场过程中引入做市商制度的合法性，针对中小微企业的实际情况逐步推进做市商制度的实际运行，不断拓展中小微企业融资渠道并提高融资有效性。同时，政府也要强调对做市商制度进行有效监管和考察，强调市场自主性与适度监管，平衡政府监管与市场参与主体之间的关系，从立法层面保障做市商制度的顺利施行。

（四）逐步完善中小微企业金融支持的私募股权融资法律制度和保障体系

第一，逐步完善有关对中小微企业进行风险投资的法律制度。近年来，随着互联网经济发展的加快，风险投资行业进入快速发展时期。然而，针对这个行业的基本法律并没有出台。发达国家针对风险投资行业已经做出了明确的法律规范。应结合我国实际情况推出针对风险投资行业权利保障与规范机制的《风险投资法》，这是适应经济发展需要和风险投资行业顺利健康有序发展的重要法制保障。

从立法来说，首先，要明确风险投资双方相关当事人的主体定义，并对其进行风险投资业务的资格与能力做出具体规定。其次，从风险投资双方当事人的权利义务、法律责任角度出发，必须明确规定风险投资机构的权利义务关系、法律监管机构的职责，风险投资的撤出机制等问题。在风险投资机构的权利义务关系上，要明确其参与中小微企业投资的期限、金额、是否参与管理等具体细则。在法律监管机构的职责上，首先，必须从立法角度保障风险投资机构业务的顺利进行。其次，目前并没有专门的中小微企业的基本法律，在遵循其他规章文件执行时，如果遇到法律冲突应该如何解决等问题必须做出明确规定。在风险投资的撤出机制建设上，由于风险投资行业是一个高度专业化经验化的行业，可以参考国外比较成功的经验来建设，比如引入风险投资参与公司回购、股票回购、产权交易等措施来完善风险投资退出机制。

第二，建立和完善我国私募市场健康监管体系。由于之前我国金融市场发展不完善，政府主管机关出于对保障国家金融安全的考虑对私募行业进行审慎监管，以备案制来防止国外的不法私募基金以各种名义参与到我国金融市场运营上来，对我国经济造成影响和打击。但是随着我国经济实力的提升与金融市场的逐步完善，法律制度不断修改以适应日益开放的国家金融市场，投融资机构经过投资经验的不断积累，目前的监管体系有些规定难免过于严苛甚至阻碍我国私募行业的进一步发展。因此，私募行业的适度监管理念应当逐渐深入监管体系，强调监管的市场化，不断完善我国政府金融市场监管体系。

首先，强调政府主管机构的适度监管原则，政府应当对私募行业进行必要的指导与牵引，从事私募市场行业的人必须有专门风险管理知识，投融资双方有能力选择适合自己的风险承受水平。因此在法律的制定上，在私募行业应重点强调有关投资者权益保护、私募基金定期信息披露制度与市场风险提醒机制，引入行业自律监管，逐步强调市场在私募基金行业的重要作用。其次，对私募基金行业的监管应当遵循实质大于形式原则，应当对私募机构的发展能力进行价值判断，而不仅是调查私募基金的合法性和限制融资工具的使用。再次，立法者从政府监管的角度应当对不同类型的私募基金进行区分，明确各个类型私募基金的监管机构和职责，从法律角度统一监管原则，针对不同监管机构的职责进行详细说明与规划。最后，强调定期披露信息的重要作用，立法规定定期信息披露原则与操作，对私募基金的资产规模、存续期限、资金用途等方面进行监管披露，引领私募行业走向阳光、健康发展的道路。

第四节　中小微企业金融支持的信用环境

对于中小微企业来说，由于其自身存在经营风险大、财务体制不规范等问题，银行在对其进行融资时，必然会花费更多的信息成本来核实中小微企业的真实价值，从资金的回报产出来说，银行更愿意去发展较大规模的客户，这对于本就融资难的中小微企业来说无异于雪上加霜。中小微企业获得金融支持的最好途径就是尽量减少融资过程中所需花费的交易成本，尤其是信息成本的途径，这就要求全社会建立一套完善的中小微企业信用档案，以便更好地为中小微企业进行融资服务。从大的方面来说，这也涉及整个社会能否建立好一整套完善的社会信用体系。从定义来看，社会信用体系是以法律为基石，以道德为准绳，通过对社会参与者的社会行为进行录入、披露，通过对参与者的信用记录进行判断，激励遵守社会诚信准则的人，惩罚违逆者，从而在整个社会形成一种诚实守信的道德环境和法律环境，更有利于社会稳定与经济发展。而诚实守信的环境也对中小微企业进行经营、融资提供便利。因此，构建一个诚信的社会信用环境最为首要的就是进行全方位的社会信用体系建设。

随着我国市场经济的不断发展，自20世纪末以来，各省市都在不断加强信用体系建设，随着大数据产业的发展，最先从信贷征信入手的社会信用体系建设逐步涉及公民及企业行为的方方面面，结合银行、教育、电力、房产、税务、进出口许可、建筑资质证明等方面来建立起信息共联互享机制，同时中国人民银行建立了企业和个人的征信系统信息数据库，政府公开部分公务信息，通过对违规个人或者企业进行通报批评等奖惩机制来构建社会信用服务体系。虽然已经取得了一定的成绩，但是我们也应该看到，目前中国中小微企业整体面临的社会信用环境并不十分乐观，仍然存在着一定的问题。

一、目前构建社会信用体系过程中存在的问题

一是社会信用体系的构建过程中法制与制度建设不健全。我国目前并没有专门的成文法律来规范个人与企业信用行为，目前诚实守信作为企业经营最重要的部分仅是一个纲领性的概念存在于零散的《公司法》、《合同法》部分章节中，并没有形成系统而完善的法律保障体系。发达国家针对企业诚实守信都做出了明确规定，对于企业违反诚信经营所做出的处罚力度非常之大，然而在当今中国的市场环境下，仅规定了交易双方当事人在经济活动中的违约责任如何处置，对于其给社会造成的影响以及后续的违反诚信行为并没有形成惩戒机制。尤其是近年来见诸报端的各种泄露公民个人隐私、企业经营信息的行

为，从侧面反映出我国诚信环境建设缺失，违反诚信成本较低，市场监管并不到位，市场主体的信息未得到有效的保护，而社会信用服务机构难以采集有效信息。

二是作为社会征信系统最为重要的部分征信数据少而分散。从目前的情况来看，虽然已经有部门建立了部分信息共享平台，但是由于难以协调各个政府部门之间的关系，加之企业信息分辨是否是商业机密标准未定，信息获取不易，可用信息源较少，开放过程困难重重，难以建立一个系统有效的信息共享平台。

三是社会的信用服务机构对于企业的评价标准不统一，难以形成系统征信体系。首先，社会信用服务机构对于企业的评价标准不统一，会对实际的征信结果的应用产生影响。由于目前我国尚处于征信行业发展的起步阶段，政府、金融机构和相关研究机构都有自己的一套信用评价管理体系，但是由于国家尚未出台一套专门标准来衡量信用评价指标，导致征信结果的实用性大大降低了。其次，社会信用评价体系应用范围不够，应用程度不深。在我国，征信服务体系主要应用于与政府有关的对公经济活动中，比如项目招投标阶段应用较多①。而对于中小微企业应用最重要的阶段，比如进行直接市场融资活动或者社会信用评价主体对其进行价值判断时，应用的范围和深度不够所带来的市场信用惩戒机制难以带来较好的效果，这使得整个社会的信用体系建设并没有起到实质性效果。另外，评价指标少且评价范围窄所带来的征信结果的可信度也就大大降低了。这是从外部监管主体来说的，企业在提供关于其自身的实际财务、经营资料时，也倾向于虚假、瞒报真实情况，往往针对不同的监管机构各有一套财务报表来应对审查。这使评价机构在进行信息采集时难度加大，无法判定企业真实信息，无疑也是一个重要的方面。

四是对于中小微企业融资的社会担保体系不完善，担保效果弱。从信用担保机构来说，主要是政府主导的财政担保资金以及企业进行风险补偿的商业担保资金。对于政府担保资金来说，通常是数额小、

---

① 袁红兵．有效推进信用体系建设[J]．招标与投标，2014（11）．

费用低且一次性付清，往往不能很好地做到盈亏平衡，减轻财政负担；而对于商业担保机构，由于其自身的资金数额不大，银行等金融机构对其担保能力也存在各种质疑，因此一般信用担保机构与商业银行合作时，往往被要求全额资金担保。这就在一定程度上大大制约了担保机构的发展。作为商业合作性质的担保行为，如果担保双方风险利益不对称，合作关系会比较不稳定。因此建立完善的社会信用担保体系对于中小微企业融资的顺利进行也是非常必要的。

五是社会诚实守信氛围缺失，诚信宣传教育不够。我国正处于商业文明逐渐建立的过程中，由于各地经济发展水平参差不齐，往往东南沿海的经商环境较为守信，而内陆各省市受自身经济发展水平影响，守信程度比较一般。这就需要国家自上而下建立诚实守信的社会与学校教育体系，由政府机构主导，在中小学教育阶段以及成人教育阶段同时进行诚信行为教育教导工作。引导课本教育、传播媒体、多种多样的社区活动等各部门广泛参与进来，共同为社会诚信氛围的营造做出努力。同时，社会群众对诚信行为监管举报渠道不畅，社会监管力量薄弱。

二、关于我国社会信用环境建设的意见建议

1. 从执法必严角度切实规范诚信行为，提高诚信守法、失信违法的执法力度

对于中小微企业金融支持的信用环境建设，最为基础和重要的就是强调法制建设保障诚信行为，可见提高法律的保障力度对构建诚信社会非常重要，可以从以下三个方面来实现：

一是对违反诚信行为的企业或者个人实施严厉的处罚制度。国外对于企业失信行为的处罚力度大，基本上企业不会再次冒风险去做失信行为，失信成本大于守信成本。而在我国，由于立法方面不甚完善，加之诚信社会建设处于初级阶段，对中小微企业的失信行为必须加大执法力度，严格制定行业诚信标准，对失信企业除了法律惩罚外，还应强调社会道德对其的谴责，用市场力量来制约其失信行为。

二是制定一套完善的信用中介行业评价体系，严格按统一标准执行，增加信用报告可信度和实用性。同时降低信用中介机构市场准入门槛，由市场力量推动信用中介行业快速发展①，政府信用中介机构也应该逐渐开展市场化运作，在指定严格的信用评价指标体系后，中小微企业的信用评价报告的形成和使用由市场选择，那么既能保证信用中介机构自身经营的合理收益性，也有利于减轻财政负担。

2. 强调政府诚信行为，积极起到诚信模范作用

在构建社会信用体系过程中，首先要强调的就是政府在其中的主导地位。由于企业和金融机构都是市场的参与者，必定会追求最少的成本以求得最大的利润。而社会信用体系的建立，不仅对于中小微企业有利，对于公民个人和整个社会都起到了很大的作用，由于涉及公民个人、企业、政府机构等方面的信息，不可能凭借企业自身达到良好效果，因此政府一定要认识到自己在市场经济环境下社会信用体系建立的过程中的作用。

从政府机构自身来说，提高自身诚信水平，保证前后政策的一致性，可在全社会树立良好的形象。一般来说，地方政府在执行中央政策时，往往会根据自身实际情况对中央政策进行部分修改，有的地方甚至出现和中央政策相背离的情况，这导致其当地以及全社会对政府信用的支持理解容易出现偏差。因此，政府有关部门一定要注意政策的前后统一性以及一致性，自上而下形成良好诚信的政策制度氛围。另外，我国宣传媒体倾向于报道企业失信行为，这容易使公众对我国诚信建设的理解出现偏差。应该从正反两个角度入手，一方面报道失信企业行为，加大惩罚力度，另一方面，对于诚信守信的企业，也要有奖励和支持行为，这对于在全社会形成良好的奖惩机制以及提振公众信心都是非常有必要的。

3. 在全社会形成诚信守法的道德教育环境，提升全民信用道德意识

要建设中小微企业所面临的信用环境，除了法律规范和政府监管外，还要注重全社会整体信用道德水平的提升。信用社会环境对企业

---

① 王雄飞．信用中介机构法律问题研究[D]．华东政法学院硕士学位论文，2005.

的持久经营有着非常大的影响，因此，在全社会必须加强社会信用道德教育活动，通过灌输信用道德观念，加强遵纪守法警示教育，引导人们形成正确的信用道德观念。首先要把信用道德贯穿在整个教育的全过程中，从基础教育到高等教育①，强化人们对信用道德的认识和理解；其次是在全社会开展信用道德遵纪守法案例教学，可以在社区、党建活动中加强诚信意识的教育，对违反诚信道德的企业加以曝光和警示教育，多宣传积极正面的典型案例，发挥诚实守信的中小微企业模范带头作用。最后可以加大新闻媒体的曝光力度，在全社会倡导诚信环境建设，对违反诚信行为的个人或者企业进行曝光，加大惩罚力度，对守法诚信的企业多支持多宣传，建立诚信守法企业道德模范奖励机制，鼓励诚信行为。

4. 建立利益共享、风险共担的银企信用担保机制

完善的信用评级担保机构的建立，对于减少交易双方信息成本，简化担保流程，提升担保交易效率，保持政府、企业、信用担保机构之间信息的顺畅沟通都有非常大的作用。因此，在进行评级信用担保机制建立的过程中，首先就要提升担保公司职员从业水平和个人素质，确保从业人员坚持诚信反欺诈原则，对信用评级相关法律知识和业务能力都能熟练掌握，灵活判断和处理有违企业诚信行为的案例，具有较高的从业能力。另外，由于目前我国担保机构全额承担担保风险补偿，银行没有动力提升自我风险担保判断意识，这对于双方的共享合作都存在一定的弊端。应建立一种双方利益共享、风险共担的合作模式。银行掌握较多企业合法合规信息，但是对企业实际情况可能出现判断偏差，担保机构虽然没有更多有效的财务信息，但是可以通过自身优势进行实地调查考证，更快掌握企业经营状况，与银行一道进行核实调查，这样可以更快掌握企业的实际信用状况，对双方来说是双赢的。因此，银行应该主动承担一部分担保风险，不断加深对中小微企业实际情况的认识理解，更好地对其进行融资服务。

另外，目前我国部分融资担保机构是在政府财政支持下出资建立

① 郑世刚．中国经济发展中的道德危机[J]．湖北经济学院学报，2005（4）．

的，管理人员与组织运作模式倾向于政府组织结构，这在一定程度上不利于担保行业发展的市场化运作。在这个基础上，政府出资的担保机构可以将部分担保资金交由专门的担保机构进行管理，实行担保资金法人化管理，将担保机构运营进行市场化运作。比如上海市支持产业发展的专项财政资金与国资委合作建立专业投资公司，委托信用担保机构经营担保资金，担保机构作为公司法人享有担保项目最终决策权。

最后，政府可以通过多种渠道完善担保机构的资金来源补偿，不仅是依靠国家专项产业投资财政基金的投入，也可以在此基础上引入发行担保资金专项债券，以这种形式在证券市场发行债券，提高担保资金流动性和营利性。另外，中小微企业每年上缴税额也可以进行差额补偿，将部分税额用作担保机构资金款项，对于合法诚信纳税的企业进行担保机构优先补偿机制，确保担保机构资金来源的多样化与充足性，提升资金的稳定性与可营利性，不仅要担保补偿，更要有效率地进行诚信守法合理激励。

5. 建立完善的市场化信用评价体系

与国际信用体系发展情况相比，我国信用评价体系发展起步晚，评价体系不够全面和完善，评价标准也不甚统一，评价机构由于标准不统一也并未形成公正合理的信用评价结果。对于企业最为重要的第三方信用评价机构而言，其代表着独立、公正、客观的一种信用评价原则和结果，因此，完善信用评价体系建设对于企业来说至关重要。

首先，最为重要的就是建立一套公正、客观、统一的信用评价标准，并将这个标准作为信用评价机构的基本业务处理准则。这套标准的建立，不仅要考察企业的经营能力、财务状况、资金实力、创新能力、风险应对处理能力以及潜在的发展能力等，也要将国家的产业政策、近年来行业发展的综合状况、企业从外部市场获得发展资金的实际情况等外部环境因素综合考虑进去，从而制定出一套既适应中小微企业内部实际发展状况，又与市场行业发展情况相适应的符合客观实际的有效评价指标体系。

其次，对于信用评价体系而言，市场化运作过程中，要确保第三方信用评级机构的客观独立和公正性。在美国，标普、穆迪和惠誉作为最权威的信用评价机构，其已经完全实现市场化运作，并对美国乃至世界的评级结果产生重要影响。一般来说，市场化运作的组织其具有较高的业务处理能力与风险判断能力，能够较好地适应市场发展，并且不受政府监管干预进行信用评级行为。在我国，大部分信用评级机构是由地方政府资信委员会或者政策性金融机构内部专门进行信用评价的部门发展演变而来，其在管理模式上仍然存在政府管理方式上的相同之处。要借鉴国外成功的发展经验，评级机构必须实现市场化运作，这是激励评级提升自我风险识别、判断和处理能力的重要步骤。因此，在进行评级机构推广时，政府要积极推广信用评级机构的研究评价报告，强调其客观独立性，并鼓励银行、证券行业等金融机构使用独立第三方的信用评价报告。

再次，在信用评价体系中，要注重评价中小微企业的潜在发展能力，并结合行业发展趋势对中小微企业发展情况进行指导和引领，挖掘其更大发展潜能，从发展的角度来评价中小微企业。由于中小微企业经营方式灵活，发展潜能大，信用评价机构在进行信用评级时，要注重对中小微企业未来发展潜力的考核。同时，企业信用情况随着中小微企业未来财务状况的变化而变化，对于行业未来发展趋势的判断也至关重要。因此，在进行信用评级时，要将中小微企业自身面临的行业发展机遇与挑战充分调查研究，挖掘中小企业潜在发展能力。由于我国信用评价体系发展并不完善，因此，制定适合于我国中小微企业的专门的信用评价指标体系，对于整合行业统一评价标准，提升中小微企业信用环境可信度来说，都有着重要的意义。

最后，由于市场机制自身的不完备性，必要的政府监管能够保证整个信用评价环境的客观有序性，避免盲目竞争导致的信用失真失序现象。由于信用评级机构未来的发展趋势是市场化运作，为了保证其有序竞争与信息真实性，维护市场信用环境稳定，政府必要的法制监管也是保障信用评价体系健康发展的关键。政府可以建立信用评级机构的奖惩机制，定期检查信用评级机构运作状况，对违法操作、信用评价结果不真实、不可靠的行为采取严厉惩处、行业禁入等严厉惩罚措施来保证其客观公正性。

6. 对守信者宣传奖励，对失信者严厉打击，建立客观公正、合理有效的信用惩戒机制

从全社会角度来说，加大对守信行为的媒体宣传力度和对失信行为的曝光惩罚力度，就要在全社会企业经营过程中形成诚实守信的宣传氛围。对于现阶段的中小微企业来说，往往失信成本远小于守信成本，守信行为没有得到表扬和奖励，失信行为也没有得到谴责和惩罚，这是非常不公平的。在诚信建设的起步阶段，必须从两头下手狠抓企业诚信经营建设，这对于企业自身未来发展和消费者权益保护来说都是非常有益且必要的。政府自身要遵纪守法，不能两套标准，要打破地域歧视，对诚信守法的企业一致对待，严厉打击包庇企业失信行为的管理机构与个人。同时可以建立企业失信行为“黑名单”，一旦上榜，进行有效公示，加大曝光力度，让全社会共同监督企业诚信行为。

从政府监管角度来说，与企业业务相关的各个部门如工商、税务、法院等行政管理部门要建立起一套奖励守信者、惩罚失信者的诚信激励机制。这就要求各个部门对失信企业的行为互通共享，建立好数据对接机构，对失信企业行为记录、惩处都要记录在案并予以通报。对诚实守信，合法合规经营的企业，要给予其行业年检免检、日常检查从简、政策支持放宽等激励诚信企业，鼓励中小微企业的诚信经营行为。对于失信企业，除了对其失信行为进行处罚外，对经营企业当事人另行开展其他业务严格监督检查，并且加大其合格审查难度，重点调查其失信后实际经营过程中是否再次出现失信行为，对于屡教不改的，吊销其经营资格。

要建立起全行业信息联动机制，对于企业失信行为，一经发现，各个融资行业相关部门均能收到失信行为调查报告，涉及企业经营的银行、证券公司等进行业务处理时，要根据企业之前的失信行为进行价值判断，对失信行为给予一定警告，并对涉及企业贷款、债券、股票等融资工具和业务进行相应降级处理，切实对存在失信行为的企业进行警告和处理，让企业失信成本大大提升，从而督促其加强诚信经营意识和行为。

第五节　中小微企业金融支持的风险管理

对于中小微企业来说，最重要的资金来源是商业银行的信用贷款和各类资产抵押与票据融资工具。因此，本节我们分析商业银行金融支持过程中的风险管理，为中小微企业更好地融资提供意见建议。一般来说，商业银行在对中小微企业进行放款时，面临的最重要的风险就是信用风险。中小微企业经营风险大，投资不确定性多，银行从单位成本收益的角度考虑，中小微企业获得信贷的难度比较大。现行的商业银行贷款风险衡量模型考虑贷款客户风险时，也会将不同的贷款方式所造成的风险一并考虑。一般来说，现行商业银行贷款方式可以分为信用贷款、担保贷款和票据贴现贷款①。信用贷款风险最大，但能直接体现商业银行经营风险的能力，担保贷款虽然有担保物，但是担保物存在着资产贬值、耗损摩旧的情况，也不是十分保险，票据贴现业务安全系数最高，但是企业一般大额资金流通并不能通过票据贴现来实现，更多的是在应急资金管理上使用票据。所以，如何细致地实现信贷风险管理，是商业银行的基本也是最重要的任务。

在实际经营过程中，商业银行现行信贷风险管理方式存在不足之处，一是从中小微企业自身经营过程中需要的贷款特点来看，往往具有金额小、贷款急的特点，商业银行针对客户的信贷发放过程通常审批时间长，需要的手续比较复杂，往往不能满足其应急需要，很多中小微企业往往倾向于选择民间高利贷来借款或者信用卡借款。二是由于中小微企业经营风险大，银行在进行放贷管理时，往往需要中小微企业提供抵押担保物，中小微企业经营方式简单，一般并没有足够的有价值抵押品，而且一般担保机构由于其营利性与经营不确定性也不愿意为其提供担保，这就造成了很多有发展潜力的中小微企业因担保

① 刘晶．商业银行信用贷款决定因素的研究[D]．上海交通大学硕士学位论文，2008.

问题而享受不到银行的贷款。另外，商业银行在进行贷款前，往往需要评估企业的信贷风险，需要企业提供翔实的财务资料和资产状况，中小微企业往往由于缺乏资金、人才，这部分资料的真实性难以保证。因此，传统的信贷方式并不适用于中小微企业贷款。在国外，中小微企业贷款做得好的机构往往是专门经营这部分规模客户的机构，在我国浙江台州市，泰隆银行、台州银行也是专门做针对中小微企业的贷款，并且做得十分优秀。但是，也应该看到我国中小微企业信贷风险管理的不足。

一、浙江省台州地区先进中小微企业贷款风险管理经验

笔者在调研台州银行、泰隆银行时发现，该地区根据当地中小微企业的实际特点开创了适合于它们的信贷方式，并取得了国有银行无法替代的经营经验，值得我们吸收借鉴和学习。为解决中小企业贷款信息不对称问题，该地区所有的民营银行统一做法，建设大量地面部队，通过人力资本的大量投入，聘请占机构人员总数40%~50%以上的客户经理进行实地调查访问，挨家挨户跑社区、厂区，刷脸卡，确保得到最大程度的真实有用信息。前移审批关口，绝大多数贷款业务在一线支行层次完成审批，提高授信效率。

在风险控制与评价方面，小微企业与股东个人概念模糊化，变企业有限责任为个人无限责任，非常注重原始数据的调查与积累，不设抵质押贷款，信用贷款和保证贷款占绝大多数，道义、关系担保远远大于商业担保。所有的银行均坚持做小微企业服务不动摇，立足于这个出发点，不与大银行竞争抵、质押贷款业务，不盲目扩张，产品有需要就开发，紧跟时代发展步伐，做好线上线下一体化服务。在应对互联网金融公司带来的存款压力与利率市场化倒逼机制所带来的挑战，民营银行变坐商为行商，通过客户回访广泛增加客户黏性，对老客户给予贷款利率优惠、缩短下款时间、适当增加优惠奖励等措施；对于新客户，则是要靠客户经理去下地开发，台州银行的做法是增加

客户服务窗口和营业时间，缩短客户手续办理时间和贷款下达时间，最大程度为新客户提供服务便利。

在企业文化建设方面，泰隆商业银行具有以优秀的员工为中心的企业文化，注重“人”和“心”，这对于处在新兴发展阶段的互联网金融公司来说无疑提供了企业文化建设的标杆。新兴互联网金融公司如何成长，如何吸引更多优秀的人才一起建设企业？员工个人的职业发展与心理诉求得到最大程度的满足才是根本。当然，泰隆商业银行采取的党建结合的激励机制也很值得探讨：“把团员发展成骨干，把骨干发展为党员。”所有的员工培养均自设教学学院，由总部统一自行培养，外派到各分支机构进行锻炼。

在业务发展方面，三家银行均表示，市场竞争充分，但没有盲目竞争，各家银行均做好各自领域的贷款服务，像泰隆商业银行注重农业农民贷款，贯彻落实党中央各项扶农、富农政策；民泰商业银行则是以制造业企业为主要贷款对象，包括对外扩张是否可行都是基于本土业务的范围进行开展，其推出的信用卡业务非常成功，也与制造业小企业主需要流动性资金分不开；台州银行以个体工商户为业务重点，小本贷款做得有声有色，2000 元起贷为更多人创业提供便利。可以说，做金融行业与做企业实业一样，良性竞争才是长远发展之道。不过这次调查访问整体感觉民营银行本土化气息非常严重，可能也与浙江地区经济发展领先优势有关。不过应该看到，随着互联网金融带来的冲击与挑战，业务分流将成为不可避免的趋势。如何分散地区经济转型风险，控制企业经营、人力成本，成为民营银行迫切需要考虑的问题。

二、应对互联网金融冲击，开发适合中小微企业特点的金融创新工具

（一）创新抵押金融工具

一般来说，银行可接受的抵押品是价值较大的房产和土地以及先进设备等。但是，中小微企业往往用这些物品作为长期贷款抵押品使用，没有足够的能力来获得更多有价值的抵押品。银行因为信用风

险，往往不能给予中小微企业信用贷款，这时，如何解决好抵押品问题便成为创新抵押金融工具的关键。国外针对这种情况，往往从企业有价值资产出发寻求新的抵押品，具有较高流动的可供抵押产品是存货和应收账款。一种存贷抵押贷款是将有价值的可供存储的存货作为抵押品。在企业有抵押需求时，银行会委托第三方专业仓库管理机构来进行存货管理。可供抵押的存货一般是较易存储且不容易变质、性质较稳定的能源或者塑料、木质原材料、食品罐头等。由于这些款项可以计入企业成本，每期摊销并在当年纳税时削减，一般企业有能力利用这部分原材料做抵押品来获得贷款。另一种存货抵押贷款是将抵押货物清单作为资产证明工具进行融资。抵押清单是由专业的第三方服务中介开出的证明企业内部存货数量及价值的清单。银行由于没有足够的精力时刻对企业进行盘货、核查，在发放抵押贷款时，往往委托第三方专业机构来做这件事。第三方机构能够时刻了解企业存货状况，并及时告知银行其转化为应收账款或者现金的情况，并为双方贷款的达成提供手续上的帮助，这大大缩减了银行的工作量。实际上，银行在进行抵押贷款时并不需要企业将存货做转移，能够定期了解存货价值有利于银行进行风险控制，应该说，银行将一部分监管责任转移，第三方中介机构凭借其专业化服务盈利，也促成了抵押贷款的形成，大大发展了银行的抵押贷款业务，提高了市场效率。

另一种创新就是将企业的应收账款作抵押进行贷款。应收账款是比存货更有保障的抵押品，一般来说，企业在销售货物后开具商业发票，但并未收到销货款，企业为获得贷款，将商业发票送至银行接受检查，银行对购买者的还款能力与信用状况进行核查，决定是否进行抵押贷款发放①。一般来说，企业能够拿到价值商业发票开具的账面价值 1/2 ~ 3/4 的贷款额度，银行依据商品购买者的信用度来决定额度大小，贷款利率可根据额度的不同选择不同的利率水平。在购买方出现还款困难时，银行有权向贷款销货方进行追

① 陈丹，何广文．应收账款质押贷款的风险及其模糊综合研究［J］．金融理论与实践，2010（9）：17－21.

索，销售企业自行承担损失，应收账款风险并未转移至银行。一般来说，企业可以与银行签订多笔应收账款抵押贷款，双方约定时间间隔。实际上，应收账款抵押贷款是非常适合中小微企业的一种贷款形式，由于我国制造型中小微企业大多以应收贷款销售货物，企业现金型流动资产紧张，通过这种方式可以大大缓解积压债权，提高其流动性资产水平。另一种应收账款抵押是银行将企业应收账款权利买断，通俗地说就是企业不再对应收账款具有债权，将风险完全转移至银行的一种方式，所有权转移至银行。这种贷款操作时，首先要由销货方接到购买方商品订单后，交给银行进行核查，银行决定是否卖给购买者这批货物。如果银行决定销货方可以卖出，销货方进行商品销售，银行开具一纸书面文件同意接受这笔应收账款，并与销货方协商确定这笔应收账款的银行实际支付金额，一般来说是货物账面价值的70%～80%，当银行全部收回应收账款后，要支付给销货方账面价值支付差额，当然，这个过程中银行也要收取代理收款佣金费用。在这种模式下，企业之间商品销售效率大大提高，在一定程度上不受限于应收账款所带来的资金影响，能够进行有效的商品循环，大大提高了交易效率。

（二）贷款偿还期限风险控制管理技术

由于中小微企业经营的不确定性与不甚规范的财务制度，企业的财务报表往往没有专业审计机构的审核，缺乏一定的真实性和实用性，这种情况造成了银行与中小微企业双方在贷款发放时具有较高的不确定性，双方的信息成本较高。因此，为了避免企业出现道德风险和逆向选择问题，银行必须合理控制贷款的偿还期限，制定出合适的期限水平。期限过长或者过短都会引起企业的道德风险增加，还贷压力增大，通常银行会根据企业的现实情况来确定合理的还贷时间，一般略高于一批货物流转时间。

如果企业因为突发情况或者商品流转原因未能按时完成还款，银行会提前在贷款合同中与企业签订适当延长贷款期限的规定，一旦企业未能按时还款，那么其必须提交经过审计的严格的财务报表，或者允许银行从业人员派驻企业对企业账目进行核查，监督企业贷款资金使用状况。如非恶意拖欠贷款，银行会根据调查结果决定是否延长部分期限。一般来说，期限管理适用于企业长期信贷，在长期经营的情况下，中小微企业的不确定性增加，银行有必要对其进行合理的监管。

（三）个人贷款业务创新

一般我们认为，个人信用贷款与企业贷款业务在银行资产总量一定的情况下会出现竞争的关系，个人信用贷款的增加会削减银行投入在企业信用贷款上的资金，双方存在一定的“挤出效应”。但是在实际情况中，由于中小微企业的经营者往往是企业法人，在企业不易取得应急流动资金时，经营者个人往往通过个人信用卡进行贷款，国外的情况也类似。但是研究发现，约有1.3%的中小微企业贷款业务是通过企业主个人的信用卡进行贷款处理的。一般来说，银行通过信用卡形式贷款给企业经营者个人，企业经营者又将这笔资金投入到企业运营中，实际上是企业主个人信用的一种背书，这在一定程度上缓解了企业与银行之间的信息沟通不畅问题。由于中小微企业普遍缺乏信用记录情况，因此通过对企业主个人的信用贷款，能够在一定程度上解决中小微企业贷款难问题。

还有一种个人委托贷款业务也能实现中小微企业的贷款便利性。一般由个人资金富余方委托银行将这部分资金选择合适的中小微企业进行贷出，银行帮助个人委托人选择并审查贷款企业的具体经营情况、信用记录以及选定贷款期限和利率①，进行贷款发放并监督、协助贷款回收。银行一般不承担贷款风险，只起到信用中介作用，如果发生违约风险银行会提供贷款风险的正常操作程序帮助，来进行善后管理。这种贷款合同多发生在企业内部员工与企业之间，由多个委托人与一家企业签订。员工对企业发展前景认可的情况下，会与企业签订借款合同，借出部分款项，这对于缓解中小微企业贷款难问题也有很大的帮助，有利于企业内部融资。

（四）银行其他非金融工具业务创新

商业银行在缓解中小微企业融资难问题上，一方面可以扩大贷款

---

① 牛中南．民生银行：推出个人委托贷款[J]．农村金融研究，2002.

数量，通过金融工具的创新不断实现贷款业务量的增长；另一方面，可以不断提高业务处理能力，有效利用资金，实现贷款资金使用质上的飞跃。因此，银行在提高自身信贷风险处理能力上，还可以通过以下方面进行改进：

一是可以更新现有贷款的网络电子使用技术，扩展业务沟通渠道，通过电话和网络及时与企业进行信息沟通，为企业开办电子银行业务，实时更新企业贷款数据资料，专人进行全天候追踪管理。为保证中小微企业贷款方便，简化贷款审批手续，增加贷款营业服务窗口，缩短贷款审批期限，健全中小微企业信用评估体系。对于在企业经营过程中信誉较好的客户，可以开放快捷通道，建立 VIP 专属服务制度，给予贷款优惠，开展循环贷款业务。对于产品具有广阔市场前景的企业，及时调查并给予适当融资支持，帮助其扩大销路，提高其经营发展能力。银行要利用自身经营的优势努力维系好中小微企业优质客户，建立长期联系。

二是银行可以充当企业的财务顾问，为企业的实际运行提供财务管理服务。由于银行掌握了中小微企业一定的融资数据资料，在其财务制度并不完善的情况下，为其提供完善的财务管理与辅导业务，不仅能够提升企业的综合管理水平，也能为银行扩展中小微企业服务、更好地了解企业经营情况，扩大业务范围提供有利支持。

三是银行为中小微企业开展融资租赁服务，帮助企业获得发展必备的设备。由于中小微企业不断扩大生产的需要，其往往需要不断购买更新固定设备，这些大型机器设备价值不菲，企业往往没有足额的资金一次性全部买下。这时，银行可以利用自身积累的客户优势，充当开展融资租赁业务专门机构的市场中介业务，银行为中介机构提供证明中小微企业自身发展能力的翔实数据资料，融资租赁机构更容易开展业务。另外，中小微企业在寻找合适的融资租赁机构也需要经过多方比较，选择具有专业能力和合适费用的融资租赁机构，银行可以利用自身优势为两者开展服务，大大提高中小微企业的发展能力。

（五）完善信息沟通机制，构建信贷信息共享平台

未来防范金融系统风险，便于银行更好地监控企业信用风险，中

国人民银行各个分支机构的金融债权管理办公室应该与当地商业银行和法院联合起来，以债权管理办公室为核心，利用先进的计算机技术构建企业信贷信息管理系统，对接银行各分支机构的信贷信息数据，建立基于本地区的全面的企业信贷数据档案。各银行分支机构负责向系统输入企业各种资料，如法人注册信息、贷款信息、信用状况、各项财务数据、经营状况、管理层信息以及在行业内发展概况等，通过网络实时更新数据资料，利用信贷信息系统进行动态管理与监测。同时应该根据国际通用情况，建立贷款信息的五级分类标准，通过对贷款信息的科学监测、合理判断和及时反馈，切实在网络技术发展的情况下发挥银行事前、事中和事后全过程风险管理的作用，及时发现风险并合理化解，同时扩大对优秀中小微企业的扶持力度，切实防范中小微企业金融风险。

另外，要建立微信企业信息通报机制，对于在法院等机构有记录的老赖企业，商业银行应定期与法院机构沟通，确定违信企业名单并及时录入系统。各银行分支机构应该随时查询并定期通报，对于违法逃避债务、违规违法经营的企业，给予实时监控，打通各个机构的信用信息更新系统，共同防范信用风险。银行可以利用信贷数据查询系统严格控制企业多头开户现象，核查和监管企业还款情况。由于银行信息系统并未与同业对接，未有共通互享信息机制，这让非法从事多头开户的中小微企业有了可乘之机。在构建信贷信息查询系统的同时，要注意完善客户的信用审查机制，根据《银行账户管理办法》和《违反银行结算制度处罚规定》的规定，对于未能及时落实对金融机构债权而又到其他同业机构继续开户的企业，进行查处并撤销非法账户，暂停其金融结算与各种账户业务，直到其履行完成对其他金融机构未完成债权为止①。同时，银行应根据系统数据对信用程度较低的企业进行归类，如有发现其违信行为，立即清理其户头，根据情节严重情况决定是否取消其信贷业务。加强信贷信息系统的监管职能，切实维护金融安全。

---

① 王勇．银行结算账户管理问题［J］．中国金融，2016.

第八章　金融生态与中小微企业金融支持的长效机制建设

现阶段，中小企业已经成为促进我国社会经济发展的重要构成，也是市场活跃的主体之一，更是社会主义市场经济活跃度的重要体现。但是，融资难一直是阻碍中小微企业发展的巨石。强化金融支持，构建服务于中小微企业的融资长效机制，推动金融创新，才能真正提升中小微企业的活跃生机，促进中小微企业的健康良性发展。

第一节　发挥改革开放和市场机制的作用

一、坚持改革发展的大方向

改革既是社会主义制度的自我完善，也是在遵循社会主义制度基本原则下对阻碍生产力进一步发展的旧机制进行绝对性根除。正是在改革的浪潮中，在不断解放和推动生产力发展的过程中，社会主义激发出无限的创造活力和制度潜力。早在20世纪80年代，邓小平同志就指出了改革开放的重要性："我们进行改革开放，是决定如何搞社会主义的问题。从制度层面来看，缺少社会主义这个基础，改革开放就会走向资本主义。"习近平主席在2016年5月举行的中央全面深化改革领导小组第二十三次会议上表示："改革既要增添发展新动力，也要向维护社会公平正义的方向前行。”中共十八大之后，我国的金融体制改革仍然在推进中。2014 年，我国政府出台了多项针对中小微企业融资、中小微企业健康发展的改革措施，例如《关于多举措着力缓解企业融资成本高的指导意见》、《关于进一步支持小型微型企业健康发展的意见》等政策，并在区域范围内改革注册资本登记制度，这使中小微企业金融支持始终坚持改革发展的大方向。可以说，发展和支持中小微企业金融支持，要始终坚持中国改革开放理论，全面贯彻科学发展观，从中国国情出发支持中小微企业的融资机制构建。具体来说，坚持改革促进中小微企业的金融支持措施主要有以下几种：

（一）坚持改革方向，加快中小微企业的发展统筹工作

从西欧发达资本主义国家以及我国的发展历程来看，各个国家都不同程度地存在重视大企业发展、轻视中小微企业生存的问题，尤其是我国在社会主义经济发展到特定阶段之后才开始重视中小企业的金融支持问题。但是随着 30 多年的改革开放发展，现阶段我国的中小微企业已经被认可而接纳，并成为政府政策扶持的、经济社会发展的重要力量。2014 年，我国企业的总数达到 1819.28 万家，这其中私营企业总数为 1546.37 万家，同比增长 23.33%。这说明，中小微企业的发展非常迅速，巩固中小微企业的经济地位已经上升到了国家政府层面。但是，因为中小微企业自身的问题以及资本的趋利性，导致中小微企业的金融支持成为难题。我国政府有必要坚持改革的大方向，从国家战略的高度审慎中小微企业的快速发展。现在，无论是美国、欧洲、日本等发达资本主义国家还是其他国家都会从整体出发，政府组建强有力的扶持机构，从全局平衡统筹，形成从政府到地方的服务机构，完善中小微企业金融支持的体系配套措施。现阶段，我国不仅需要加强政府专门管理机构的金融扶持体系建设，在此基础上还应该构建财政、产业、税收、金融监管、资本市场、公共服务系统以及信用系统等多个因素形成的体系，依据这一体系改变中小微企业的融资现状，科学定制中小微企业长期发展战略，加强国家和政府互为补充、协调发展的推动力，从根本上为中小微企业的金融改革创造健康环境。

（二）改革国有商业银行，加强对中小微企业的信贷管理

近年来，我国经济结构变化情势明显，金融体制也在逐步改革中。但中小微企业现在仍然融资困难，正说明现阶段我国金融制度的缺陷，即金融制度缺少与中小微企业相匹配的运营规制。所以，政府应该加快国有商业银行改革。其中，银行业的产权结构改革是目前我国金融制度改革的必经阶段，银行作为现代企业先导，必须要适应市场经济的发展要求。银行金融机构这一属性决定了自身必须是股份结构制，这样才能在企业贷款中做到利益最大化。在改革开放的发展过程中，我国银行一直在寻求解决企业融资难的困境，但国有商业银行一直对民营经济另眼相看，大部分原因是出于体制问题。因此，现阶段必须改造国有商业银行产权结构，在确保国有资本控股基础上吸收民营资本和私人资本，让国有商业银行实现多元化产权，市场化发展。在改革国有商业银行产权后，适当对国有商业银行信贷结构进行调整，使银行在投放信贷资金上转换理念，增加对中小微企业的融资支持。现阶段，我国国有商业银行信贷业务的对象主要是国有企业或国家控股企业，甚至一些银行信贷考核标准之一即贷款对象的国有、集体、私营性质。面对这一情况，政府在经营国有经济战略发展时也应该充分发挥民营经济的实力，通过经济政策变化让国有商业银行调整信贷策略。面对民营经济市场发展的潜力，国有商业银行应该支持中小微企业民营经济的发展，改革国有商业银行内部授权授信机制，降低中小微企业资金贷款的审批标准，扶持适应区域经济发展的中小微企业贷款项目，加强对中小微企业的信贷管理，建立统一的中小微企业借款、还款标准，在改革的大方向下加强对中小微企业的金融扶持力度。

二、完善市场在资源配置中的作用

（一）构建多层次的金融资本市场

中小微企业金融支持要想顺利进行，必须完善市场在资源配置中的作用，当务之急是要加快构建多层次的金融资本市场。因此，首先

要使金融市场的准入门槛降低，使小型的金融机构可以自由地进行资金流通，减少对中小微企业的歧视。这是因为，资本市场中社会资本的进入能够最大限度地解决中小微企业的融资问题，通过控股的方式使企业资本强大。

但是，我国现阶段的资本市场主要分为两种，即场内和场外交易市场。前者主要是1990年和1991年成立的上交所和深交所的主板市场、中小板和创业板市场；后者则是前几年刚开发的各地产权、股权交易以及“新三板”市场。最初我国只有上交所和深交所场内交易市场，这些市场仅支持国有企业，对中小微企业的融资是拒绝的。这就使经济发展中最具有活跃度的中小微企业得不到融资帮助。幸运的是，近年来我国政府积极打开“新三板”市场，“新三板”市场主要由地方政府牵头建立产权、股权转让，资产并购等交易机构，“新三板”市场的出现和发展为中小微企业的金融支持做出了贡献。

由于多层次金融市场的存在，投资家能够按照本身需求选择不同风险的市场投资。也能够从信息的准确真实入手选择投资对象。从另一方面来看，企业的性质和规模不同，也能够选择不同的融资方。通过杠杆式的资本市场调节，不同的投资者和有融资需求的企业都可以各取所得，从而在一定程度上满足了中小微企业的融资需求，加强了企业之间的合作和交流，提升了金融资本市场的调节效率。而且，现阶段“新三板”上市公司大多数都是优秀的中小微企业，到2016年3月，我国中小微企业股份转让系统有5990家企业挂牌，这些企业引来了诸多社会资金融入，从而在一定程度上解决了中小微企业的发展问题。可以说，“新三板”市场的出现使资本市场的资本得到较快速度的激增，促进我国中小微企业的信贷发展。

另外，我国也应该积极发展企业债券市场。现阶段，我国的主要投资者把目标瞄准股票投资，只有少部分人注重企业债券投资。面对这一情况，政府应该在证券交易平台中进一步健全企业债券交易平台，利用债券发行的杠杆性调节不同资产和规模的企业，进一步提升中小微企业利用债券解决资金问题的成功率。与此同时，政府还可以对一些口碑甚佳的中小微企业采用政策优惠，让境外一些优秀的资本融资境内，尤其是针对出口贸易型的中小企业，更应该鼓励这些企业充分运用中国香港创业板、美国三板平台以及境外融资平台，获取强有力的境外融资支持，进一步促进自身的良性发展。

（二）松绑金融管制，为资本市场注入新活力

按照金融深化的原理，一些发展中国家在金融上存在不足的原因即国家政府过分管制金融，导致市场调控功能不健全，从而使资源配置上出现问题。从这点来看，我国政府可以放松金融管理，为资本市场注入新活力。正如2014年国务院工作会议中李克强同志所说的那样："市场主体'法无禁止即可为'……政府则'法无授权不可为'。"从这句话可以看出，法律如果对某项行为缺少禁止文件，市场主体就可以进行这项行为，这给予市场更多的发挥余地；而且，政府没有明文规定进行管理，也可以减少对市场某些行为的管控，这使资本权力回流到市场，市场得到松绑。根据这一理念，市场松绑金融管制，也需要做好以下几项工作：①加强利率市场化。按照世界其他资本主义国家的发展历史来看，只有利率市场化才可以有效降低小额信贷的风险。②降低中小微企业市场准入门槛，疏导更多的民间资本，使中小微企业需求者更容易得到融资。③开展更多的融资服务，使面对中小微企业的融资产品和服务多样化，从而吸引更多的投资者，解决长期融资问题。

需要注意的是，发挥资本市场的调节机制，并不意味着市场就是万能的。在建构多层次资本市场时，我国政府可以学习美国资本市场的构建经验，对融资和监管绩效科学评估，在保证社会主义公有制以及不发生系统性金融风险的前提下，从我国的真实国情入手，展开多渠道、多制度的市场保障，这样才能真正高效提升中小微企业融资结构中股权融资所占的比例，降低风险投资率，使更多的优质中小微企业迅速便捷地进入资本市场，并能够获得资本支持。为此，我国政府还需要加快规范和培养市场，提升市场的行业化和职业化以及服务水准。继而在打通"新三板"和创业板机制上创新资本流动性，规范融资体系，丰富中小微企业的金融支持渠道。

第二节 完善金融生态环境

一、金融生态环境的含义及其基本内容

金融生态环境这一概念的提出肇始于金融生态理论。金融生态理论源于生态学，德国学者 E. Haeckle（1866）认为，生态系统包括环境以及有机复合体。在此基础上经济生态学（ECO）的概念诞生，美国学者 Mekenzie 认为，社会经济的发展与自然生态之间彼此关联，即经济发展和保护环境是一致的。随着经济金融的发展，学者们逐渐注意到了金融和外部环境的关联性，并提出了“金融生态系统”理论。《辞海》里阐释“系统”时说：“各组成部分之间借助关联而达成的整体即为系统，比如文化系统、经济系统。”金融生态系统利用生态学原理，即生物和环境之间的关联性，来强调金融和其生存的外部环境之间的关系，既注重外部社会对金融的影响，也注重金融内部因素的发展流动规律。

白钦先（2001）认为，国家建构金融生态系统，能够有效合理调配资源，使金融更好服务于经济；而且他还着重阐释了金融生态环境优化的意义，强调金融生态环境对促进金融长期发展的重要性①。2002 年，周小川在《完善法律制度，改进金融生态》中引入“金融生态环境”这一概念，并认为法律是金融生态理论的关键，若想改变我国的金融生态环境必须要健全相关法律②。李扬等（2005）强调金融生态系统由金融主体和金融生态环境等不同因素利用资金、信息、流通等社会环境而形成的一个相互影响的发展整体。这一整体主要由

① 白钦先．金融可持续发展研究导论［M］．北京：中国金融出版社，2001：89－107.
② 周小川．完善法律制度，改进金融生态［N］．金融时报，2004－07－12.

金融生态主体和金融生态环境构成，两者之间既相互影响又相互制约，也相互促进[①]。

一般来说，金融生态主体即在金融生态环境发展中，为了维持其发展而不断随环境改变而改变，继而按照自身需求作用环境的主体单位。一般包括金融业务和产品的提供者，如银行、证券和保险公司以及民间借贷公司等，这些金融机构和组织形成了金融生态环境的主体，也是这一系统中数量最多的个体。金融生态环境即金融生态主体在寻求更深层次的发展时势必会受到一定因素的影响，这些因素的综合即金融生态环境。金融生态环境包括的因素较多，如经济环境、地方政府服务、法律制度、文教科技、对外开放程度等。随着社会环境和经济的发展，尤其是国情的变化会导致金融生态环境发生改变，社会中的政治环境、经济发展和法律条文既是影响和限制金融发展的根本因素，也是构成金融生态环境的最主要因素。

参考李杨、王国刚、刘煜辉（2005）的《中国城市金融生态环境评价》一书可知，不同因素对金融生态环境的影响度或者说贡献弹性并不相同。该书对九大类因素对城市金融生态环境的影响力（贡献弹性）进行由大到小依次排序：经济基础（0.18），金融发展（0.14），金融部门独立性（0.12），法制（0.19），诚信文化（0.12），社会中介服务（0.09），地方政府公共服务（0.07），企业诚信（0.06），社会保障度（0.03）。从上述研究可知，前五项经济基础、金融发展、金融部门独立性、法制以及诚信文化对金融生态环境的影响力最大（约0.75）。其中，金融部门独立性受政府职能影响严重。因此综合以上观点，笔者对金融生态环境的构成因素进行具体分析：

（一）经济基础

经济发展会推动金融系统诞生。这是因为，经济发展程度越高，对金融产品需求量越大，所以金融系统的发展程度和经济关联紧密。现阶段，经济一体化发展日益明显，经济环境和金融相互影响，共同

① 李扬，王国刚，刘煜辉．中国城市金融生态环境评价［M］．北京：人民出版社，2005：37－56.

构成现代经济的主要部分。金融的发展由区域经济决定，反之区域经济发展也会被金融的发展高度影响，可以说区域经济的发展优劣完全决定着金融系统的有效运行。比如某些区域经济发展缓慢，居民就业环境不好，金融势必不能保持良好稳定运行。所以，对于金融生态来说经济基础如同土壤一般为其提供养分。

（二）金融发展

区域金融发展会对这一区域的金融生态环境产生直观作用。区域金融发展包含多项要素，如金融规模和结构、金融发展的自由度、金融安全性以及其创新性等。区域内的金融结构会适配相应的区域经济发展模式。因此，要想稳定金融体系发展，就必须构建良好的金融结构。只有地方金融水平保持旺盛的活跃度，才能使相关的金融业发展功能得到扩大，才能促进金融环境的稳定良性推进。其中，金融机构的中介作用才能得以更好发挥，从而有效降低交易的成本，完善金融生态环境。

（三）政府职能

我国政府对金融生态环境进行调控，这是由政府的职能决定的。地方政府作为管理公共事务的主体，也在构建区域金融生态系统中起着引导作用。地方政府职能的发挥引导着区域金融生态的方向，包括金融资源的调配、企业经营是否独立、企业债务偿还及意愿等都会受我国地方政府职能的影响。但是，从金融生态学理论来看，如果地方政府职能干预越界，会极大地阻碍金融市场自主性的发挥，导致金融市场自由竞争的环境受阻。因此，地方政府在行使职能时，一方面要积极干预区域内的金融市场，从本区域利益入手引导金融合理投资；另一方面，为了合理建构金融生态环境，地方政府也要遵循金融市场的发展规律，较少干预金融市场。从这点来看，地方政府职能发挥对金融生态环境的影响度较大。

（四）法制

法律制度对金融生态环境的影响也相当大。当某个区域的法律制度越来越完善时，金融的运行就会降低成本，从而促进金融生态环境的稳定性。可以说，金融生态的良性发展需要依靠法律制度的预防和调节，通过法律制度，金融生态可以有效控防金融风险，保持金融市场的稳定性。所以，通过金融法律制度，可以对金融市场中主体的各种行为进行规范，从而有效克服金融风险，也可以避免一些金融生态主体运用法律的漏洞产生金融纠纷，导致市场正常秩序被破坏的行为产生。

（五）信用系统

信用系统对金融生态环境也产生了较大的作用力。这是因为，诚信会使信息成本有效下降，这会规避因重复确认信息是否牢靠而耗费诸多人力和物力的现象产生，从而使金融运作效率提升。从中国古代经济发展史来看也是如此，只有良好的信用才能建构良好的金融系统，也只有良好的信用才能扩展区域金融交往的边界。可以说，一个区域内的信用越高，在这个区域内的金融机构产生损失的可能性就越低，这也有效地降低了不同服务的成本费用，从而在一定程度上提升了金融生态环境的良性发展。反之，如果区域内的金融交易不诚信，不仅会提升信息确认的成本，还会使金融生态主体蒙受巨大的经济损失。而且，一旦一方毁约不能提供正常的资金流通，就会使金融生态系统内的资金不能正常流转，从而影响区域内金融经济的发展。如果经济发展情况不佳，又会反过来阻碍金融生态系统的正常运行。

在以上金融生态环境的构成要素中，经济基础、金融发展以及政府职能发挥是物质基础性环境，而信用系统、法制则是非物质环境。物质基础性环境对金融生态系统的发展空间、发展时间、发展质量产生决定性作用；反之，非物质环境则对金融生态系统的安全性、平稳性等也会产生影响。总之，以上五种因素是影响金融生态环境的主要构成，它们与其他外界因素互相产生作用和推动力，共同促进金融生态环境的建设。

二、金融生态建设对中小微企业融资的意义

金融生态建设关系到中小微企业金融支持能否良好运作。这是因为，金融生态环境是中小微企业发展的外部环境，而中小微企业的发

展势必会推动区域内的经济增长，提升区域创新能力，并进一步反过来优化金融生态环境。所以，金融生态环境和中小微企业发展互为辅助，建设金融生态意义重大。

（一）从宏观层面阐释金融生态建设对中小微企业发展的促进作用

从金融学理论来看，经济基础作用发挥较好势必会推动中小微企业的发展。但是我国的经济发展情况非常繁杂，金融系统并不统一而且金融结构也不能随时做出准确反应，这就致使经济和金融有时并不配套。与此同时，经济基础不扎实也会致使金融系统的监管、体制创新等构成出现问题，促使金融资源配置不平衡，反而限制了中小微企业发展的外部环境对其促进性，并进一步影响了中小企业的良性发展。

从另一方面来看，金融生态环境构成的一大要素即经济基础，这既是金融生态环境的基石，也是金融生态环境发挥作用的前提。而且，因为金融生态主体和外部环境的关系较为密切，一旦金融生态主体有所活动，势必会改善经济基础，并促使金融生态发生变化。中小微企业是市场经济的发展导航仪，假如经济基础不扎实，政府职能势必会干预其中，就会影响到金融市场的平稳运行。而在这样的金融生态环境中的中小微企业也不能公平竞争市场。所以，只有扎实的经济基础，才能在此前提下建构良性金融生态环境，才能使金融生态环境改良中小微企业的自身发展。

（二）从微观层面阐释金融生态建设对中小微企业发展的促进作用

首先，建设良性金融生态，能够吸引更多的投资者，这为中小微企业获取金融支持，改良中小微企业的发展提供动力。并且，利用中小微企业的改良，既可以使其为区域经济创造更多利益，也可以推动区域的文化创意产业、科技创新产业发展，并反作用于金融生态环境，促进金融生态系统的良性循环。

其次，良性金融生态从微观来看包括法律建设、社会保障制度建设、人力资源建设等，这些都属于金融生态环境的外部因素。促进这些外部因素的建设能够为中小微企业的发展提供法律保障、优秀的人才以及社会保障制度，这会进一步促进中小微企业的发展，提升其信用等级。而且，中小微企业发展的保障力度增大也可以降低其市场准入门槛，并促进金融生态的效率优化。

最后，良性金融生态建设能够在一定程度上使中小微企业的融资途径多样化。金融生态良性发展可以提升资源的优化分配，在这其中大量的外来资本会随着资源优化分配而涌入，这就使关于中小微企业的融资多样化，也提升了区域金融的信贷水平，并由此使中小微企业的发展和金融生态建设相互促进，使金融生态环境进一步良性发展，也进一步推动了区域经济的昌盛发展。

综上所述，良性金融生态建设可以吸引更多的资金涌入，进而提升区域的竞争力，也使中小微企业的发展空间变大。当股权、债券等融资都产生作用时，中小微企业的信用等级不断上升，这不仅提升了中小微企业的融资能力，也使中小微企业的发展势头稳健。反之，中小微企业的蓬勃发展也同样会推动区域的竞争力，这不仅会使中小微企业为区域经济发展创造更多的财富，也会进一步优化金融生态环境。

三、金融生态对中小微企业融资的影响

在上文的叙述中，我们从宏观和微观层面了解了金融生态建设的重要意义，尤其是分析了金融生态建设对中小微企业的发展产生的影响。但事实上，金融生态环境各要素对中小微企业的融资也会产生不同层次的影响。具体来说，经济基础、金融发展、政府职能、法制和信用系统等金融生态环境构成因素都在影响着中小微企业的融资：

（一）经济基础对中小微企业融资的影响

金融生态环境中的基本因素即经济基础，经济基础为活跃金融提供了充足的土壤。经济基础内容丰富，主要有经济发展水平、区域产业结构、经济活跃度、人均收入分配以及社会基础设施等。经济基础状况好势必会提升该区域中小微企业的融资环境，我们也可以理解为经济状况越好，则经济水平发展越高，该区域的市场经济秩序势必良好。反之，假如某个区域的经济基础不扎实，需要政府的强制作用力

才能维持，这个区域内金融生态环境的其他要素也会变得不稳定。因此，从中小微企业融资的角度来看，经济基础扎实的金融生态环境中，可以吸引更多的外部资金，进而使作为经济主体之一的中小微企业受益。

所以，政府必须改善区域经济基础，逐渐壮大区域的经济发展，从而扩展中小微企业对资金的需求量。要想加快某一区域的经济发展，还必须优化经济结构，调整经济体制。目前，我国处于新经济结构改革时代，习近平主席早在2014年就提出了“供给侧改革”这一战略，为此我国的区域地方政府要积极响应国家政府的号召，转变经济增长的发展思路，凭借制度创新、科技创新、管理创新，大力开发新经济结构产业项目，提升知识产权在区域经济发展中所占的比例，注重发展新型产业，优化产业升级。同时，区域地方政府还应该加快高新科技的利用，改制传统的产业，推动新型的工业发展，并以信息产业带动工业发展。只有这样才能优化升级区域的经济基础，使该区域的经济、市场、企业供求良好对接。而在这一经济基础中，中小企业不但壮大了自身，也在快速发展中提升了自己融资的成功率，从而使企业、市场、金融、经济各要素形成良性循环。

（二）金融发展对中小微企业融资的影响

区域内的金融发展主要是指金融发展的质量、数量和效率。这三方面对中小微企业的融资环境产生重要影响。在这三方面中，金融中介、金融业贡献率以及金融市场都是体现该区域金融发展水平的重要因素。其中，金融中介表现为银行存贷比，金融业贡献率可以表现金融业附加值，而金融市场主要表现为保险、股票以及其他金融产品。金融业附加值越高，即表现为这一地方金融发展的整体水平越好，即该地方的金融市场行为平稳和良性，金融市场发展越昌盛。这也意味着中小微企业的整体融资环境较好。所以，从中小微企业的融资来看，金融生态环境良性发展会为中小微企业提供更广泛的融资渠道。

要想加快金融发展，政府应该推动为中小微企业融资的金融工具、金融服务发展，进一步拓展中小微企业的融资渠道，从而使金融机构的服务质量越来越好。比如我国现阶段推出的创业板增加了股票、企业债券等专门为中小微企业服务的金融支持业务，这将在一定程度上改善中小微企业融资难的困境。此外，国家大力发展一些小额信贷公司、贷款担保公司等，这些公司可以从商业银行吸取经验，拓展其运营模式，为中小微企业服务。此外，国家针对中小微科技企业，也可以有针对性地设立科技商业银行，在资金短缺的情况下可以优先满足中小微科技企业的融资需求，及时为这些中小微企业提供资金支持。

（三）政府职能对中小微企业融资的影响

在金融生态环境中，政府职能主要包含财政预算、财政收支平衡预算以及信用风险。在这几个职能中，主要根据预算内财政缺口/GDP以及预算内财政收支两个指标来估算。从经济学角度来看，当政府职能过度干预金融市场时，就会严重制约金融机构自主经营的可能性，也会使中小微企业很难在金融市场上实现有效融资竞争，甚至更为极端的政府职能行使也会对该区域的中小微企业融资产生长久破坏。所以，政府职能对中小微企业融资的影响是一把“双刃剑”。从作用机制来看，区域地方政府的职能发挥可以有效改良该区域中小微企业的融资情况，并帮助中小微企业发展建构相应的保障措施。但是从另一方面来看，地方政府过度的职能行使也会使中小微企业的融资环境偏离市场发展规律，这也会反过来阻碍中小微企业的有效融资。

因此，为了中小微企业获得更好的金融支持，政府在转变职能的同时，也应该保证金融部门的独立性。一般来说，政府采用行政手段可以直接干预金融市场，所以政府管理服务职能的强化，可以使其增强对金融市场的管理职能，从而提升金融生态环境的水平。在仔细贯彻政府对中小微企业的金融支持相关政策之后，政府可以把其干预金融市场的手段转化，从公共服务的职能入手，提升金融部门的独立性。具体来说，可以采取以下几个措施：①支持区域地方的中小金融机构发展，政府可以指导这些中小金融机构合理调配金融资源，从政策上给予这些中小金融机构优惠；②政府可以充分整合网络信息，建立政府、中小金融机构、企业合作的政务信息网络，提升政府的金融服务效率和水平；③提升政府的执政能力水平，重视改善区域内部的金融生态环境；④政府应该建构完善的管理制度，保障区域内的金融生态环境得到可持续发展，不同政府部门之间也应该加强合作，注意分工。与此同时，政府也应该注意减少不必要的行政干预。金融市场发展有其特定的规律，政府现在要做的是尽量减少行政干预，而积极行使公共服务的职能，废除一些不必要的有悖市场经济运行规律的政策，完善金融市场的法律监管，鼓励中小金融机构自主经营。

（四）法制对中小微企业融资的影响

法制环境也会对一个区域内的金融生态环境产生直观的影响。相对于中小微企业来说，融资的成本越低，资源配置越高效越好。所以，当某个区域的法制足够完善时，不管是金融投资者还是中小微企业所付出的成本会越低，这会促进金融生态环境的良好发展，有效防止中小微企业可能碰到的融资困难。通常来看，我们会用每万人具备的律师数量、每万人的经济诉讼数量以及非税收入所占财政收入等标准来衡量该区域的法制是否完善。

完备的金融法制环境可以使处于金融生态系统中的主体权利得到有效保护。因此，建构良好的金融法制环境，对于检查金融主体的行为，打击和惩罚金融违法案件都有重要的作用；不仅净化了生态金融环境，还可以使中小微企业和金融机构都处于有效的法律监管中。所以，政府应该加强金融法制环境建设，强化对金融的监管力度，在执行法律的基础上调节监管金融的模式，依法惩处金融腐败、违法行为，转变执法机构的功能。此外，为了净化金融生态的法制环境，除了积极推行法律制度改革外，还应该建设相应的配套设施，比如采取措施阻止任何不良行为对金融市场的干扰，对任何非法金融行为给予严厉惩处等。具体来说，可以采取以下几个措施：①建立责任制，政府在惩罚金融违法行为时可以对恶意逃避责任、逃债的相关人员进行法律惩处，使其受到法律的重责；②执法公开而严明，特别是在对金融机构中的债权、债务等活动进行审理时，一定要本着公开、公正、独立的原则进行审理，提升金融事件法律审理的有效性；③国家政府部门之间加强合作，确认各部分的管辖范围和法律责任，强化税务、法院、工商以及金融机构部门的关系和合作，对这些部门人员的不良金融违法行为给予惩罚。

（五）信用系统对中小微企业融资的影响

信用系统主要包含以下几个要素：区域教育发展状况、社会保障程度、人们对教育的投入情况以及区域内的社会诚信风气。以上几个因素也有几大指标估算：社会保障覆盖率、区域全年教育文化支出、人均教育投入、银行等金融机构贷款情况尤其是征信情况。中小微企业融资受阻的一大原因是商业银行信用评级低。而从信用系统来看，上述几个因素可大大提升中小微企业的信用等级，从而使中小微企业获取金融支持的概率增加。可以说，良好的信用系统可以有效降低区域内的金融机构可能产生的损失，也会使中小微企业的融资成本降低。当然，假如某个企业在融资上失信，不仅为其贷款的金融机构可能蒙受巨大的损失，而且这个金融机构还会在心理上产生中小微企业融资会失信的阴影，这些都不利于中小微企业今后的继续融资。因此，政府应该建构企业和个人的征信系统。

具体来说，可以采取以下几个措施：①建构个人和企业的网络微观征信系统，使金融机构和中小微企业在信用信息采集上具有对称性。从上文中可知，导致中小微企业融资产生困难的一个重要原因是它们的信用缺失，尽管政府给予这些企业大量的信贷优惠，但仍然不能解决这些问题。这其中最主要的因素是信息不对称，因此政府有必要建构统一的征信系统，中小微企业需要融资时可以通过这个征信系统向金融机构递交自己的网络诚信资料，金融机构也可以通过这一征信系统甄别风险，降低信息采集和处理成本，这不但可以提升中小微企业的融资效率，也可以节约审核成本，优化金融生态环境。②区域地方政府要加强政府相关部门、金融机构、中小微企业之间的关系，建构规制统一的中小微企业信用评价等级系统，对需要融资的中小微企业可以筛选之后推荐给银行，再由担保公司等放贷机构参考评级，通过评级审核，尽快为中小微企业提供金融支持。

综上所述，金融生态环境的各要素凸显出该区域内金融生态系统是否稳定发展以及金融市场的健全程度。从我国的区域经济发展来看，金融生态环境的良性建设势必会积累大量的财富，这会促使更多的中小微企业在区域内出现并发展。随着发展，这些中小微企业也会有更多的融资需求，这些需求推动了现代金融机构数量增加，这就会使中小微企业和金融生态环境相互合作，相互促进，形成一个良性循环整体。所以，构建良好的金融生态环境可以有效丰富金融工具，优化金融结构，并为中小微企业的融资提供更为广阔的资源，从而有效地解决中小微企业的金融支持问题。

第三节　建立中小微企业金融支持的长效机制

2012 年，在我国财政金融和外国政府贷款管理工作会议上，李勇同志认为要想保证经济的平稳发展，必须扶持金融发展、控制金融风险。同时，孙晓霞同志也表示要提升财政金融政策研究的敏感性、前沿性，首先要建构财政推动金融支持的“三农”长效机制以及“小微企业”政策体系，切实做好金融支持工作①。可以说，中小微企业在我国国民经济中所占比例越来越重。近年来的国家财政会议明确了中小微企业的金融支持发展思路，并在中小微企业的融资业务模式、流程、产品以及风险管理等方面进行探索。但是，为了促进中小微企业的可持续发展，政府必须要从小额化、标准化、专业化入手，构建中小微企业金融支持的长效机制，这样才能真正促进中小微企业长远发展。

一、中小微企业金融支持对长效机制的要求

长效机制，即能够保持长期的制度良好运行并发挥预期功用的一种体系。长效机制并非保守僵化始终不变，而是根据时间的发展、环

① 财政部金融司．建立健全财政促进金融支持“三农”长效机制[EB/OL]．证券时报网．http：//kuaixun. stcn. com/content/2012 -01/09/content_ 4419345. htm2012 -01 -09.

境的变化而不断丰富。中小微企业的金融支持离不开长效机制的作用力，这是因为，中小微企业的发展是一个长期的过程，也是一个缓慢的过程。在这一过程中，中小微企业通过源源不断的资金支持发展和壮大自身，从而达到一定的目标。从这点来看，中小微企业长期的金融支持离不开长效机制的保证。具体来看，中小微企业金融支持对长效机制的要求主要有以下几点：

（一）长效机制的构建要符合中小微企业金融支持“短、小、频、急、快”等要求

中小微企业自身经营规模较小，经营等级制建设尚不健全。所以，一般国有商业银行针对国有大型企业融资服务的“大数定律”思想并不适用于中小微企业的融资需求。因此，在建构长效机制时要从中小微企业融资的需求入手，突破传统的保守思维，按照中小微企业的经营特点进行。

具体来说，中小微企业在融资上的需求主要为“期限短、额度小、贷款频、贷款急”。根据一些机构的调查发现，中小微企业在资金需求上通常表现出额度小、贷款时间短等特点，并且一般中小微企业都是短期内需要资金，还款的期限最少为2～3个月，最长为一年，这表现出中小微企业在融资需求上的短效性以及灵敏性。但是，由于中小微企业融资异常频繁，并且在管理资金和市场风险预测方面能力差，生产经营具有极强的动荡性，这就导致中小微企业在融资上具有独特之处，很难满足金融机构的信贷要求。

而且，在融资需求上中小微企业一般会缺少具备足够价值的抵押物，但是国有商业银行通常对中小微企业仅发放抵押贷款，但中小微企业很难提供相关物品，这也是现阶段国有商业银行不喜欢给中小微企业提供贷款的一个重要原因。比如一些中小微企业想获得500万元的贷款，但其土地和厂房作为抵押物并不能完全覆盖银行的贷款额度，而其他金融机构贷款利息比银行高，企业并不能支撑，这就导致企业只得缩小生产规模。

针对这些情况，国家政府在建构长效机制时一定要从中小微企业的需求入手，着重满足中小微企业获取金融支持的“短、小、频、

急、快”以及缺乏足够价值的抵押物等要求，使中小微企业的融资能够顺利满足其发展需求。

（二）长效机制的构建要改善中小微企业融资缺口巨大的问题

中小微企业在快速的发展中通常会需要巨大的融资来进一步拓展生产规模。从表 8-1 可以看出，中小微企业处于不同的生命阶段时对融资有不同的需要。一般情况下，在萌芽和创业阶段的中小微企业最容易破产，只有经过了初期的融资后才能在生产壮大中扩大规模，使企业的生命周期有效延长。但是，从目前对中小微企业的金融支持情况来看，以国有商业银行为主要供给的金融支持很难满足中小微企业巨大的融资缺口，这就需要国家政府在建构长效机制时从改善中小微企业的融资缺口入手。

表 8-1　中小微企业发展阶段中对融资的需求情况

阶段	创始人投资	天使投资	风险投资	商业银行	公开资本投资
萌芽阶段	需求	需求			
初创阶段	需求	需求	需求		
前期成长阶段	需求		需求	需求	
后期成长阶段			需求	需求	需求
成年期				需求	需求

（三）长效机制的构建要降低中小微企业融资的隐形成本

一般来说，中小微企业在融资时有两种手段：内源融资和外源融资。前者即企业内部通过经营生产获得的利润积累并整合使用，即中小微企业利用资本积累和盈余来进一步提升企业的生产能力，这是企业最先选择的内源融资方式之一；但有时，企业也会吸收更多股东入股，但会稀释原有股东股权，会对企业管理产生某些影响。而后者外源融资则是最为直接获取资金的一种方式，即邀请第三方介入，利用企业的现有价值物进行抵押从而获取金融机构的金融支持。

但是，在获取金融支持时，一些中小微企业可能由于自身条件不足不能向银行贷款，而优先选择一些民间借贷，但民间借贷率较高，会进一步让企业产生沉重的财务负担，也不利于企业后面的发展和经营。而且，一些中小微企业向银行贷款时表示，虽然银行的融资利率相较于民间借贷较低，但是银行融资也会产生一些隐形的条件，如银行强制中小微企业必须存入一定比例的存款，强制其购买银行推出的理财产品等，这些都会使中小微企业的融资成本提升，也会在一定程度上加剧中小微企业借款难、还款更难的困境。

二、长效机制对中小微企业的影响

从金融经济学角度来看，抓好经济工作莫过于认识经济规律并长期遵循经济规律。中小微企业对于国民经济发展、促进再就业的推动益处众所周知，但是中小微企业的生产规模小、抗风险能力差，虽然世界各国普遍重视中小微企业的发展，并在不同的经济时期给予中小微企业税收政策等方面的支持，甚至一些国家还把支持中小微企业发展上升到国家立法层面，我国也在21世纪初就通过了《中小企业促进法》（2003）。但是，从实施情况来看，我国仅在一定时期会给予中小微企业税费上的减免优惠政策，但是并没有行之有效的长效机制建立。笔者认为，与其在经济下行时国家再给予中小微企业临时出台的融资支持政策，不如对现有的针对中小微企业的融资措施进行梳理和学习，将关于中小微企业的融资问题在法律上进行规范，并在宏观上稳定中小微企业的长期经营行为，清理中小微企业融资的障碍，真正为中小微企业的发展建立长效机制。具体来说，长效机制对中小微企业的影响主要有以下几点：

（一）降低中小微企业的管理成本，提升中小微企业的管理效率

长效机制的构建通常会深化制度改革，规范中小微企业的收费项目和融资申请项目，这会在一定程度上降低中小微企业的管理成本。2014年，我国财政部干事孙燕在解读《关于进一步加强涉企收费管理减轻企业负担的通知》中提出，将暂免小微企业管理类、等级类、证照类等行政性质的收费转为长期的措施。可以说，这种长效机制的确立，一方面深化了我国关于收费制度的改革，使我国的收费制度做到

“正税清费”，提升了我国政府的公共服务职能；另一方面，对于中小微企业来说全面落实各种收费减免政策，建构长期有效的收费减免机制，会降低中小微企业的管理成本，而一旦各种收费的名目减少，势必也会减少中小微企业花费在管理上的时间，从而提升了中小微企业的管理效率。

（二）推动中小微企业顺利融资，提升中小微企业的创新发展活力

长效机制的构建，会在一定程度上规范中小微企业的融资模式和流程，并在国家法律层面上把这项措施长期固定下来。可以说，一旦临时的国家政策如税费减免、融资抵押条例等变成长期的政策之后，势必会鼓舞中小微企业的融资信心，并在一定程度上推动了中小微企业融资的顺利进行。而且，当中小微企业获得足够的资金支持后，也容易提升企业的创新力和活跃度。

三、建立长效机制的对策与建议

2013 年，金融“国十条”中第三条明确要求“整合社会金融，支持小微企业健康发展”。对小微企业中月销售额不足 2 万元的暂免征收增值税和营业税，这为全国超过 600 万元小微企业带来较为实在的优惠，且直接关系到数千万人的收入。在此基础上，国家发展和改革委员会为全力促进小微企业发展，提出八条意见：确保实现小微企业贷款增速和增量“两个不低于”的目标、加快丰富和创新小微企业金融服务方式、着力强化对小微企业的增信服务和信息服务、积极发展小型金融机构、大力拓展小微企业直接融资渠道、切实降低小微企业融资成本、加大对小微企业金融服务的政策支持力度、全面营造良好的小微金融发展环境。

但从落实情况来看，仍然有众多不确定因素，如地方政府的落实程度、具体操作过程中的不确定性等，使得国家相关政策大打折扣。政府部门应该科学合理地分析小微企业税收及政府性基金负担，科学制定行业规章标准，打破民营企业发展的弹簧门，真正将免税等相关优惠措施以制度形式确立。当然，政府应该制定更加宽松的鼓励和激

励政策，来帮扶小微企业。除却传统的特殊奖励和相关资助外，国家还可以设置相关基金池，允许社会闲散资金来帮扶小微企业，维持小微企业发展创新活力，解除创业者的后顾之忧。鉴于此，建立小微企业金融保障长效机制，从科学角度进行减负，真正让满足条件的企业享受优惠。

（一）政策支持与市场引导相结合

扶持小微企业发展，首先应该坚持党中央、国务院提出的“大众创业、万众创新”的整体要求，支持环保企业、创新驱动企业等朝阳产业中发展潜力大的小微企业，不断推动产业结构升级优化，推动经济良性健康发展。将扶持小微企业发展与推动科学技术升级、培育众创空间、提升外贸增长等相互结合，通过政策扶持，实现更多的小微企业快速聚集，最终实现“小壮大”、“小做强”、“小升高”的基本目标，实现新兴产业能力全面升级、稳健发展。在此基础上，政府应该拓宽企业融资渠道。利用多种方式，以政府资金为基本杠杆，提升小微企业融资能力，以为企业发展提供切实可行的资金保障。一方面，不断落实国家政策，利用银税互动、风险贷款补偿、贷款贴息奖励等诸多举措，深入了解小微企业的现实需求，支持和帮助小微企业将相关优惠政策落实到实处。另一方面，政府部门应该深入到诸多小微企业中，了解企业遇到的难题，及时向问题企业反馈办理结果，协同配合、上下联动，共同推进党和国家政策的落实。除此之外，依托现有国家的金融产业布局，不断优化融资环境，促进企业规模聚集。此外，政府还要优化企业融资环境。地方政府应该依据各地金融产业布局，建立上下配套的政策机制，不断优化地方融资环境，推动创新创业。一方面，健全政府融资担保体系，强化信用体系共同建设，从而扩大金融机构信贷规模，开发适合本地区发展实际的金融产品。另一方面，小微企业完善贷款激励机制、监管管理机制。依靠现有大数据、互联网等为小微企业提供更多的运营信息，解决小微企业发展过程中存在的信息不对称问题。

根据金融支持行政的相关要求，政策支持不仅应该继续在金融层面继续为小微企业提供保障，还应该强化市场引导机制。从全球现状来看，小微企业金融服务的可持续性已经成为难题。任何金融融资都必须依靠国家层面的支持。例如监管机构能否容忍银行对小微企业不良贷款比率、对小微企业的发债门槛能否降低、能否从政府层面建立相关信用保障机制、能否建立相关机制让民间金融投资更加透明清晰等。市场引导则比较简单，金融机构需要主动且愿意给小微企业融资，并对小微企业金融服务实施相关差异化监管政策，目的在于激发银行业自身的内在潜力和自觉性，提升小微企业融资的可能性。此外，针对小微企业融资层面，中央政策发力点主要集中于资金来源、渠道和使用效率，强调小微企业融资的差异化监管和融资可能性，重点在于社会构建完善的小微企业金融服务发展的整体环境。金融机构、监管部门对小微企业资金规模、投资取向的影响力非常大。小微企业专项金融债与信贷资产证券化同样是解决小微企业信贷资金层面的去留问题，在当前银行贷存比政策整体被约束的情况下，吸引力还是比较大。地方政府应该设置相关信贷风险补偿基金，或直接参与到融资性担保公司，为小微企业信息整合奠定基础，同时也可以提升贷款企业的信用度①。

（二）建构小微企业培优机制

解决小微企业融资困难，政策层面和认识理念层面的问题逐渐隐去，如何切实落实和实践，强化银行等金融机构在服务小微企业过程中的可操作性，逐渐成为核心问题。从当前现实状况来看，促进小微企业贷款合理增长，完善小微企业贷款利率定价，优化资本市场结构，需要从诸多方面着手努力：

一是完善小微企业贷款结构优化机制。通过国家相关政策，不断引导、鼓励和促进银行、金融机构扶持发展有潜力、产品有市场、就业有保障、效益优异、信用良好的小微企业。政府应该在企业信息储备库中进行筛选、比较，且可以将部分信用良好、财务管理严谨、发展潜力大的小微企业推荐给银行等金融机构，且全程跟踪、完善监督、现场指导，一方面定期编制信用优异贷款支持名录，且列出重点

① 吴群．中小企业关系融资的机制创新与现实意义［J］．现代经济探讨，2009（10）：156－157.

扶持单位；另一方面为筛选出来的优良企业提供相关金融服务，不断扩大优质小微企业客户群体。金融机构则应该“走出来”，深入诸多小微企业调研，分类排摸、定期抽查，建立小微企业资金需求目录，努力挖掘潜力型、成长型小微企业，且不断关注经济主管部门的推荐目录，只要符合国家政策及信贷原则，都可以将其列为重点支持对象。

二是完善小微企业贷款利率定价机制金融机构应该采取完善、灵活、多元的价格策略，判断小微企业贷款的风险水平、收益情况、管理成本、筹措能力等因素，并以此为依据制定不同的价格。金融机构针对不同的借款人实施差异化的贷款利率，且在风险转化为现实状况时，自主灵活地进行调整，能够最大限度地保证自己的利润空间，并以此来促进小微企业贷款的持续发展。金融机构的服务理念应该以“市场、信誉和效益”为核心评价标准，对风险高、信用低的小微企业，合理确定贷款利率以减低风险水平；对风险低、信用好、重点支持序列的小微企业，贷款利率则可以不上浮，从根本上降低小微企业的经营成本，促进小微企业不断向前发展。可以说，金融机构应该不断营造良好的经营管理体制。完善的经营管理体制的核心内容在于调动内部层面的积极性，追求效益最大化，改变当前的权利及制度约束。本章建议，各金融机构可以在推行信贷终身责任制度的前提下，进一步推广相关制度：首先，岗位竞聘。以科学测定、民主评价为基础，合理确定小微企业的资产规模、负债规模和企业整体效益。其次，激励机制。不断废除限制职工收入方面的制度规定，“能者多劳，多劳多得”，多年度超额完成指标的职工实施奖励。再次，约束机制。金融机构内部不断完善相关制度，有奖必有罚。最后，监督机制。成立相关稽查组织，且吸收外部人员，赋予稽查组织特殊地位、权力和待遇，对单位、岗位和个人实施监督。金融企业内部经营管理机制一旦得到优化调整，给予市场风险和效益的衡量，必然就会直接关注到利率的变化情况。

（三）降低小微企业融资成本

政府有关部门必须通力合作，紧密配合，不断提升小微企业参与主动性和积极性，真正落实国家相关政策，进一步降低企业经营政策，不断扩大政策红利惠及范围，真正为小微企业发展提供切实可靠的帮助。要不断强化服务型政府的建设力度，简化行政审批流程，切实提高行政效率和“绿色通道”，为小微企业营造出良好的经营环境。基层政府各部门如国税局、地税局、统计局、财政局以及其他相关部门要探索行之有效的方式，实现“银税互动”，与银行部门联手，共同享用小微企业纳税信用评价结果，帮助小微企业解决信息不对称这一核心问题。人社局需要深化小额担保，金融办则努力培育上市及融资平台，为小微企业发展创造良好的融资环境。招商办、合作交流办等部门则应该从金融创新和金融服务角度着手，努力为地方引进金融服务，培育良好金融市场，多种措施并举，为地方小微企业良好发展扩展更加广阔的融资渠道。

一是严格相关收费项目。地方政府应该严格贯彻落实《国务院办公厅关于多种措施并举降低企业融资成本的指导意见》（国办发［2014］39号）以及诸多相关监管政策要求，切实清理不合理收费项目，规范对小微企业的服务收费。政府必须切实履行社会责任，对经营稳健、诚实守信的优质小微企业，政府应该减费让利，让小微企业真正获取政策红利。

二是降低融资渠道成本。地方政府在做好风险把控、贷款检测的基础上，对部分发展潜力大、市场前景好且短期资金困难的企业，应该采取灵活多元的贷款期限和方式，例如变更担保方式、创新还款方式等措施，积极推动银行贷款和联合授信，从实质层面有效缓解企业自身的资金困境。除却积极落实改善国家相关小微企业金融服务的相关政策外，金融银行业还应该创新金融服务产品，在有效管控相关风险因素的基础上，可以大胆尝试创新循环贷款、无还本续贷，为小微企业降低中间环境的融资成本。

三是降低政府债务成本。政府应该不断发挥开发性、政策性金融的良性作用，利用“两行一基金”、保险资金、债券市场以及境外市场等，多渠道引入低息资金，为国内基础设施建设、战略产业调整提供低成本资金。除此之外，利用银行贷款、联合授信、PPP融资服务等模式，创新企业融资模式、提供多元化金融服务，有效满足小微企业可持续发展过程中存在的资金需求，有效降低融资成本。

四是开拓金融融资渠道。政府各个部门和机构应该为中小微企业融资创造多元化的金融服务，不断优化融资方案，积极为企业提供相关财务顾问及金融服务，推动企业合理利用证券市场，利用企业债、公司债、集合票据等融资该工具，有效拓展融资规模，降低财务成本，优化融资机构等。

第四节　充分挖掘具有中国特色的中小微企业金融支持

现阶段，面对错综复杂的国内外形势，习近平同志提出了供给侧结构性改革的重要任务，这引导着大型国有企业、中小微企业共同奋斗，朝着更高质量、更高效率、更多公平的方向前进。其中，中小微企业作为我国国民经济的生力军，在扩大就业、促进经济创新、满足人们生活和生产方面起着巨大的作用。关于中小微企业的金融服务工作，政府也非常关注，如我国政府连续四年在小微企业贷款增速和增量上实现“两个不低于”目标。但是，由于中小微企业在发展上自身资源不足、金融机构服务不到位等原因导致中小微企业的融资出现问题。为了从根本上解决这些问题，除了要发挥改革开放和市场机制作用，完善金融生态环境，建立中小微企业的金融支持长效机制外，政府还应该从中国社会主义特色的经济制度入手，充分挖掘具有中国特色的中小微企业金融支持。

一、强化政策扶持力度

近年来，党和国家政府已经开始重视中小微企业的发展，在政策上通过支持环保产业、创新产业等具有远大发展前景的中小微企业，推动了我国经济结构的转型和升级，促进了我国社会主义新时期经济的发展。

2002年，我国政府颁布了《中小企业促进法》，以立法规定了中小企业在发展中的保障权益、扶持力度等，并规定了政府各部门对中小企业发展的指导。温家宝同志在《2009年国务院政府工作报告》中明确提出当年的工作要点之一即优化信贷结构，对中小企业发展施行金融支持。2012年11月中旬，“首届中国小微金融60人论坛”在北京召开。该论坛的践行理念是“践行社会责任，探索具有中国特色的小微金融之路”。这次论坛上一些行业领导、专家以及小微金融机构就我国的普惠金融发展行业进行探讨。在这次论坛多人倡议下我国成立了第一个为我国小微金融领域全方位服务的中国小微金融研究院。此外，在2012~2015年前后，党和国务院对小微企业的融资业务高度重视，并陆续颁发了一些支持小微企业发展的政策文件，如2013年国务院发布的《金融支持经济结构调整和转型升级的指导意见》（以下简称《意见》）。在该《意见》中明确说明了国家政府在支持中小微企业融资方面的政策引导：第一，强调小微企业在稳定经济增长、促进改革方面的作用。《意见》指出，小微企业是构建我国和谐社会的重要支柱，尤其是现阶段国内外的经济发展形势非常严峻，有诸多不确定因素，而且经济下行趋势明显，强调小微企业的发展有利于促进经济结构调整。第二，保持稳健货币政策，为小微企业发展创造良好环境。根据国务院相关部门的指示，货币稳健政策有很大的前瞻性和灵活性，可以防控通货膨胀风险，充分发挥贴现、贷款等引导功能有利于推动中小金融机构始终践行较低存款准备金率，从而解决中小微企业一部分融资问题。

同时，在党和政府的积极引导下，银监会大力改革中小微企业的金融服务制度，成立专业的小微企业金融服务办公室，并颁发了很多关于小微企业融资的条例和政策，从而深化了小微企业的金融服务业务。具体如下：第一，积极扶持中小型金融机构的发展，与一些国有大型商业银行相比，中小型金融机构更容易满足中小微企业的融资需求，但是目前我国相关区域内的中小型金融机构发展并不完善，资产规模和数量都不能满足中小微企业的融资需求。因此，为了积极响应党在中共十八大中关于加强民营金融机构发展的战略政策，银监会积极发展中小型金融机构，并为这些机构创建了良好的竞争氛围。第二，银监会提出了“两个不低于”目标，即“小微企业贷款增速不低于全部贷款平均增速，增量不低于上年同期增量”，从政策上向小微企业金融发展倾斜。在2012～2016年，我国已经持续五年完成了“两个不低于”的金融目标。

在今后的发展中，党和国家政府应该继续进行政策引导，大力扶持中小微企业的发展，满足中小微企业的融资需求。具体来说，可以做到以下几点：第一，在政策上加强对中小微企业的扶持力度。中小微企业因为自身条件抗风险能力不足，这其实不利于国家金融的支持。政府应该采用倾斜性政策为中小微企业服务，工信部门要科学、有针对性地制定中小微企业划型标准，引导金融机构和政策更好地服务于中小微企业；财政部门可以加大对中小微企业的税收减免力度，强调对中小微企业的正向激励；科技部门可以深入分析中小微企业的技术工艺认证和资助标准；银监会也可以对中小微企业的风险资产权重、机构业务准入等方面进行差异管理，对符合条件的中小微企业发布专项金融券，倡导信贷资产证券转为新常态，并把资产证券化移出的资金供给中小微企业需求；其他金融机构也要对中小微企业的信贷业务高度重视，根据中小微企业的贷款信用进行审核，调整绩效考核标准，从而提升银行和企业相关机构员工的工作热情。第二，逐渐完善金融体制和专业化组织系统。在银监会的带领下，我国政府已经初步构建了多层次的中小微企业金融专业组织体系，并在全国100多家银行开设类型不一的转为小微企业服务的机构。在今后，我国政府相关部门应该继续完善金融机制，创新服务的模式和产品，针对小微企业信息不对称的问题把财务“硬信息”和企业经营等“软信息”结合，创建“三表”、“三品”信用评估模式，从而提升对中小微企业金融服务质量。

二、深化地方金融体制改革

从20世纪80年代改革开放之后，我国的地方金融体制改革就处于不断的推进中。2005年以来，随着城镇化发展的加快地方经济与地方金融的地位也逐渐提升，股份制商业银行、农村合作银行、农村商业银行等新式地方金融更是成为我国金融系统的新生力量。这些地方金融机构的出现和发展不但完善了我国金融机构的资产质量和规模，而且也促进了地方经济建设和金融改革。与此同时，中小微企业融资的主要对象就是地方银行和地方金融机构，它们是中小微企业与“三农”获得金融支持的主力军。为了促进中小微企业的金融支持工作顺利进行，政府必须要改革具有中国特色的地方金融机制。

（一）提升地方金融机构与中小微企业支持下的地方经济“共荣”意识

地方金融根植于地方，与地方的经济共生共死，成为紧密的利益结合体。自20世纪末以来，随着我国金融体制的变革，地方金融业在地方经济的推动中发挥着越来越重要的作用，不同区域政府逐渐认识到地方金融机构对地方经济所做的贡献。而且，中共十八大报告中明确说明：城乡统筹发展，建设和谐社会的前提是构建良好的地方经济……地方经济的繁荣离不开地方金融的支持，各区域地方政府要强化对地方金融重要性的认知，发挥地方政府对地方金融的引导和扶持功能，要充分认识到地方金融对地方经济发展的重要性。在此基础上，地方政府要从政策、环境、配置资源、信用体系等方面建设地方金融系统，为其发展和良性循环提供环境。此外，地方政府还要从微观上推动地方商业银行、民间信贷机构以及新型金融机构等发展，利用货币、财政政策和风险可控、激励有效的扶持策略，推动地方金融机构对中小微企业的服务力度。

（二）地方金融机构差异化管理中小微企业融资工作

地方金融机构对本区域的经济发展、资源利用、产业结构等情况都非常熟悉，我国政府在深化地方金融体制改革时可以加速地方金融机构的现代转型，建构差异化的中小银行、地方金融机构的监管机制和经营管理结构，使地方金融机构合理适应各种类型的中小微企业融资需求，避免同质化服务，从而提升地方金融机构的信贷服务质量。比如针对创业型中小微企业，可以建构“创业富民”的金融支持长效机制。我国城镇化的发展促使大量农民工回潮，这些农民工投身于中小微企业的创业中。地方金融机构可以扩大创业“贷免扶补”的小额担保贷款业务，对城镇一些发展潜力巨大的创业项目重点扶持，尤其对返乡农民工、转业军人、毕业大学生等自主创业的中小微企业给予金融支持，扩大创业基地建设，提升地方经济的活力。

（三）增强地方金融机构为中小微企业服务的意识

一是地方金融机构要创新信贷服务方式。地方金融机构针对中小微企业的信贷服务要建构职业化考核理念，完善金融机构员工的考评机制，大力改革中小微企业贷款授信、审查、批准等工作流程，重视500万元以下的中小微企业融资服务，从而满足中小微企业“短”、“小”、“频”、“急”等融资需求。此外，针对中小微企业缺乏有效抵押物这一现象，可以创新信贷抵押方式，发展网络循环贷款、知识产权质押贷款等业务，增强对中小微企业的授信服务。二是提升地方金融担保服务能力。区域地方政府的相关机构要强化对担保单位的监管力度，健全担保行业的准入机制、风险控制机制等，推动担保机构规范化、科学化、合理化经营，强调担保行业的自律性，从而提升担保机构对中小微企业的融资支持能力。此外，区域地方政府应该激励担保机构和地方金融机构联手，多渠道、多保证对中小微企业进行金融支持，比如构建“互保联盟”、“企业发展基金会”等，努力为中小微企业的融资业务服务。

三、满足中小微企业融资的多层次需求

中小微企业由于地域不同、生产机制不同、生命周期特征也不同，对于金融产品、金融支持的需求也不同。而且，处于不同阶段的中小微企业对于金融支持的需求也千差万别。因此，我国政府必须推动金

融产品创新，改革金融制度，不断满足中小微企业融资的多层次需求。具体来说，针对不同发展阶段的中小微企业国家政府应该予以不同机制的金融扶持。一般来说，按照政府行为、市场行为和综合行为三个分类标准可以大致把中小微企业分为以下几类（见图8－1）。从图8－1可以看出处于不同生命周期的中小企业特点不同：

政府行为类中小企业处于萌芽期，发展极不稳定，商业机构不可能给予这些中小企业很多的融资服务，因此政府应该以非市场化的行政手段给予其支持。比如采取财政税收补贴措施，对符合相关政策的中小企业进行资金援助，一方面可以对中小企业实施技术开发和创新专项补贴，另一方面可以根据贷款余额和担保机构的贷款余额进行一定比率的余额补偿、产品创新补偿等风险补偿。此外，政府还可以通过采用专项基金扶持和信用担保扶持，适度倾向于中小企业技术、市场开拓、风险补偿等多种资金支持服务。

市场行为类中小企业已经过了最初创业的脆弱期，这类企业的生产规模日渐扩大，而且具有一定的市场金融支持性。政府对于这类企业不能以鼓励和扶持为主，而应该把它们放入市场中接受市场竞争机制的考验。所以，市场行为类中小企业在融资上可以采取以下措施：一是建立授信机制，这是商业金融机构为中小企业提供金融支持的主要业务。政府应该逐渐完善各类型的中小金融机构，创新金融产品和服务方式，简化贷款流程，实现个人担保、政策担保、群体担保等多种方式，通过发展咨询业务、贷款业务等完善服务，为中小企业融资提供更好的服务。二是发展资本市场，正如前面所述，建构多层次的资本市场，必要时推动符合条件的中小企业上市，扩大中小企业上市的规模，政府可对上市的公司优先进行资源配置，给予适当的上市企业加快融资优惠政策，稳定拓展中小企业债券、短期融资债券的发行规模，支持市场行为类中小企业更好发展。

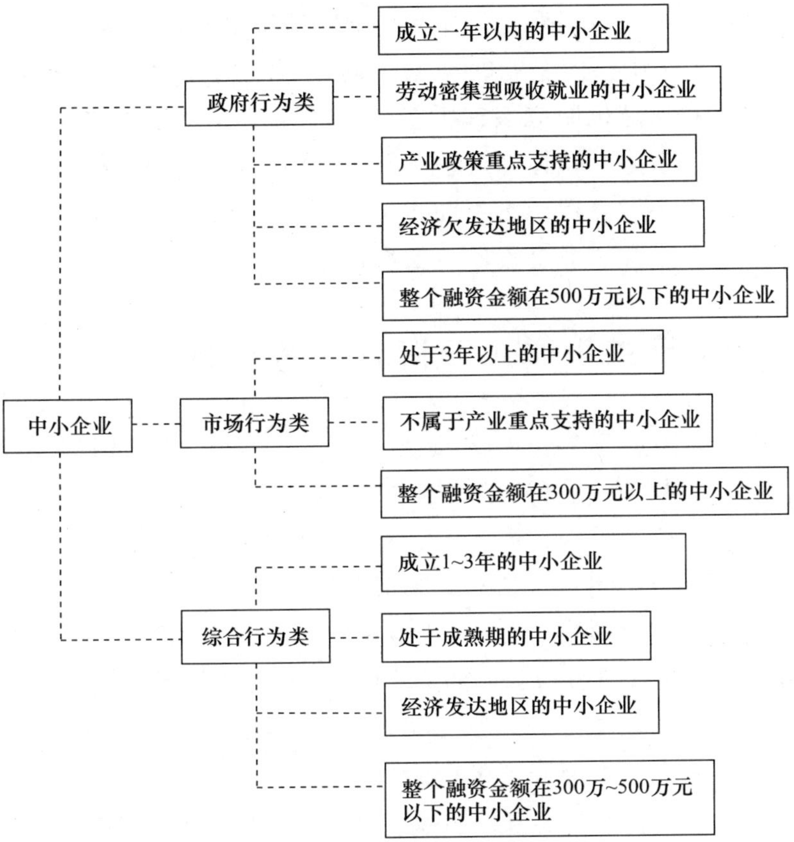

图 8－1　中小企业的分类①

综合行为类中小企业主要是指介于政府行为类以及市场行为类之间的企业，这些企业一方面脱离不了政府政策的指导和支持，另一方面也必须转型接受市场的考验，因此针对这类中小企业的融资需求应该采取综合性手段：一是从法律上规定债权人的权益，发挥金融机构的中介信息功能，创造良好的法制环境；二是提升社会性服务组织对该类企业的融资服务功能。社会性服务组织对中小微企业的融资、培训、信息等功能全方位提供服务，设立和扶持规范的社会性服务组织

① 陆岷峰，张惠．关于建立中小企业融资长效机制的探讨［J］．海南金融，2010（1）．

可以帮助中小企业收集和识别市场信息，提升融资的效率。

综上所述，中小微企业的类型不同，所处的生命周期不同，对应的融资需求和保障机制应该有所差别。因此，政府在建构具有中国社会主义特色的金融支持体系时应该注意对中小微企业进行分类，根据不同类别的中小微企业给予不同程度、不同方面的金融扶持，这样才能真正满足中小微企业融资的多层次需求。

四、构建中小微企业信息共享机制

互联网的快速发展，一方面方便了中小微企业的网络信贷，如P2P、蚂蚁金融、网络微粒贷等金融机构的发展为中小微企业的金融支持提供了便捷；另一方面，政府应该加强中小微企业的信息共享机制，以避免金融诈骗、信息不对等情况。

（一）依托互联网，开发“平台+”融资服务模式

国家政府在现阶段应该从互联网平台入手，凭借互联网先进的科技金融技术，挖掘“平台+”融资服务形式。利用这一平台，政府可以进行中小微企业融资服务市场调研、融资政策宣传、中小微企业融资需求、金融个性化服务等一系列项目。此外，政府利用这一平台可以对中小微企业的具体融资类型进行划分，进而组织银行等金融机构和企业对接，完成融资服务。比如，针对科技类型的中小微企业，政府可以利用“平台+”，推进科技金融服务的流程，邀请科技类投资的金融机构入驻平台，在“平台+”上开辟科技板块，帮助银行等金融机构、投资公司、信托公司和科技类型的中小企业对接，搭建全新的融资服务模式。

（二）建构公共信息共享平台

国家政府应该建立公共服务平台，多方面满足中小微企业的融资需求。政府的相关部门可以在互联网强大的基础设施支持下，建构中小微企业的信息沟通和共享机制，即随时利用互联网完成信息共享、资料共享，随时发布融资的相关数据、融资工作动态，解读国家关于金融的一些政策，实现针对中小微企业融资服务的科学化、系统化、

数据化管理，从而有效地避免了以往中小微企业融资上产生的信息不对称问题。同时，政府建构公共信息共享平台，还可以在平台数据库上收录企业贷款历史、纳税历史、近期对接的信息等，既方便企业通过网络进行融资申请和审核，也方便金融机构对中小微企业的内部金融情况进行了解。

此外，国家政府相关部门针对中小微企业的经济金融问题要定期召开中小企业经济运行分析会以及其他交流座谈会等，在会议上对中小微企业的金融支持、政策支持等情况进行汇报，相互之间沟通信息、大胆交流，时刻洞察中小微企业在金融方面的需求和发展状况。除此之外，建构中小微企业信息共享机制，还应该深入典型中小微企业之中，通过实际考察掌握资料，了解中小微企业的发展动态，有针对性地建构支持中小微企业发展的金融政策。利用公共服务信息共享平台，与其他金融机构互通有无，合作发展，努力发挥银行金融机构改善中小微企业融资问题的效应。

（三）深化地方金融机构信息化服务机制

地方金融机构不但是落实中小微企业贷款风险补偿机制的常驻机构，现阶段地方金融机构还应该利用互联网梳理中小微企业的融资请求，推行当地富有特色的租赁“专门端口”，方便中小微企业进行贷款咨询和请求。此外，地方金融机构不但要做好针对中小微企业基础的开户、存款、外汇兑换等服务，还要利用微信公众号、手机银行APP等新型的互联网业务扩大中小微企业的金融便捷性，从而革新银行卡的服务环境。此外，地方政府也可以设立针对当地中小微企业开放的专门化信息公共服务平台，为不同类型的中小微企业提供便利的金融服务。

参考文献

一、中文著作

［1］李杨，杨思群．中小企业融资与银行［M］．上海：上海财经大学出版社，2001.

［2］安沃·沙赫．促进投资与创新的财政激励［M］．匡小平等译．北京：经济科学出版社，2000.

［3］白钦先．金融可持续发展研究导论［M］．北京：中国金融出版社，2001.

［4］李扬，王国刚，刘煜辉．中国城市金融生态环境评价［M］．北京：人民出版社，2005.

［5］中小企业协会等．中国中小企业发展报告［M］．北京：中国经济出版社，2009.

［6］蒋洪，朱萍．公共经济学［M］．上海：上海财经大学出版社，2006.

［7］威廉·福布斯．行为金融［M］．孔东民译．北京：机械工业出版社，2011.

［8］黄静，柯艺高．税收理论与中国税制［M］．北京：科学出版社，2012.

［9］张维迎．理解公司［M］．上海：上海人民出版社，2014.

［10］胡怡建．税收学［M］．上海：上海财经大学出版社，2011.

［11］林汉川．中国中小企业发展机制研究［M］．北京：商务印书

馆，2003.
［12］刘小兵．财政支出学［M］．上海：上海财经大学出版社，2009.
［13］沈坤荣，耿强，付文林．宏观经济学教程［M］．南京：南京大学出版社，2008.
［14］许宝健，李慧莲．中国小微企业生存报告［M］．北京：中国发展出版社，2012.

二、中文论文

［1］邓亚玲．我国中小企业金融支持问题研究［D］．哈尔滨师范大学硕士学位论文，2016.
［2］白君易．互联网金融支持中小企业融资机制研究［D］．河南工业大学硕士学位论文，2016.
［3］刘梦溪．中小企业金融风险应急管理初探［D］．南京大学硕士学位论文，2016.
［4］刘月．中国银行吉林市分行中小企业金融产品营销策略研究［D］．吉林财经大学硕士学位论文，2016.
［5］裴俊澎．农业银行对县域中小企业金融支持研究［D］．山东财经大学硕士学位论文，2016.
［6］徐强根．中小企业金融服务创新对策研究［D］．湖北工业大学硕士学位论文，2016.
［7］吕劲松．关于中小企业融资难、融资贵问题的思考［J］．金融研究，2015（11）：115－123.
［8］丁振辉，孙冉，李星谕．台湾地区中小企业金融发展的经验与借鉴［J］．新金融，2015（10）：49－52.
［9］赵洪丹，朱显平．农村金融、财政支农与农村经济发展［J］．当代经济科学，2015（5）：96－108，127－128.
［10］侯惠英，邢戬．日本经济再生中的中小企业金融管理［J］．现代日本经济，2015（5）：29－37.
［11］李建军，张丹俊．中小企业金融排斥程度的省域差异［J］．经

济理论与经济管理，2015（8）：92－103.
［12］苏春红，解垩．财政流动、转移支付及其减贫效率——基于中国农村微观数据的分析［J］．金融研究，2015（4）：34－49.
［13］姚耀军，董钢锋．中小企业融资约束缓解：金融发展水平重要抑或金融结构重要？——来自中小企业板上市公司的经验证据［J］．金融研究，2015（4）：148－161.
［14］陈雯思．云南省中小商业银行与中小企业金融共生问题研究［D］．云南财经大学硕士学位论文，2015.
［15］黄永灿．河南中小企业金融服务平台的设计与实现［D］．西安电子科技大学硕士学位论文，2015.
［16］李盛基．中国农村财政支出的减贫作用机制及效果研究［D］．东北师范大学博士学位论文，2014.
［17］任曙明，吕镯．融资约束、政府补贴与全要素生产率——来自中国装备制造企业的实证研究［J］．管理世界，2014（11）：10－23，187.
［18］胡东林，周其仁．改革不应自我设限［N］．中国证券报，2014－10－14（A07）.
［19］王帆．交通银行四川省分行中小企业金融服务创新研究［D］．电子科技大学硕士学位论文，2014.
［20］郭丽虹，张祥建，徐龙炳．社会融资规模和融资结构对实体经济的影响研究［J］．国际金融研究，2014（6）：66－74.
［21］冯果，陈国进．小产权房的法律问题分析及出路研究［J］．求索，2014（5）：106－111.
［22］喻坤，李治国，张晓蓉，徐剑刚．企业投资效率之谜：融资约束假说与货币政策冲击［J］．经济研究，2014（5）：106－120.
［23］赵峥．建设银行青岛分行中小企业金融服务策略研究［D］．安徽大学硕士学位论文，2014.
［24］魏冰．中国民间金融与中小企业发展关系的研究［D］．安徽大学硕士学位论文，2014.

［25］罗时空，龚六堂．企业融资行为具有经济周期性吗——来自中国上市公司的经验证据［J］．南开管理评论，2014（2）：74－83.

［26］纪燕飞．民间金融解决中小企业融资困境［D］．辽宁大学硕士学位论文，2014.

［27］潘玉香，强殿英，魏亚平．基于数据包络分析的文化创意产业融资模式及其效率研究［J］．中国软科学，2014（3）：184－192.

［28］马俊驹，王彦．解决小产权房问题的理论突破和法律路径——结合集体经营性建设用地平等入市进行研究［J］．法学评论，2014（2）：82－89.

［29］刘美辰．科技型中小企业金融支持研究［D］．首都经济贸易大学硕士学位论文，2014.

［30］陶倩倩．金融脱媒背景下中小企业融资问题研究［D］．西南财经大学硕士学位论文，2014.

［31］邓可斌，曾海舰．中国企业的融资约束：特征现象与成因检验［J］．经济研究，2014（2）：47－60，140.

［32］柳明花，杨惠昶．基于金融共生理论的中小商业银行对中小企业金融支持研究——以吉林省为例［J］．东北师范大学学报（哲学社会科学版），2014（1）：217－219.

［33］卢太平，张东旭．融资需求、融资约束与盈余管理［J］．会计研究，2014（1）：35－41，94.

［34］姚耀军，董钢锋．中小银行发展与中小企业融资约束——新结构经济学最优金融结构理论视角下的经验研究［J］．财经研究，2014（1）：105－115.

［35］李莉．我国商业银行对中小企业提供金融支持的问题研究［D］．山东大学硕士学位论文，2013.

［36］周月书，李桂安，杨军．农村金融机构类型与中小企业信贷可获性分析［J］．农业技术经济，2013（8）：121－128.

［37］河北金融学院课题组，朱连才，蔺庆校，刘敏，苏艺，张杰．我国中小企业金融服务状况研究［J］．金融理论与实践，2013

(7): 86-90.
[38] 顾海峰. 中小企业金融担保风险转移机制的系统性建构研究 [J]. 金融理论与实践, 2013 (6): 26-30.
[39] 王长春. 中小企业金融产品创新绩效研究——基于JS银行辽宁分行的实证研究 [D]. 华中农业大学硕士学位论文, 2013.
[40] 刘娇. 民间金融视角下的中小企业融资问题研究 [D]. 哈尔滨工业大学硕士学位论文, 2013.
[41] 程浩. 集体土地制度视角下的小产权房开发管制研究动态分析 [J]. 经济社会体制比较, 2013 (3): 201-211.
[42] 吴亚锦. 完善我国支持中小企业发展的金融政策体系研究 [D]. 郑州大学硕士学位论文, 2013.
[43] 朱孟楠, 邓文轩. 破解中小企业融资难的新路径——刍议商业银行主导整合中小企业金融服务 [J]. 江西社会科学, 2013 (4): 222-225.
[44] 李森. 日本中小企业金融支持体系研究 [D]. 山东师范大学硕士学位论文, 2013.
[45] 唐香梅. 民间金融对我国中小企业金融支持的研究 [D]. 吉林财经大学硕士学位论文, 2013.
[46] 唐艳. 后危机时代安徽中小企业金融支撑研究 [D]. 安徽大学博士学位论文, 2013.
[47] 吴瑞. 我国中小企业发展的金融支持研究 [D]. 辽宁大学硕士学位论文, 2013.
[48] 李汇东, 唐跃军, 左晶晶. 用自己的钱还是用别人的钱创新?——基于中国上市公司融资结构与公司创新的研究 [J]. 金融研究, 2013 (2): 170-183.
[49] 段丽, 汪兴隆. 商业银行中小企业金融服务满意度因素分析——基于民生银行中小企业样本客户的比较研究 [J]. 华东经济管理, 2012 (12): 57-60.
[50] 盛松成. 社会融资规模与货币政策传导 [J]. 金融研究, 2012 (10): 1-14.

[51] 张杰，芦哲，郑文平，陈志远．融资约束、融资渠道与企业R&D投入［J］．世界经济，2012（10）：66－90.

[52] 吴亚男．我国科技型中小企业金融服务创新研究［D］．安徽财经大学硕士学位论文，2013.

[53] 梁曙霞，李秀波．科技型中小企业金融支持体系的构建——基于生命周期理论视角［J］．新金融，2012（7）：32－37.

[54] 陈黄强．华夏银行西安分行中小企业金融服务措施改进研究［D］．西北大学硕士学位论文，2012.

[55] 程铿．泰华农民银行中小企业金融服务模式及经验启示［J］．西南金融，2012（6）：7－9.

[56] 陈一洪．城市商业银行中小企业金融服务发展趋势研判——基于动态演进及后发优势视角的研究［J］．金融发展研究，2012（5）：56－59.

[57] 覃豪．广东民营科技中小企业金融支持研究［D］．暨南大学硕士学位论文，2012.

[58] 尹杞月．中小企业融资难研究［D］．西南财经大学博士学位论文，2012.

[59] 张艳洪．商业银行构建中小企业金融服务创新机制研究［D］．首都经济贸易大学硕士学位论文，2012.

[60] 汪兴隆．我国商业银行中小企业金融服务品牌差异与满意度因素分析——基于调查问卷的比较研究［J］．上海金融，2012（2）：94－97，119.

[61] 项燕彪，王紫薇．浙江省中小企业金融服务中心发展指数测度与评价［J］．浙江金融，2012（1）：73－76，80.

[62] 汪兴隆．中小企业金融服务需求特征与银行竞争行为比较分析——基于长三角重点行业中小企业的调研［J］．新金融，2011（11）：18－21.

[63] 汪兴隆．我国商业银行中小企业金融服务品牌差异与满意度因素分析——基于调查问卷的比较研究［J］．浙江金融，2011（11）：49－52.

[64] 顾海峰. 后危机时代中小企业金融担保风险管理体系的系统性建构——基于风险外部防范与内部控制的视角 [J]. 工业技术经济, 2011 (6): 147-154.
[65] 董晓林, 杨小丽. 农村金融市场结构与中小企业信贷可获性——基于江苏县域的经济数据 [J]. 中国农村经济, 2011 (5): 82-92, 96.
[66] 陈艳, 张明悦. 金融危机背景下我国中小企业融资问题的实证研究 [J]. 东北财经大学学报, 2011 (3): 22-30.
[67] 顾海峰. 中小企业金融担保风险补偿机制的系统性构建研究 [J]. 新金融, 2011 (5): 32-36.
[68] 顾海峰. 中小企业金融担保风险分散机制的系统性建构研究 [J]. 金融理论与实践, 2011 (5): 13-17.
[69] 杨彬彬. 日本中小企业金融支持体系研究 [D]. 吉林大学硕士学位论文, 2011.
[70] 朱伟华. 金融危机冲击下中小企业供应链管理问题及对策研究 [J]. 改革与开放, 2011 (8): 92-93.
[71] 董瑜. 一七九八年《惩治煽动叛乱法》与美国“公共领域”的初步发展 [J]. 历史研究, 2011 (2): 142-159.
[72] 刘松柏. 中国银行郴州分行对中小企业金融支持研究 [D]. 湖南大学硕士学位论文, 2011.
[73] 海鸣. 中小企业民间金融支持及其创新研究 [J]. 理论月刊, 2011 (2): 156-162.
[74] 顾海峰. 基于资信评估路径的中小企业金融担保风险识别研究——兼论中小企业资信评估系统的科学性建构 [J]. 华东经济管理, 2010 (12): 69-73.
[75] 顾海峰. 基于资信评估路径的中小企业金融担保风险识别研究——兼论中小企业资信评估系统的科学性建构 [J]. 上海金融, 2010 (10): 61-65.
[76] 夏斌, 汪兴隆. 关于商业银行中小企业金融服务专营机构实行综合化金融服务的思考 [J]. 国际金融, 2010 (8): 67-70.

［77］毕佳．政府对中小企业金融扶持政策研究［D］．上海交通大学硕士学位论文，2010.
［78］阮亚杰．金融危机背景下中小企业融资服务创新研究［J］．特区经济，2010（5）：290－292.
［79］顾海峰．中小企业金融发展的创新路径研究——信贷配给视角下银保风险协作机制的建构［J］．山西财经大学学报，2010（1）：36－42.
［80］钟凯．中小企业融资问题的法经济学思考——兼论金融危机背景下的中国金融改革［J］．清华法学，2010（1）：57－72.
［81］张云，程思扬．信用担保增强中小企业金融信用基础比较分析［J］．改革与开放，2009（12）：137－139.
［82］文桂禾．我国中小企业金融支持体系建设与中小企业发展［D］．西南财经大学硕士学位论文，2010.
［83］王振山，姚秋，刘聪．中小企业金融支持的比较研究——兼论美国小企业局职能与经验借鉴［J］．天津商业大学学报，2009（6）：33－37.
［84］黄复兴．上海中小企业金融服务研究［J］．上海经济研究，2009（11）：90－96.
［85］赵晓雷，曹啸．中小企业金融服务供给及风险控制研究［J］．上海财经大学学报，2009（4）：57－64.
［86］陈春霞．我国中小企业金融支持现实分析［J］．江西财经大学学报，2009（4）：28－32.
［87］史建平，杨如冰．信贷技术在中小企业金融服务中的应用［J］．中央财经大学学报，2009（6）：22－25.
［88］范肇臻．日本中小企业金融支持模式及特点［J］．现代日本经济，2009（3）：51－55.
［89］苏南宏．破解中小企业金融业务障碍的策略研究——基于中国工商银行信贷机制改革视角［J］．当代财经，2009（4）：67－71.
［90］刘辉．福建银行业中小企业金融服务探析［D］．西南交通大学

硕士学位论文，2009.
[91] 杨蔚．中小企业金融服务创新研究［D］．西南财经大学硕士学位论文，2008.
[92] 王芳．银行业中小企业金融服务创新实践研究［D］．苏州大学硕士学位论文，2008.
[93] 姜兰．商业银行发展中小企业金融业务研究［D］．天津大学硕士学位论文，2008.
[94] 周海涛．国有商业银行提升中小企业金融服务研究［D］．郑州大学硕士学位论文，2007.
[95] 周宇．基于成长周期理论的中小企业金融需求与供给分析［D］．湖南大学硕士学位论文，2007.
[96] 陈雷．物流金融：解决中小企业融资困境的创新途径［D］．西南财经大学硕士学位论文，2007.
[97] 万正晓，张永芳．我国中小企业金融支持问题研究［J］．河南师范大学学报（哲学社会科学版），2006（4）：80－83.
[98] 胡璐．我国商业银行完善中小企业金融服务研究［D］．湖南大学硕士学位论文，2006.
[99] 喻小军，金希．中、美中小企业金融成长周期的融资结构比较［J］．武汉理工大学学报，2005（6）：107－109.
[100] 李龙．试论美国1798年《惩治煽动叛乱法案》［J］．株洲师范高等专科学校学报，2004（6）：32－35，42.
[101] 辛树人，向珂．中小企业金融制度的缺陷分析及矫正点选择［J］．金融研究，2004（7）：66－72.
[102] 王霞．我国中小企业金融支持体系构建研究［D］．中国海洋大学硕士学位论文，2004.
[103] 贾卓鹏．我国中小企业发展之金融支持研究［D］．西南财经大学硕士学位论文，2004.
[104] 安静东．日本中小企业融资约束与政策性金融支持体系研究［D］．吉林大学硕士学位论文，2004.
[105] 林威．中小企业发展与金融支持［D］．福建师范大学博士学

位论文，2004.
[106] 张捷，王霄．中小企业金融成长周期与融资结构变化［J］．世界经济，2002（9）：63－70.
[107] 郭斌，刘曼路．民间金融与中小企业发展：对温州的实证分析［J］．经济研究，2002（10）：40－46，95.
[108] 沈炳熙，高圣智．日本的中小企业金融政策［J］．金融研究，2002（9）：53－60.
[109] 徐洪水．金融缺口和交易成本最小化：中小企业融资难题的成因研究与政策路径——理论分析与宁波个案实证研究［J］．金融研究，2001（11）：47－53.
[110] 苏存．日本经济快速发展中的中小企业金融及启示［J］．东北亚论坛，2001（2）：57－61.
[111] 陈志，陈柳．论我国中小企业融资改革与金融创新［J］．金融研究，2000（12）：117－121.
[112] 杨丰来，黄永航．企业治理机构、信息不对称与中小企业融资［J］．金融研究，2006（5）：159－166.
[113] 万伦来，丁涛．麦克米伦缺口的“U 型”演变趋势：理论与实证研究［J］．经济学动态，2011（12）.
[114] 黄震，李英祥．互联网金融的软法之治［EB/OL］．http：//blog. sina. com. cn/s'blog_ 5981938f0102v8pl. html.
[115] 上官绪明．影响我国中小企业资本结构的因素研究——基于生命周期理论的分析［J］．上海经济研究，2016（3）.
[116] 赵旭．基于生命周期理论的上市公司融资结构研究［J］．财经论丛，2012（3）.
[117] 潘进．我国中小企业债务融资工具的选择［J］．企业导报，2013（14）.
[118] 赵勇．金融深化与经济发展：基于中国产业视角的实证研究［J］．浙江金融，2007（10）.
[119] 王雪萌．浅析我国中小企业融资难的原因——基于金融抑制与金融深化的理论［J］．河北企业，2016（1）.

[120] 何剑．美国中小企业融资的理论和经验分析［J］．特区经济，2005（10）．

三、英文论著

[1] Zhian Chen, Jinmin Du, Donghui Li, Rui Ouyang. Does foreign institutional ownership increase return volatility? Evidence from China [J]. Journal of Banking and Finance, 2013 (2).

[2] Chong Wang, Neng Wang, Jinqiang Yang. A unified model of entrepreneurship dynamics [J]. Journal of Financial Economics, 2012 (1).

[3] Chen Lin, Yue Ma, Yuhai Xuan. Ownership structure and financial constraints: Evidence from a structural estimation [J]. Journal of Financial Economics, 2011 (2).

[4] Hyunbae Chun, Jung – Wook Kim, Randall Morck, Bernard Yeung. Creative destruction and firm – specific performance heterogeneity [J]. Journal of Financial Economics, 2008 (1).

[5] Rajeev Dhawan. Firm size and productivity differential: Theory and evidence from a panel of US firms [J]. Journal of Economic Behavior and Organization, 2001 (3).

[6] Claessens S., K. Tzioumis. Measuring Firms' Access to Finance. 2006.

[7] Tirole J. The Theory of Corporate Finance [J]. Journal of Women's Health, 2006.

[8] Song, Zheng, Kjetil Storesletten, Fabrizio Zilibotti. Growing like China [J]. The American Economist, 2011.

[9] Fazzari Steven M., R. Glenn Hubbard, Bruce C. Petersen. Financing constraints and corporate investment [J]. Brookings Papers on Economic Activity, 1988.

[10] C. Steven Olley, Ariel Pakes. The dynamics of productivity in the telecommunications equipment industry [J]. Econometrica, 1996.

[11] Ferreira Miguel A., Laux Paul A. Corporate Governance, Idiosyncratic

Risk and Information Flow [J] . The Journal of Finance, 2007.

[12] Ang, Andrew, Robert J. Hodrick, Yuhang Xing, Xiaoyan Zhang. The Cross Section of Volatility and Expected Returns [J] . The Journal of Finance, 2006.

[13] Bolton P., Chen H., Wang N. A unified theory of Tobin's, corporate investment, financing and risk management [J] . The Journal of Finance, 2011.

[14] Livdan, Dmitry, Horacio, Sapriza, Zhang L. Financially constrained stock returns [J] . The Journal of Finance, 2009.

[15] Whited T. M. Debt, liquidity constraints, and corporate investment: Evidence from panel data [J] . The Journal of Finance, 1992.

[16] Leland. Agency Costs, Risk Management and Capital Structure [J] . The Journal of Finance, 1998, 53.